●上海市教育委员会科研创新项目重点项目最终成果

双语教学评价研究

黄安余 / 著

SHUANGYU JIAOXUE
PINGJIA YANJIU

中央编译出版社
Central Compilation & Translation Press

目 录 | CONTENTS

第一章 导　论　　　　　　　　　　　　　　　　　　　/001
　第一节　选题目的与意义　　　　　　　　　　　　　　/002
　　一、选题的基本背景　　　　　　　　　　　　　　　/002
　　二、选题的基本目的　　　　　　　　　　　　　　　/004
　　三、选题的主要意义　　　　　　　　　　　　　　　/005
　第二节　国内外研究现状　　　　　　　　　　　　　　/006
　　一、国内双语教学研究　　　　　　　　　　　　　　/006
　　二、国外双语教学研究　　　　　　　　　　　　　　/024
　　三、双语教学评价研究　　　　　　　　　　　　　　/026
　第三节　研究方法与结构　　　　　　　　　　　　　　/032
　　一、本研究的方法　　　　　　　　　　　　　　　　/032
　　二、本研究的框架　　　　　　　　　　　　　　　　/033

第二章　教学评价理论　　　　　　　　　　　　　　　　/036
　第一节　教学评价的界定　　　　　　　　　　　　　　/037
　　一、教学评价与分类　　　　　　　　　　　　　　　/037
　　二、评价内容与指标　　　　　　　　　　　　　　　/043
　　三、评价的基本功能　　　　　　　　　　　　　　　/045
　　四、评价的基本原则　　　　　　　　　　　　　　　/048
　第二节　国外教学评价理论　　　　　　　　　　　　　/051
　　一、目标教学理论　　　　　　　　　　　　　　　　/051
　　二、多元智力理论　　　　　　　　　　　　　　　　/053
　　三、替代性评价理论　　　　　　　　　　　　　　　/056

四、有效教学理论 /058
　　五、后现代教学理论 /060
第三节　我国双语教学评价 /063
　　一、双语教学评价的界定 /063
　　二、评价理念与发展趋势 /068

第三章　评价方法与主体 /073

第一节　技术与权重的确定 /074
　　一、双语教学评价程序 /074
　　二、双语教学评价技术 /075
　　三、双语教学评价权重 /080

第二节　体制内主体的评价 /082
　　一、政府主导的教学评价 /082
　　二、体制内其他主体评价 /084

第三节　民间组织参与评价 /092
　　一、民间组织及其评价参与 /092
　　二、民间组织的评价与完善 /094

第四节　双语教学社会评价 /098
　　一、双语社会评价基本界定 /098
　　二、双语教学社会评价指标 /100
　　三、社会评价促进双语教学 /103

第四章　双语教学资源评价 /106

第一节　双语教学课程资源评价 /107
　　一、课程资源与有效开发 /107
　　二、双语课程选择与结构 /109
　　三、双语教材与教学要件 /115

第二节　双语教学师资资源评价 /120
　　一、双语师资的数量评估 /120
　　二、双语师资的资质评价 /122
　　三、双语师资的培训评价 /127

第三节　双语教学学生资源评价　/132
　　一、学生双语学习动机评价　/132
　　二、学生双语学习能力评价　/136
第四节　双语教学管理资源评价　/140
　　一、双语教学管理的内涵　/140
　　二、政府对双语教学管理　/143
　　三、学校对双语教学管理　/146
第五节　双语教学社会资源评价　/148
　　一、双语教学社会宏观资源　/149
　　二、双语教学社会微观资源　/153

第五章　双语教学过程评价　/156
第一节　双语教学环节的设计　/157
　　一、双语教学备课与授课　/157
　　二、双语教学作业与辅导　/160
　　三、双语教学考核与评定　/163
第二节　双语教学的组织形式　/166
　　一、教学组织形式与分类　/166
　　二、双语教学的组织形式　/169
第三节　英语用量与流利程度　/171
　　一、双语教师英语的作用　/171
　　二、双语课堂英语的质量　/173
第四节　专业知识传授系统性　/178
　　一、目标争议与现实的困境　/178
　　二、专业知识讲解的系统性　/180
第五节　教学手段及其现代化　/182
　　一、双语课堂多媒体的运用　/182
　　二、网上课堂辅助双语教学　/185
第六节　教学方法的合理运用　/187
　　一、教学方法的基本分类　/187
　　二、双语教学方法的选择　/189

第六章 双语教学绩效评价 /194

第一节 双语教学基本目标 /195
一、双语教学的英语目标 /195
二、双语教学的知识目标 /198
三、双语教学的思维目标 /200
四、双语教学跨文化目标 /201

第二节 教师教学绩效评价 /202
一、学生双语教学满意度 /202
二、教师的教学绩效评价 /205

第三节 学生学习绩效评价 /211
一、学分制与考试评价局限 /211
二、学生学习绩效评价指标 /213

第七章 教学评价监控体系 /221

第一节 双语教学督导制度 /222
一、教学督导制度与作用 /222
二、教学督导制度的运行 /226
三、督导制度不足与完善 /228

第二节 双语学生评教制度 /230
一、学生评教制度的意义 /231
二、双语学生评教的指标 /235
三、学生评教制度的弊端 /237

第三节 双语教学信息员制度 /240
一、信息员制度与作用 /240
二、信息员制度的运行 /243
三、制度弊端及其完善 /245

主要参考文献 /247

后 记 /259

第一章 导 论

20世纪90年代以来,我国双语教学①热潮业已受到社会各界的关注,成为一种涉及面广泛的教育现象,也出现了见仁见智的争议。双语教学是时代的当然要求,是大势所趋,是全球化使然。世界双语教学风行百年,我国大规模双语教学行之近二十年。学术界对此展开了深入研究,并取得了丰硕的成果。在对已有学术成果展开元分析的基础上,研究我国双语教学评价课题,既是理论创新之需,又是双语教学实践的客观需要。导论将对选题目的与意义、国内外研究现状、研究方法与结构予以阐述。

---

① 英国朗曼出版社出版的《朗曼应用语言学词典》的解释为:The use of a second or foreign language in school for the teaching of content subjects. Bilingual education programs may be of different types and include: a. The use of a single school language which is not the child's home language. This is sometimes called an immersion program. b. The use of the child's home language when the child enters school but later a gradual change to the use of the school language for teaching some subjects and the home language for teaching others. This is sometimes called maintenance bilingual education. c. The partial or total use of the child's home language when the child enters school, and a later change to the use of the school language only. This is sometimes called transitional bilingual education. Jack Richards, John Platt, Heidi Weber, *Longman Dictionary of Applied Linguistics*, Addison Wesley Publishing Company, 1992.

第一节 选题目的与意义

一、选题的基本背景

改革开放以来,我国政治、经济、文化、体育、卫生等各方面的对外交流逐步扩大,需要大批既精通专业,又熟悉英语的高级人才。随着外资的大量涌入,投资量逐年扩大,就业人员不断增加;同时,我国高等教育国际化步伐在加快,每年吸收大批海外留学生,因此在大学开展双语教学是一种趋势。从世界范围看,一些国家和地区开展双语教学历史久远,业绩显著,如加拿大、美国、新加坡、马来西亚、卢森堡、南非、芬兰、印度、瑞士、德国,以及我国香港、澳门特别行政区等。在此背景下,20世纪90年代中后期,我国基础教育界先行尝试双语教学,北京、上海、广州、天津、杭州、合肥、武汉、济南等大中城市出现了一股双语教学热潮。2001年,教育部颁布了《关于加强高等学校本科教学工作提高教学质量的若干意见》,高校双语教学随之兴起。一些双语教学专门机构相继成立。[①] 2002年,教育部《普通高等学校本科教学工作水平评估方案(试行)》指出,用双语授课的课程是指采用了英文教材,并且英语授课课时达到课程总课时的50%以上的课程。2004年,教育部在《普通高等学校本科教学工作水平评估方案(试行)》中提出了"普通高等学校本科教学工作水平评估指标体系"。其观测点之一"双语教学"规定了其教材和授课课时要求。2005年,教育部在《关于进一步加强高等学校本科教学工作的若

[①] 2004年,教育部高等教育司成立了"高等学校双语教学协作组",浙江大学担任组长,副组长是清华大学、武汉大学、北京师范大学、厦门大学、华东师范大学和中国海洋大学,成员高校有29所,包括北京大学、南开大学、中国农业大学等。协作组草拟了《关于本科教育进一步推进双语教学工作的若干意见》、《关于使用原版教材进行双语教学课程改革立项办法》、《高等学校双语教学工作协作组2005年工作计划》等。

干意见》中强调，要提高双语教学课程质量，继续扩大课程数量。2006年，教育部在《关于对普通高等学校本科专业双语教学情况进行问卷调查的通知》中重申了高校双语教学的重要性。在《关于启动2007年度双语教学示范课程建设项目的通知》中，教育部鼓励高校有关专业以系列课程形式来申报双语教学示范课程建设项目。2008年，在《教育部财政部关于批准2009年度双语教学示范课程建设项目的通知》中，明确了双语教学示范课程的重要性，中央财政对双语教学示范课程建设的资助超过了1500万元。[①] 在2007年至2010年，公共财政共支持建设500门双语教学示范课程。在教育部的推动下，辽宁、山东、上海、浙江、江苏、广东、福建、广西、北京等省市逐步成立了双语教学管理机构，颁布了一些双语教学管理文件。时至今日，双语教学初见成效，一些综合性大学的双语课程较为成熟，开设比重占所有专业课程的10%左右，而信息技术、生物技术、金融、法律、医学等专业的双语课程占所开设专业课程的20%，甚至达到了50%。[②]

随着经济全球化步伐的加快，国与国之间的竞争日趋激烈，其实质就是高素质人才的竞争，是国家综合国力的较量。我国要在全球化竞争中立于不败之地，就必须大力发展文化教育事业，特别是高等教育事业，使高等教育国际化程度随着全球化发展而逐步提高。[③] 要实现高等教育国际化发展目标，就必须首先提高英语教学水平和质量。一方面，高校要加强公共英语课程的教学；另一方面，高校要在专业课程中实施双语教学或全英语教学，这一趋势将越来越受到教育主管部门的重视并得到逐步普及，特别是对于自然科学类专业将更加如此。可见，我国双语教学将有较大发展空间。正因为如此，教育主管部门就更加需要加强双语教学评价，消除双

---

① 参见魏琴：《当前我国高校双语教学政策的发展初探》，《教育文化论坛》2011年第3期。
② 参见计道宏、欧阳钦：《中外实施双语教学的条件比较》，《凯里学院学报》2009年第1期。
③ 据《2009中国留学报告》统计数据显示，截至2008年底，我国共送出留学生139万。其中，从1972年至1978年间不足13万；至2000年，共送出了34万。在2000年至2008年间超过了100万。联合国教科文组织统计资料显示，我国出国留学人数已居世界首位，占全球总数14%。然而，要提高我国留学生的国际竞争力，双语教学是重要途径。

语教学存在的诸多问题,加强双语教学评价研究将成为双语教学理论研究与实践操作的重大课题。我国各级教育主管部门也将更加重视双语教学评价的研究和建立科学合理的双语教学评价制度。

从微观上讲,双语教学在我国是一场教学改革,对传统学校教学模式和教学观念的冲击较大。这就需要大批教师加入双语教学的实践和理论研究,以解决实际教学困难。可见,对双语教学理论研究特别是对双语教学评价的研究就有迫切性。而我国很多双语教师重视对双语教学具体技能的关注,缺乏对双语教学评价的兴趣,职业的敏感性和探究精神不够。正因为如此,一些教师只管教学,应付一堂双语课,倍感如释重负。他们很少关注双语教学的有效性。由于这种原因,笔者选择了双语教学评价研究课题,并认为其实践意义较大,因为它直接关系到我国双语教学的质量。

二、选题的基本目的

"双语教学评价研究"是笔者承担的上海市教育委员会科研创新项目重点项目,选择这一课题主要有以下四个目的。

首先,通过对双语教学评价的有效研究,进一步转变我国高校长期存在着英语教学观念的误差。教学观念是教学手段和教学效果的影响力量。在相当长的时期内,大学英语究竟实行基础英语教学还是专业英语教学,争论不绝于耳。多数人提倡基础英语教学,反对开展专业英语教学,以致我国大学英语教学过于重视语言知识与语言基础。1985年,我国第一个《大学英语教学大纲》要求"基础阶段的教学时数不少于280学时"。1999年,《大学英语教学大纲》明确指出,大学英语教学目标之一是"帮助学生打下扎实的语言基础"。2004年,《大学英语课程教学要求》提出大学英语课程"尽量保证在本科总学分中占10%"。[①] 客观而论,英语教学不是积累语言知识,

---

① 参见周文娟:《大学英语教学回归理性的思考》,《南通大学学报》2007年第1期。2007年,教育部发布了《大学英语课程教学要求》,提出"大学英语的教学目标是培养学生的英语综合应用能力,特别是听说能力,使他们在今后学习、工作和社会交往中能用英语有效地进行交际,同时增强其自主学习能力,提高综合文化素养,以适应我国社会发展和国际交流的需要"。参见教育部高教司:《大学英语课程教学要求》,外语教学与研究出版社2007年版。

其终极目标是学以致用,达到同声传译的境界。双语教学正是使用英语作为教学语言,将语言与专业知识相结合,通过运用学习语言,从而实现教学观念的根本转变。

其次,对我国双语教学评价研究的不足予以弥补。近些年来,我国双语教学取得了快速发展,无论在地区上还是在专业上都进展较快,这必然会造成其有效性的下降,以及民众对一些办学主体资质的质疑,进而引发民众对双语教学开展评价的社会舆论。因而,本选题旨在顺应民意,并力求填补我国双语教学评价研究的不足。特别是对双语教学评价方法和评价主体的选择,对双语教学客体如双语教学资源、双语教学过程和双语教学绩效开展评价,以及建立双语教学评价监控体系,是我国目前学术界研究乏力的课题。

再次,研究旨在为教育主管部门开展双语教学管理与评价提供理论依据和实践参考。由于我国"双语教学运动"的快速发展,民众对其有效性必然产生怀疑,教育主管部门不能回避对这一现实问题的回答,必须建立有效的质量评价与监控体系,以提高双语教学的社会认同度与美誉度,因此有必要对这一问题展开系统研究。本选题应当是双语教学理论研究领域内比较聚焦的研究对象,笔者对这一选题进行深入探究,希望在理论上有所创新,并为教育主管部门提高管理参考。

第四,笔者在上海人民出版社出版了《双语教学理论与实践研究》。虽然书中提出了一些原创性见解,但选题显得有些宽泛。其中,拙著对双语教学评价有所涉猎,但囿于当时的研究能力,这一问题没有得到深入研究。如果能完成"双语教学评价研究",既是对先前研究成果的拓展,又能在这一研究领域形成规模效应。

三、选题的主要意义

双语教学评价研究是一个值得深入探究的课题,具有理论意义和现实意义。首先,选题的理论意义较强。双语教学评价研究是双语教学理论研究中十分薄弱的环节,但这是不可或缺的研究内容。如果没有双语教学评价研究,或者说没有系统的双语教学评价指标,双语教学的质量就难以得到保障，进而损害双语教学的美誉度和可持续发展。特别是在全国范围兴起双语教学热潮的背景下则更加如此。需要注意的是，双语教学评价研究既要借助于教学评价理论的共性，又要体现出双语教学评价的个性，考虑到地区差异和学科特征；既不能整齐划一，又不能将共性与个性混为一谈。遗憾的是，在双语教学评价研究方面，我国学术界目前专著空缺、论文较少，是需要开拓和深入研究的领域。本课题研究的成果将可能深化对双语教学评价的研究，拓宽研究的新视角，并在部分问题上填补我国双语教学现有理论研究的空白。可见，选题具有重要的理论意义。

其次，选题具有较强的现实意义。近几年来，我国基础教育界和高校纷纷开展双语教学活动，已形成了相当的规模，并取得了一系列成果。但是，双语教学仍存在着各种问题，这些问题业已引起教育同行的高度重视。特别是如何有效保障双语教学的质量，如何有效开展双语教学评价，已成为教育界关注双语教学的焦点。因此，对双语教学评价进行研究，具有必要性和紧迫性。本课题研究的应用价值较为广泛。从宏观上讲，就双语教学评价诸多问题开展系统的学术研究，能进一步提升高校的办学质量，培养面向世界的、复合型的人才，有利于增强我国高等教育的认可度，并使之尽快走向国际化。从微观上看，双语教学一方面能提高办学实体的综合竞争能力；另一方面，本研究有利于弥补我国双语教学评价标准与方法的不足，增强办学主体对双语教学的管理能力和控制能力。双语教学评价研究课题的实际应用价值较大。

第二节 国内外研究现状

一、国内双语教学研究

（一）学术著作类研究成果

从国家图书馆藏书目录看，我国学术界出版了一些研究双语教学的著作。王斌华对双语教学进行了深入研究，其著作《双语教育与双语教学》

从比较研究、理论研究、国别研究和个案研究的视角较为系统地论述了双语教学的基本问题。从中外双语教学比较研究出发,王斌华对国外双语教育与我国双语教学的定义、属性、目的、背景、师资、教材、教法、科研和政策等的异同展开了多角度的比较分析。理论研究探讨了双语教学的基础理论,包括平衡理论、思想库理论、阈限理论、依存理论、态度动机理论、社会教育理论、双语教学评价模式、输入—输出—情景—过程双语教育理论、双语教育理论框架。理论研究还涉及到双语教学的各种类型,即淹没式、过渡式、沉浸式、保留式、主流双语教学,以及种族隔离主义语言教育、滴注式语言计划、分离主义少数民族语言教育、双向双语教育等。[①]理论研究最后探讨了双语能力与认知发展的关系,认为双语教学提高人类的发散性思维和交际能力等。

  王斌华还对加拿大、美国、日本、澳大利亚的双语教育进行了介绍。加拿大和美国是多语种国家,澳大利亚和日本是单语种国家。这种研究对象的选取是独具匠心的,旨在向读者表达无论是单语国家还是双语国家,它们选择了双语教学都获得了较大成功,从而有利于消除我国教育界对双语教学的疑惑。个案研究体现了王斌华对双语教学实践的重视,案例主要来自我国基础教育界,包括上海新黄浦实验学校、莘庄中学、金苹果学校、广东碧桂学校和青岛四方实验小学。这些研究对我国双语教学的发展具有开拓意义。

  随着双语教学社会认同度的上升,民间行为逐渐转变为政府行为,甚至政府批准设置了培养双语师资的双语教育本科专业和研究生专业。双语教学研究也因此得以快速发展,王斌华的《双语教学的回眸与前瞻——国际视野 本土实验》实际上是一本论文集,收集了学术界近四十位学者的40篇论文。全书包括双语教学理论探索、国际视野、全面推进、区域发展、学校个案、学科教学、师资培训和教育评价八大部分。王斌华认为,双语教学有利于提高学生的英语水平、促进教师的专业化发展和提升学校的教学质量。[②]

---

  ① 参见王斌华编著:《双语教育与双语教学》,上海教育出版社2003年版。
  ② 参见王斌华主编:《双语教学的回眸与前瞻——国际视野 本土实验》,上海教育出版社2008年版。

王莉颖的《双语教育理论与实践——中外双语教育比较研究》包括双语教育的基础，涉及其本质、理论、功能和定位；双语教育师资队伍，包括双语教师专业素养和专业发展；双语教育教材的界定与开发；双语教育模式、双语教育评价以及双语教育政策法规内容。特别是双语教育评价具有借鉴意义，是国内少有的、较为系统论述双语教育评价的成果。王莉颖研究了国外双语教育评价的本质、内容和方法，系统介绍了国外双语教育评价体系，涵盖双语教育预期评价、过程评价、结果评价，以及对双语教育评价的反思。在此基础上，她总结了国外双语教育评价特色，并初步构建了我国双语教育评价体系。①

董霄云的《文化视野下的双语教育——实践、争鸣与探索》包含了澳大利亚、英国及爱尔兰、新加坡双语教育的成功经验和实践。她从语言学、文化学的视角对我国双语教学进行了研究，这种研究是十分具体的、微观的，诸如汉英语言文化之异同。在此基础上，她还研究了双语教学的微观理论，诸如中介语理论及其对双语教学的启示；双语教学中的学习迁移问题和双语教育与英语学习关键期问题。特别是双语课程设置的若干要素有借鉴价值。作者还对我国双语教学的焦点进行了探讨，如双语教学与母语教育、双语教学与教育民主以及双语教学与民族自尊等。②

黄安余的《双语教学理论与实践研究》包括了双语教学及理论依据、双语教学背景、双语教学政策、双语教学类型、双语教学教师、双语教学教材、双语教学适应性、双语教学评价和双语教学管理。作者从历史学、文化学和比较教育的视角对双语教学的理论与实践展开研究。作者以较大的篇幅、丰富的素材深入研究我国双语教学的重要问题，涉及双语教师的选拔与培养制度、双语教材建设制度、双语教学的多元适应性、双语教学绩效评价和双语教学管理制度。③

---

① 参见王莉颖：《双语教育理论与实践——中外双语教育比较研究》，上海教育出版社2008年版。

② 参见董霄云：《文化视野下的双语教育——实践、争鸣与探索》，上海教育出版社2008年版。

③ 参见黄安余：《双语教学理论与实践研究》，上海人民出版社2011年版。

除了上述著作之外，近些年来，我国学术界还出版了多部双语教学研究著作，从多学科、多角度研究双语教学，涉及基础教育和高等教育领域。①其中，有一些著作对我国民族地区双语教学展开了深入研究。②

（二）学术论文类研究成果

近十年来，我国学术界对双语教学展开了深入研究，取得了丰硕成果，学术论文成果主要集中在以下四个方面。

1. 研究外国开展双语教学的经验与教训

学界重视对国外开展双语教学的政治和历史条件、教学目标、教学模式、公共政策，以及社会各界对此反映等进行研究；同时，对中外双语教学进行比较研究，以揭示出其国别特点。王树根、姜昕认为，双语教学先发国家已将之上升至双语教育的高度，语言习得环境好，师资力量强，双

---

① 代表性著作包括冯增俊、柯森主编：《双语教育与综合英语》，中山大学出版社2003年版；黄兰宁：《学校双语课程》，广西教育出版社2004年版；盛德仁主编：《双语教学模式探究》，外语教学与研究出版社2003年版；余强编著：《双语教育的心理学基础》，江苏教育出版社2002年版；张国华：《双语教育和双语教材的思考》，上海交通大学出版社2003年版；张治、熊建辉：《双语教育研究与实践》，上海社会科学院出版社2005年版；龙琪：《理科双语教学》，科学出版社2005年版；赵成平、黄萍主编：《双语教学大突破：技能与方法》，重庆大学出版社2004年版；张正东、黄泰铨：《英语教学法双语教程》，科学出版社2001年版；王建刚：《实践教学双语教学研究与探索》，海南出版社2007年版，等等。

② 代表性著作包括余惠邦：《双语研究》，四川大学出版社1995年版；王远新：《双语教学与研究》，中央民族大学出版社2002年版；戴庆厦、滕星等：《中国少数民族双语教育概论》，辽宁民族出版社1997年版；王振本、梁威等：《新疆少数民族双语教学与研究》，民族出版社2001年版；华锦木：《对少数民族汉语教学论》，新疆科学技术出版社2004年版；丁文楼：《中国少数民族双语教学研究与实践》，民族出版社2002年版；尹邦彦等：《文化背景与民族教育》，贵州教育出版社1991年版；康定民族师范专科学校课题组编：《四川藏区双语教育与教学研究》，四川大学出版社1996年版；姜永德主编：《朝鲜族学校双语教育改革实验研究》，东北朝鲜民族教育出版社1998年版；滕星：《文化变迁与双语教育——凉山彝族社区教育人类学的田野工作与文本撰述》，教育科学出版社2001年版；关辛秋：《朝鲜族双语现象成因论》，民族出版社2001年版；曹纯主编：《藏汉双语数学教育研究》，民族出版社2001年版；董艳：《文化环境与双语教育——景颇族个案研究》，民族出版社2002年版，等等。

语教学政策完善等。①

学界重视对加拿大双语教学的研究，对其背景、类型和政策等展开研究。何昌邑、马励等认为，加拿大双语教学旨在缓和民族矛盾和稳定政局，遏制魁北克民族分离运动。由于移民国家的原因，加拿大旨在建立一个多元文化社会，加上工商界和学生家长的支持，使之得以良好发展。②加拿大将英语、法语确定为官方语言，给予同等地位，并用两种语言进行双语教学；与此同时，加强对教师的选拔与培训，促进教学研究与交流。学界还对加拿大双语教学模式进行了研究，特别是对沉浸式双语教学的研究成果比较丰富。学界认为，加拿大双语教学的成功是具有国家层次的法律保护。正是由于法律和政策的作用，其双语教学获得了丰富的资源支持，民间资源对双语教学发挥了巨大作用。③

陆敏、孔娜认为，美国曾忽视双语教学，并造成了社会动荡，政府将之确定为基本教育政策，与国家综合国力挂钩；同时，也是塑造新美国人，同化新移民的需要，使他们尽快实现就业。④学界认为，美国双语教学旨在使移民用英语取代母语，以融入美国主流社会。因此，美国建立了官方

---

① 参见王树根、姜昕：《试论中外双语教育的差异》，《武汉大学学报》（哲学社会科学版）2007年第5期。

② 代表性论文包括何昌邑、马励：《略论加拿大的多元文化及其高校的双语教学》，《云南高教研究》1997年第1期；袁平华、俞理明：《加拿大沉浸式双语教育与美国沉浸式双语教育》，《比较教育研究》2005年第8期；李淑梅：《加拿大、美国、中国双语教育的比较与启示》，《常州信息职业技术学院学报》2008年第2期；郭超英、曹春春：《加拿大双语教育与中国双语教学的异同对比》，《科技信息》2009年第15期，等等。

③ 代表性论文包括康立新：《从中加两国比较看我国实施双语教学的不可行性》，《安阳师范学院学报》2005年第3期；王碧宏：《加拿大浸入式教育对高职院校双语教学的启示》，《读与写杂志》2009年第8期；何琼：《加拿大圣兰伯特浸入式双语教学及其对我国英语教学的启示》，《法国研究》2009年第2期；孙佳佳：《加拿大魁北克省"沉浸式"双语教育研究述评》，《湖北成人教育学院学报》2009年第6期，等等。

④ 代表性论文包括陆敏、孔娜：《美英德法四国的双语教育》，《新疆教育学院学报》2009年第3期；彭伟强：《美国浸入式教学实践及其启示》，《比较教育研究》2001年第8期；陈纳：《美国双语教育的社会政治背景》，《教育发展研究》2005年第6期；顾华详：《美国双语教育发展的教训及警示——兼论我国民族地区发展双语教育的对策》，《国家教育行政学院学报》2008年第1期。

的双语教学机构，配备了专门人员，加大了财政支持力度，并限制经费只能流向双语教学。美国政府重视选拔和培训教师，加强双语教师资格认证，旨在建立可靠的双语教学师资队伍。美国学校注意双语教学方法，加强研究与交流。美国双语教学尊重学生家长的意愿，双语政策的国情特征颇为明显。通过比较研究，学者们提出了添加性或替代性双语教学概念，并认为加拿大双语教学是添加性的，而美国双语教学是替代性的。[1]

黄明、彭滨认为，新加坡开展双语教学是由于其独特的语言特征，国家要确定英语的重要地位，以促进国家认同并融入国际社会。[2]学界认为，新加坡双语教学政策经历了多次演变。尽管政府推行了双语分流教学、平等的语言教育政策和华语教学政策，但英语的地位越来越重要。为了确保双语教学的成功，政府重视双语师资队伍建设，如聘请国内外教师从事双语教学、强调英语教学和依靠国外教师及教育专家、稳步改善国内教师的待遇，并开展双语教师周期性培训。[3]其双语教学成功在于集权的教育行政体制，从而使教育政策的制定具有科学性和可操作性，政策执行具有连续性和坚定性，特别是政府首脑的示范与强行推动双语教学，使英语成为

---

[1] 代表性论文包括屠蓓：《美国文化多元及其语言和外语教学的影响》，《语言教学与研究》1994年第4期；梁中贤：《美国高等院校外语教育的发展趋势》，《国外外语教学》2002年第1期；施红斌、殷冬玲：《美国双语师资建设经验及启示》，《青年教师》2007年第1期；马伟林、虞洁：《美国双语师资培养模式及启迪》，《教育评论》2008年第4期；刘萍：《美国中英文双语教师的培养模式及对我们的启示》，《考试与招生》2009年第7期，等等。

[2] 参见黄明：《我国高校双语教学与新加坡双语教育之比较思考》，《重庆工学院学报》2006年第3期；彭滨：《新加坡的双语教学特点》，《广西民族大学学报》（哲学社会科学版）2009年第3期。

[3] 代表性论文包括李晓娣：《新加坡双语教育对我国高校双语教学的启示》，《现代教育科学》2004年第2期；傅红涛：《新加坡英语教学经验对我国高等教育的启示》，《济南大学学报》2004年第3期；潘秀俊：《新加坡的语言教育及其启示》，《武汉市教育科学研究院学报》2007年第5期；杨传鸣、李佳新：《比较的视野：新加坡双语教育与我国高校双语教学》，《黑龙江高教研究》2008年第7期；林方榕：《新加坡双语教育思想对我国高校双语教改的启示》，《宁德师专学报》（哲学社会科学版）2009年第4期；荆军体：《新加坡双语教育特色对我国实施双语教学的启示》，《山西教育》2010年第1期，等等。

主要教学语言，华语作为第二教学语言。①

学界对亚洲其他国家，如印度、日本、韩国、马来西亚、文莱双语教学的研究成果相对较少。陈昀等人认为，印度双语教学受到新殖民主义的影响，虽然印度取得了独立，但仍保持母语与英语并用的教学模式。印度要求在有条件的地方实行完全的双语教学，并建立了私立学校和政府学校。私立学校用英语授课，同时教授印地语或地方语。②安砚贞、易露霞认为，日本将双语教学视为国家战略，集中资源支持并力求突破，因为日本看到英语已成为事实上的国际商务语言。日本一些大学开设了全英语课程，有一些本科专业可以通过英语上课获得学位。③学界对香港双语教学研究充分。香港实行了"两文三语"教学政策，大学理科用英语、文科用汉语教学。因为文科涉及较多的本土文化、本族文化、宗教文化等，不适合开展双语教学。而数学、化学的表述和词义比较稳定，理解和解释基本相同，开展科技领域的国际交流较为方便，适合开展双语教学。④

---

① 代表性论文包括袁锐锷、李阳琇：《论新加坡双语教育政策》，《外国教育研究》1999年第4期；桑吉加：《新加坡双语教育模式及比较研究》，《青海师范大学学报》（哲学社会科学版）2001年第3期；詹颖：《关于新加坡双语教育政策的文化解读》，《外国中小学教育》2003年第3期；白芳、淦家辉：《新加坡双语教育与我国双语教学之比较》，《太原师范学院学报》（社会科学版）2007年第4期；曹惠容：《新加坡实施双语教育的具体措施》，《乐山师范学院学报》2008年第10期；曹惠容、徐明等：《影响新加坡双语教育政策有效执行的因素分析及其启示》，《比较教育研究》2009年第7期，等等。

② 参见陈昀：《中国与印度教育之比较：以比较历史法的视角》，《煤炭高等教育》2005年第1期；安双宏、耿菲菲：《印度高等院校中的双语教学问题及其启示》，《比较教育研究》2007年第3期；王芬：《中印英语教育比较刍议》，《武汉交通职业学院学报》2008年第2期。

③ 参见安砚贞、易露霞：《全球化视野下的双语教学政策选择》，《价值工程》2011年第5期。

④ 代表性论文包括陈立中：《香港两文三语教育架构的沿革》，《文史博览》2005年第12期；顾永琦、董连忠：《香港双语教学尝试的经验教训及启示》，《现代外语》2005年第1期；谢杏珍：《香港双语教学对内地中小学双语教学的启示》，《昆明师范高等专科学校学报》2006年第1期；刘卓夫：《香港双语教学模式及其对内地双语教学的启示》，《教书育人》2006年第11期；孙晓春、陈素凤：《我国香港与内地高校双语教学差异分析》，《世纪桥》2008年第7期；向友君、徐向民：《香港理工大学双语教学的启示》，《高教论坛》2009年第5期；史黎、刘楠：《香港与内地高校双语教学比较分析》，《牡丹江大学学报》2009年第2期；王秦辉：《香港中文大学双语教学对内地高校的启示》，《现代教育科学》2010年第2期，等等。

学界对欧洲国家双语教学的研究集中于英国、德国、法国等国家。陆敏、孔娜提出，英国工业化和移民潮对威尔士语言冲击较大，特别是在英国乡村地区，家长希望子女掌握英语并尽快融入英国主流社会。威尔士语言和文化日渐衰落，这引起了威尔士人对本族语言的重视，要求开展双语教学的呼声颇高。在政府的推动下，威尔士语双语教学发展较快，其衰落的局面得以扭转。德国经济发展对劳动力需求巨大，意大利、西班牙、希腊、土耳其、葡萄牙和南斯拉夫等国的外籍劳工大量涌入，德国双语教学旨在使移民工人融入德国社会，接受医疗保障和教育。随着经济发展、全球多元化以及英语的广泛运用等原因，法国开始双语教学。其教学语言包括地区少数民族语言、外来迁入人口语言和当代外语。法国双语教学主要是一种促进单一语言学生外语教学的方式。[①] 韩春杰认为，双语教学的实施必须要有政府政策来支持。爱尔兰的语言政策是其双语教学能实施的关键。[②] 车雪、周庆生对澳大利亚双语教学进行了研究，认为学校开展双语教学坚持学生自愿报名、择优录取，严格的双语教师选拔，自由宽松的课程设置以及公共财政支持的教材开发。[③]

2. 研究我国少数民族地区双语教学

20世纪90年代中期以前，双语教学研究集中于少数民族语言对汉语的双语教学。这些研究介绍了少数民族开展双语教学的必要性、意义、政策、类型、实施效果等，涉及发展与问题综述、政策与功能、师资培养、教学法、教育模式、教材建设等。[④] 陈新瑜认为，我国民族双语教学有意义，

---

① 参见陆敏、孔娜：《美英德法四国的双语教育》，《新疆教育学院学报》2009年第3期。
② 参见韩春杰：《爱尔兰双语教学及其启示》，《中国民族教育》2005年第4期。
③ 参见车雪：《世界双语教学模式分析与启示》，《外语艺术教育研究》2007年第3期；周庆生：《双语教育政策新动向——以美国、澳大利亚和中国为例》，《新疆师范大学学报》（哲学社会科学版）2010年第1期。
④ 代表性论文包括刘利平：《新疆"汉语教学"相关概念界定》，《贵州民族研究》1991年第2期；方晓华：《新疆双语教育问题探索》，《贵州民族研究》1991年第2期；郭卫东：《双语教学模式与新疆民族教育》，《贵州民族研究》1991年第2期；廖泽余：《双语和双语教育、双语教学》，《贵州民族研究》1991年第2期；丁石庆：《双语类型及我国双研究综析》，《西南民族学院学报》（哲学社会科学版）1993年第3期；李君辉：《加强双语教学是提高少数民族教育质量的关键——新加坡、马来西亚双语教学中的见闻与思考》，《新疆师范大学学报》（哲学社会科学版）1996年第3期，等等。

它能发展民族教育事业、弘扬民族文化和增进民族团结。①冯惠昌指出，少数民族双语教学在我国教育史上始终占有一席之地。少数民族地区双语教学包括汉语维吾尔语、汉语藏语、汉语蒙古语、汉语朝鲜语双语教学。②

金志远、李学民认为，在少数民族聚居地区，学校开展双语教学已存在较大分歧，其主要观点包括民族语文无用论、过渡论、双语有害论、融合论等，甚至有人提出进行民族语言双语教学有分裂国家之嫌。③多数学者认为，民族语言双语教学对提高少数民族地区的教育水平和各少数民族人口的文化素质，增强民族团结和社会稳定，都发挥了不可替代的作用。国家已将民族语言教育置于重要位置，结合使用汉语和少数民族语言进行专业教学。

有学者将少数民族双语教学分为五种类型，即地域性少数民族兼用汉语教学型、地域性少数民族兼用少数民族语言教学型、少数民族兼用汉语教学型、少数民族兼用少数民族语言教学型、汉语兼用少数民族语言教学型，并分析了少数民族双语教学的教学模式。周庆生将民族语言双语教学划分为五个不同阶段，即初创阶段、挫折阶段、恢复阶段、实验改革阶段和全面推进阶段。在此基础上，他又将民族语言双语教学划分为保存型、过渡型和试点型三种类型。④罗玲、蒋伟认为，少数民族地区双语教学应将师资队伍建设作为重点之一，因为这些地区的双语师资短缺、师资合格率较低、教师教学任务繁重、教学方法不当，以及双语使用频率过低等。特别是要加强师资培训工作，培训骨干教师、全员培训、建立双语教师准入制度、明确目标等，通过脱产进修和空中大学培训师资。⑤苗东霞认为，

---

① 参见陈新瑜：《"双语教学"管见》，《民族教育研究》1995年第1期。
② 参见冯惠昌：《关于双语教学研究的思考》，《内蒙古师大学报》（哲学社会科学版）1997年第2期。
③ 参见金志远、李学民：《关于双语教学不同观点和态度综论》，《内蒙古师大学报》（哲学社会科学版）2000年第4期。
④ 参见周庆生：《中国双语教育的发展与问题》，《贵州民族研究》1991年第2期；周庆生：《中国双语教学类型》，《民族语文》1991年第3期。
⑤ 参见罗玲、蒋伟：《民族地区教师"双语"培训亟待加强——藏、维民族聚居地区双语教学及教师双语培训调查报告》，《教师教育研究》2009年第1期。

双语教师要树立终身学习的观念、掌握信息化教学手段和不断进行教学反思。① 李枚珍认为,少数民族双语教学研究会成立,为双语教学的理论建设和发展作出了重大贡献,如不定期举办全国性的双语教师培训班,培养了大批双语教师。②

3. 研究我国双语教学的基本理论

学界对我国双语教学背景、必要性和可行性、双语教学概念、双语教学原则和特点、教学目标与有效性、双语教学模式,以及双语教学的文化心理因素等展开研究。

学界认为,全球化是我国双语教学的背景,旨在增强国家竞争力、培养复合型人才、适应新技术革命,以及提高英语教学效率。这与加拿大、美国双语教学促进民族融合,保持政局稳定不同。有人认为,我国双语教学是"凭借行政指令推行"的"双语运动",对双语教学持怀疑态度。包天仁指出,双语教学有法律障碍;缺乏师资选择与培训制度;国内双语教材不统一,以及编撰出版不足;课堂专业知识信息量不足,加上学生选择与适应性,以及教学方法单一、课堂缺乏师生教学互动等,双语教学要慎重。③ 丁丽红、焦瑶光指出,我国实施双语教学有9大不利因素,即人文环境差、理论依据脆弱、学校准备不足、英汉语系悬殊、缺乏社会和家庭环境、师资严重不足、高校与基础教育缺乏衔接、双语教材匮乏、课时量难以保证。因此,我国实施双语教学,弊大于利,是得不偿失的行为。④ 一些著名学者,如陆效用、顾海兵、马庆株、燕国材、桂诗春等,不主张开展双语教学,特别是不在

---

① 参见苗东霞:《双语教师的新型角色》,《民族教育研究》2011年第6期。
② 参见李枚珍:《30年来中国少数民族双语教育研究发展与现状》,《贵州民族学院学报》(哲学社会科学版)2011年第1期。
③ 参见包天仁:《双语教学要慎重》,《中国教育报》2002年9月3日。
④ 参见丁丽红、焦瑶光:《双语教学利弊谈》,《外语教学研究》2005年第3期。

中小学实施双语教学。①

我国双语教学，是指使用两种或多种语言进行专业课程教学，旨在传授专业知识，完成教学目标的教学行为。广义双语教学是指使用两种语言作为教学语言；狭义双语教学是指使用第二语言或英语进行专业课程教学。②可见，双语教学是在专业教学中使用英语作为教学语言，它对目标语的学习不同于纯语言学习，是在学习专业知识的过程中培养和提高语言运用能力。王斌华将双语教学划分为添加性和缩减性双语教学。③

黄艳春认为，我国双语教学必须遵循的原则是，明确教学目的、提高教师水平和实行分级教学，选择维持型、过渡型和浸入型发展模式。④另一些学者认为，双语教学首先应当遵循交际原则，因为它旨在培养学生使用英语进行交际的能力，因此交际意识和能力的培养应成为贯彻始终的原则，力求使教学体现出交际特征。其次，坚持以学生为主体的原则。教师要从学生学习过程和规律出发，研究双语教学的实效性。再次，教学内容的针对性原则。要贯彻学以致用的指导思想，为学生提供对他们最为有用

---

① 代表性的论文包括卢丹怀：《双语教育面临新挑战》，《全球教育展望》2001年第10期；陆效用：《质疑双语教学》，《文汇报》2002年4月29日；刘华蓉：《双语教学要慎重》，《中国教育报》2002年9月3日；何全旭、吴为民：《关于开展双语教学的几个问题》，《赣南师范学院学报》2002年第3期；黄国荣：《双语教学得失谈》，《理论观察》2003年第1期；赵小雅：《双语教学成争论焦点，赞成还是反对》，《中国教育报》2004年1月6日；燕国材：《质疑双语教育》，《探索与争鸣》2004年第5期；李慧仙：《高校双语教学的多学科批评》，《高等农业教育》2005年第9期；康立新：《从中加两国比较看我国双语教学的不可行性》，《安阳师范学院学报》2005年第3期，等等。

② 代表性的论文包括郑定阳：《实行双语教学的初步实践与思考》，《高等教育研究》1994年第1期；吕良环：《双语教学探析》，《全球教育展望》2001年第4期；黄安余：《对双语教学的几点思索》，《上海教学研究》2002年第1期；王斌华：《双语教育理论简介（上）》，《中小学英语教学与研究》2002年第4期；王斌华：《双语教育理论简介（下）》，《中小学英语教学与研究》2002年第5期；王斌华：《学习双语教育理论，透视我国双语教学》，《全球教育展望》2003年第2期，等等。

③ 代表性的论文有潘章仙：《对我国双语教学的几点思考》，《教育研究》2003年第12期；蔺丰奇：《高校实施双语教学中存在的问题及对策》，《复旦教育论坛》2003年第3期；年玉萍：《谈谈双语现象》，《西安教育学院学报》2003年第1期；黄崇岭：《双语教学核心概念解析》，《外语学刊》2008年第1期，等等。

④ 参见黄艳春：《简论双语教学及其分级》，《湖南师范大学教育科学学报》2011年第2期。

的语言知识。此外,还要坚持渐进性原则。要根据地区和学校实际情况,制订其规划和实施方案,分层次、多元化、渐进地展开实践探索。赵海燕认为,高校双语教学属于语言教学,是非英语专业英语教学的一部分,政府高教行政管理部门对开展双语教学实行宏观指导。① 与单语教学不同,双语教学是民族教育、跨文化教育,表现出语言平等性、知识生成性和发展非均衡性等特点。②

黄安余认为,我国双语教学具有语言和知识双重目标,它是建立在英语教学成果的基础上,并将之提升至语言运用的层次,是英语学习在专业教学中的延伸与发展,是运用英语工具传授专业知识的新途径。③ 唐盛昌认为,双语教学除了语言和知识目标之外,还有思维目标和文化目标。④ 特别是文化目标,引起了一些学者的关注,他们认为,不能因为开展双语教学而削弱中华文化的影响力。⑤ 李俊伟认为,双语教学目标主要是引入

---

① 参见赵海燕:《论中国国情下高校双语教学的基本特点》,《黑龙江高教研究》2008 年第 10 期。笔者对前两点持否定观点。另参见纪秀君、丁秀棠:《专家在高校双语教学工作研讨会上提出双语教学不是语言课》,《中国教育报》2004 年 2 月 22 日。

② 代表性的论文包括吴百诗、王忠玉等:《双语教学和外文教材》,《中国大学教学》2002 年第 11 期;李森:《多元文化背景中双语教学的特点与趋势》,《教育研究》2003 年第 12 期;陈彩燕:《双语教育:跨文化教育功能及其实现》,《教育导刊》2005 年第 7 期;马慧英:《多元文化教育与双语教学》,《延边教育学院学报》2008 年第 2 期;马蕾、于花:《高等教育国际化背景下实施双语教学的探索与思考》,《教育理论与实践》2009 年第 1 期;何莉:《双语教学原则初探》,《重庆教育学院学报》2010 年第 2 期,等等。

③ 参见黄安余:《对双语教学的几点思索》,《上海教学研究》2002 年第 1 期。

④ 参见唐盛昌:《双语教学之初探》,见王本华主编:《双语教学论丛》,人民教育出版社 2003 年版,第 104 页。

⑤ 代表性的论文包括毕晓玉、黄芳:《我国大学双语教学的"缺乏"》,《复旦教育论坛》2003 年第 6 期;廖华英、颜小瑛:《我国"双语教学"的文化省思》,《黑龙江高教研究》2004 年第 12 期;陈淑霞:《当前高校双语教学应正确处理好四大关系》,《福建医科大学学报》(社会科学版)2005 年第 1 期;黄海艳:《思维方式的培养:双语教学的关键》,《常州轻工职业技术学院学报》2006 年第 4 期;胡月增:《双语教学与文化侵入》,《黄河科技大学学报》2006 年第 2 期;欧卫红:《论母语教育、外语教学与双语教育的关系》,《教育探索》2008 年第 4 期;钱源伟:《论双语教学的发生机制》,《上海教育科研》2009 年第 1 期;黄安余:《双语教学目标论》,《赣南师范学院学报》2009 年第 2 期;丛波:《英语思维方式在双语教学中的影响》,《黑龙江高教研究》2009 年第 3 期,等等。

国外先进的学科思想、研究方法、生产与管理方式，新颖的课程内容、教材和教学方法等。① 孟国碧认为，我国双语教学的国家目标是扩大国际交流，促进经济发展；教育目标是培养社会急需的少数高级双语人才；语言目标是习得英语。②

　　学界对国外双语教学模式进行了介绍，但对我国双语教学模式的研究明显不足。一些学者认为，我国双语教学可以概括为半外语型、混合型和全外语型三种类型。半外语型双语教学，是指使用英文原版教材，用汉语作为教学语言的教学模式。混合型双语教学，是指使用英文原版教材，用英语与汉语交错作为教学语言的教学方式。全外语型双语教学，是指所开设的专业课程使用英文原版教材，用英语作为教学语言，学生以英语形式接受专业知识和技能。成晓毅认为，我国双语教学可选择逐步渗透型、穿插型、开设选修课型和渐进型等模式。③ 学界对我国双语教学理论进行了全方位的探索，尽管如此，双语教学改革的理论和政策研究相对薄弱，更没有形成具有本土特色的双语教学理论体系。④

---

①　参见李俊伟：《高等院校专业课程开展双语教学的若干问题分析》，《中国高等医学教育》2004年第3期；计道宏、江金波：《双语教学的目标定位》，《郧阳师范高等专科学校学报》2009年第2期。

②　参见孟国碧：《经济全球化背景下我国高校双语教学目标探析》，《教育与教学研究》2011年第5期。

③　参见成晓毅：《我国高校双语教学模式初探》，《西安外国语学院学报》2005年第3期。

④　代表性的论文包括许克琪：《双语教学热中应关注中华民族文化遗失问题》，《外语教学》2004年第3期；韩兆柱、高凌风：《双语教学的价值、历史、现状和对策》，《教学研究》2004年第5期；杜向军：《双语教学的课堂文化思考》，《教育探究》2007年第1期；彭启琮：《从学生的角度看双语教学》，《中国大学教学》2007年第5期；赵海燕：《论中国国情下高校双语教学的基本特点》，《黑龙江高教研究》2008年第10期；朱泽峰、叶青：《国内高校双语教学的困境与应对策略》，《浙江师范大学学报》(社会科学版)2008年第4期；冯晨昱、李桂山：《高校双语教学存在的问题及对策研究》，《教育探索》2008年第11期；袁基瑜、于静：《基于建构主义学习理论的双语教学探讨》，《北方经贸》2009年第11期；罗珊珊、李文魁、多树旺：《高校双语教学的分歧、误区及对策》，《高教论坛》2009年第4期；许国玉：《试论双语互动教学与助学模式》，《黑龙江高教研究》2009年第3期；徐盛林：《双语教学的考试模式改革初试》，《人力资源管理》2010年第5期，等等。

4. 研究我国各类学校及各门课程双语教学的实施

学界为数众多的研究成果集中在不同类型学校及各门课程的双语教学如何实施上，主要停留在教学甚至是语言教学层面。这些研究论文数量十分庞大，绝大部分论文描述了作者从事双语教学模式、开展双语教学的体会，几乎所有课程都被囊括其中。① 应当注意的是，我国双语教学未来的研究应当突破单纯从专业教学层面研究双语教学的现状。

能否在所有课程中开展双语教学，学界存有明显分歧。唐建国、黄安余认为，汉语语言文学、中国历史、思想政治课这类民族性、意识形态性浓厚的学科不能开展双语教学，因为教学成果并没有普适性，并不能增强学生的核心竞争力和对国际社会的适应力。同样，也不是所有的学校都能开展双语教学，应加以区别对待。②

---

① 代表性的论文包括张建平、韩丽：《区域性理工科院校双语教学调查分析》，《教育与职业》2007年第6期；何云辉、肖爱：《我国高校专业双语教师的构成与优化》，《上海工程技术大学教育研究》2008年第1期；关英敏、张宏波等：《地理双语师资职前培养研究》，《长春师范学院学报》（自然科学版）2008年第3期；孙超平、刘业政等：《我国重点高校推进双语教学措施综述》，《教学研究》2008年第6期；韩永红：《试论法学双语教材建设面临的困境与出路》，《理论界》2008年第1期；张娜：《西部地区法学专业双语教学探析》，《社科纵横》2009年第11期；李严亮：《试论建构主义理论对体育双语教学的启示》，《长春理工大学学报》（高教版）2009年第8期；李红霞、李志跃：《地方院校双语教学管理实效性研究》，《教育与职业》2009年第5期；洪萍、朱小晶：《高校文科专业双语课堂教学的优化》，《教育学术月刊》2009年第11期；范兰宁：《法学课程沉浸式双语教学模式存在的问题与对策》，《南方论刊》2009年第11期；聂光军、岳文瑾等：《地方教学型高校如何进行双语教学改革试点》，《社科纵横》2009年第1期；冯静：《理工类双语教材出版的探索与反思》，《科技与出版》2009年第8期，等等。

② 代表性的论文包括唐建国：《语文双语教学请缓行》，《文汇报》2002年4月1日；谢娜：《质疑中小学语文的双语教学》，《教书育人》2005年第1期；陈光春、豆均林：《本科经济管理类专业双语教学的困难及对策》，《高教论坛》2005年第3期；黄安余：《文科双语教学须慎重》，《文汇报》2007年8月23日；李春茂、王鑫：《中国大陆高等学校双语教学的现状调查与研究》，《北京大学学报》（哲学社会科学版）2007年第5期；沈骑：《研究型大学双语教学的新模式探析》，《江苏社会科学》2007年教育文化版；费斯威：《论高职双语教学的要素选择及控制》，《教育探索》2007年第8期；黄安余：《论双语教学学科适应性》，《赣南师范学院学报》2008年第5期；蔡明山：《地方院校双语教学不可冒进》，《陕西教育》2009年第1期；宁春玉：《关于高校专业课程双语教学的实践研究》，《长春大学学报》2009年第4期，等等。

（三）学位论文类研究成果

中国学术期刊网显示，近年来学界有400篇左右的博士、硕士学位论文研究双语教学的理论与实践问题。纵观这些研究生学位论文，其选题涉及四个主要方面。

1. 研究国外开展双语教育的实践与经验

多数研究者选择了美国、加拿大、新加坡、澳大利亚、爱尔兰等国家作为研究对象，研究其双语教学的社会政治背景、历史发展、教学模式、师资培训、双语教育政策等，从文化学、政治学、经济学、人类学、教育学、教学法、心理学等多学科的视角对选题展开研究，并取得了可喜的成果。[①]林若铭认为，美国双语教学的着眼点是尊重不同文化，为移民群体之间的文化交融与相互理解服务，本质是推动教育机会平等。在多元文化的大背景下，美国开展双语教学，谋求政局稳定，探索出在国家主流文化的框架下，怎样体现民族文化的个性需求，为各国制定双语教学政策，实施双语教学提供了有效途径。[②]周玲玲认为，美国中小学双语教学课程设置目标、内容、形式、原则、方法和评价等问题，为我国双语教学课程设置的合理化、科学化提供了有益的参照。[③]梁芸指出，美国保留性双语教学有两个特点：一是必须在保留母语的前提下掌握第二语言；二是在具体的教学实践中，采用过渡的方式处理教学语言的比例，即母语作为教学语言的比例，随着学生年级的增长而减小；第二语言的比例则逐渐增大。[④]李玲认为，美国中小学双语教师培训目标是，具有崇高的双语教育职业理想与价值取向；娴熟的双语能力与双元文化背景；先进的双语教学理论与教学实践。培训具备执著的专业理想、精深的双语专业知识、灵活的双语教学技巧和课程整合能

[①] 代表性学位论文包括熊建辉：《多元社会中的双语教育：政策与实践》，华东师范大学硕士论文，2005年；董霄云：《探析文化视界的我国双语教育》，华东师范大学博士论文，2006年；陈俊同：《中美双语教师职前培养模式研究》，东北师范大学硕士论文，2007年；白贝迩：《美国双语教育政策研究及启示》，青海师范大学硕士论文，2009年；等等。
[②] 参见林若铭：《多元文化视野下美国双语教育探析》，东北师范大学硕士论文，2006年。
[③] 参见周玲玲：《美国中小学双语教育课程设置研究》，西南大学硕士论文，2011年。
[④] 参见梁芸：《美国保留性双语教育研究》，广西师范大学硕士论文，2007年。

力、较强的人际交往能力与教学反思能力的合格的中小学双语教师。[1]闫露系统研究了加拿大双语教学成功的原因与存在的主要问题。[2]林方榕指出，新加坡双语教学的经验借鉴，即制定适合国情的双语教学政策；搞好中小学和大学双语教学衔接；根据国情改进教学方法；加强双语教学的师资培养；创造良好的双语教学语言环境等。[3]

2. 研究我国少数民族双语教学实践

部分研究者从民族语言学、语言心理学、文化人类学、心理学、教育学等多学科的视角出发，研究我国少数民族双语教学的实施与经验。[4]王洪玉认为，世界多民族国家都面临着既要鼓励多元文化的发展，又担心国家分裂的两难选择。国家一体化和民族文化多元化的矛盾对教育提出了挑战，语言教育成为多民族、多语言国家急待解决的问题，双语教学成为一种必然选择。多民族、多语种和文化的多样性是我国国情之一，我国同样面临着既要维护国家统一，又要促进民族文化多元化发展的问题。[5]赵建梅指出，少数民族通过学习国家共同语言，以便进入主流社会，同时通过学习本民族语言与文化较好地保留其传统文化。少数民族双语教学包括双语教学的历史发展、课程设置、师资培训、文化适应、社会化过程等。[6]张卫国紧密结合我国新疆双语问题，对双语学习、双语教学、双语社会化问题展开研究。[7]苏德认为，蒙汉双语教学既是内蒙古教育改革与发展中的重点和难点，是内蒙古教育改革与发展的突破口，又是制约内蒙古教育质量的瓶颈。其质量的高低直接影响着内蒙古民族教育发展的整体水平，

---

[1] 参见李玲：《美国中小学双语教师培训研究》，西南大学硕士论文，2009年。
[2] 参见闫露：《加拿大双语教育研究》，华东师范大学硕士论文，2002年。
[3] 参见林方榕：《新加坡双语教育发展历史研究与启示》，福建师范大学硕士论文，2008年。
[4] 代表性学位论文包括洪源：《延边朝鲜族高中理科双语教学的探究》，延边大学硕士论文，2008年；马少云：《新疆民族中小学双语教育现状及政策研究》，中央民族大学硕士论文，2009年；陈玲：《文化适应中的西藏双语教育》，西藏民族学院硕士论文，2011年；等等。
[5] 参见王洪玉：《甘南藏汉双语教育历史与发展研究》，中央民族大学博士论文，2010年。
[6] 参见赵建梅：《培养双语双文化人：新疆少数民族双语教育的人类学研究》，华东师范大学博士论文，2011年。
[7] 参见张卫国：《双语学与新疆双语问题》，中央民族大学博士论文，2005年。

影响着蒙古族人才的培养和民族地区经济社会的稳定发展和繁荣强盛。[①]

3. 研究我国双语教学的基本理论问题

这些研究涉及双语教学概念、教学模式、教学目标、教学要素、教学内容、教学政策、有效性、教学评价、评价指标、教学管理、学校选择、学生选择等方面。[②]龙琪研究了双语教学的概念、理科双语教学的教学问题、理科双语教学的可行性,并提出了理科双语教学的教学的学科本体性、学生主体性等原则。[③]金蒻指出,双语教学是否会危及中文的地位并冲击中华文化;双语教学是否会给学生的文化身份带来消极影响。双语教学作为跨文化交际的桥梁,既可以弘扬本民族语言和文化,同时又能吸收外国文化精华,在全球化背景下实现文化资源的整合,即文化和文化身份的多元化。[④]王春艳认为,政府制定双语教学政策,双语教学由政府拨款,地方政府负责具体款项分配;教育部门要重视双语师资队伍建设,监督师资是否合格;成立双语教学委员会,专门负责双语教学。[⑤]于美娜认为,参与双语教学学生的英语成绩高于非双语教学学生,但其专业课成绩却低于非双语教学学生;与教师英语水平相比较,学生的语言能力存在的问题更多,虽然已进入高等教育阶段,但一些学生仍不具备在双语课堂上学习专业知识所需的英语技能。[⑥]

[①] 参见苏德:《多维视野下的双语教学发展观》,中央民族大学博士论文,2005年。

[②] 代表性学位论文包括陈慧:《双语教学目标论》,河南大学硕士论文,2003年;陈峥嵘:《双语教育及其对个人发展的影响》,东南大学硕士论文,2004年;陈秀春:《双语教学的评价研究》,上海师范大学硕士论文,2006年;李璇:《双语教育的模式对比研究》,东南大学硕士论文,2006年;陈松:《双语教学要素研究》,东南大学硕士论文,2006年;黄虹:《经济学视域中的中国双语教学》,东南大学硕士论文,2006年;郑红苹:《双语教学及其评价》,西南大学硕士论文,2007年;任福祥:《高校双语教学质量评估指标构建研究》,南昌大学硕士论文,2007年;林远辉:《双语教师文化素养研究》,华东师范大学硕士论文,2009年;聂昕:《双语教育政策的执行与困境》,中央民族大学硕士论文,2011年;等等。

[③] 参见龙琪:《理科双语教学的实践现状与理论探讨》,南京师范大学博士论文,2006年。

[④] 参见金蒻:《双语教育的文化整合功能研究》,东南大学硕士论文,2006年。

[⑤] 参见王春艳:《基础教育阶段新型双语学校的管理研究》,广西师范大学硕士论文,2004年。

[⑥] 参见于美娜:《从教学双方英语能力角度探讨高效双语教学》,辽宁师范大学硕士论文,2009年。

4. 研究我国双语教学如何实施

宋梅砚立足于英语语言教学,从英语教学改革出发,研究了上海双语教学实践,在已获得的成绩的基础上,发现问题和提出建议,希望上海双语教学向更有效的方向发展,并最终帮助我国学生改变英语学习的习惯与方式。① 王旭红认为,高校双语教学应遵循以学生为主体、以学科知识为主线与跨文化影响、多文化摄入等教学原则,并选择适合的双语教学模式进行双语教学。② 李华玉认为,影响我国双语教学有七大教学管理问题。③ 周建认为,高校双语教学的制约因素包括学生英语水平失衡;双语课堂互动有待加强;缺乏大量既精通专业又精通英语的双语教师;缺乏合适的双语教材。④ 束利认为,从学生对外籍教师教学的满意度和其教学过程基本构成要素的有效性看,外籍教师教学有效性较高。⑤ 何浏认为,双语教学涉及到课程性质、教学大纲、教材编写和选定、师资培训、教学手段和方法、课堂教学设计、课程评估等方面。⑥

有些学位论文偏重于社会调查与实证研究,并且十分微观具体,甚至研究某一所学校开展双语教学的成功经验与失败教训。有些论文从语言学

---

① 参见宋梅砚:《论上海发展中的小学双语教学》,上海师范大学博士论文,2007年。
② 参见王旭红:《我国高校双语教学现状及开发策略研究》,湖南师范大学硕士论文,2009年。
③ 参见李华玉:《高校双语教学管理模式之研究》,华南理工大学硕士论文,2010年。
④ 参见周建:《双语教学对大学生英语水平和学科知识的影响研究》,湖南大学硕士论文,2008年。
⑤ 参见束利:《高校双语教学中外籍教师教学有效性个案研究》,四川师范大学硕士论文,2009年。
⑥ 参见何浏:《地方性大学英汉双语教学的现状及前景研究》,广西大学硕士论文,2008年。

的角度出发，探究双语教学对学生语言认知的影响。①这些学位论文与前述的专著、论文研究成果是近年来我国双语教学研究的重要知识储备，同时也表明双语教学课题业已成为硕士、博士研究的方向之一。学位论文的研究深度要高于普通研究，对某一问题的研究具有重要的参考价值。

二、国外双语教学研究

国外双语教学研究主要包括双语教育与双语教学概念界定、世界语言中的双语现象及其分析；双语能力与认知发展关系研究；思维策略、语言意识、交际能力、大脑功能等领域的研究；建构适合本国国情的理论体系和实践模式。双语教学研究重视不同民族、地区、群体的个案研究和双语教育比较研究，探究制约双语教学的因素、规律。其双语教学理论流派主要有斯金纳的强化论；第二语言学习对比分析理论；乔姆斯基的语言习得机制理论；科德的错误分析理论；塞林克的中介语理论；神经功能理论；克拉申的监控模式和过滤假说；兰勃格的临界期理论；输入积累理论；自然学习理论等。②

张璐、赵若英从国外双语教学发展历程入手，将之划分为隔离式语言补救模式、过渡性双语教学模式、母语发展性双语教学模式、双向式双语沉浸教学模式、"新殖民"式双语教学模式等。③《双语教育与双语现象

---

① 代表性学位论文包括胡岩：《基础教育阶段双语教育初探》，苏州大学硕士论文，2005年；卢巍：《中学双语教学师资培训途径有效性的研究》，华东师范大学硕士论文，2006年；吴萍：《中学物理双语教学实践和评价研究》，上海师范大学硕士论文，2008年；高丽平：《大学双语教育研究：问题及策略》，辽宁师范大学硕士论文，2008年；周晶：《论思想品德课双语教学存在的问题与解决策略》，东北师范大学硕士论文，2008年；郑凌之：《双语教学在初中科学学科教学中的实践研究》，华东师范大学硕士论文，2009年；张守美：《双语活动课的实践与研究》，上海师范大学硕士论文，2009年；彭凌：《中国某高校双语教学现状及有效性研究》，国防科学技术大学硕士论文，2009年；孙树敏：《非语言专业研究生双语教学研究》，上海外国语大学硕士论文，2009年；赵国燕：《语言经济视角中的中国高校双语教学》，中国海洋大学硕士论文，2009年；等等。

② 参见王洪玉：《甘南藏汉双语教育历史与发展研究》，中央民族大学博士论文，2010年。

③ 参见张璐、赵若英：《国外双语教学模式的比较研究》，《当代教育科学》2003年第16期。

的基础》将之划分为淹没式、过渡式、沉浸式、保留式、双向式等9种。①王斌华对此做出透彻解释,认为淹没式双语教学将语言学习比作游泳,直到学会游泳。种族隔离式双语教学,是统治阶级强加给被统治阶级的一种政策,少数民族不可能掌握统治阶级的语言,少数民族之间语言同样受到隔离,旨在维护种族隔离制度。过渡式双语教学允许学生在入学初期的两三年或更长的时间内,使用其少数民族语言,并允许教师使用少数民族语言教学,甚至允许教师使用少数民族语言讲授主流语言的知识与技能,直到学生掌握主流语言,能进入同一所学校的正规课堂与多数民族学生共同学习。滴注式语言计划将各种外国语等同于其他非语言科目,列为必修课程,每天学习半小时或一小时。它将外语作为学习的主要内容,而不是教学语言。分离主义式少数民族语言教育,是少数民族语言群体脱离多数民族语言群体的教育,旨在追求独立生存和保留本民族文化。所谓沉浸式双语教学,是指在学校全部或一半时间内,学生被浸泡在第二语言中,教师用第二语言讲授语言知识,而且用它讲授部分专业课程;第二语言既是学习的内容,更是学习的工具。保留式双语教学,是指在多数民族语言的社会中,允许少数民族语言学生使用母语接受教育,旨在保护和保留学生的少数民族语言,防止它们逐步消亡;或者为了加强学生的文化认同,确认少数民族群体在一个国家中的地位;或者为了实现完全的双语制度、双元文化和双语能力。双向式双语教学,是在教学过程中使用两种语言,数量大致相等的两种语言学生在同一课堂内接受相同教育。主流式双语教学主流双语教学,主要是指学校同时使用两种主流语言开展专业课程教学,以便培养双语人才。两种主流语言在专业课程教学中的地位平等。这种双语教学类型流行于卢森堡、荷兰、德国、英国,以及马来西亚、文莱等国家。②上述概念的界定与类型的划分对我国双语教学有指导意义。

---

① 参见孙佳佳:《加拿大魁北克省"沉浸式"双语教育研究述评》,《湖北成人教育学院学报》2009年第6期。

② 参见王斌华编著:《双语教育与双语教学》,上海教育出版社2003年版,第67—86页。

三、双语教学评价研究

（一）国内双语教学评价研究

我国学界对双语教学评价的研究相对较晚，这种研究只是近几年才刚刚起步，研究成果囿于介绍某门学科或课程的评价方法，理论研究整体薄弱，更缺少对双语教学绩效评价的研究。从事双语教学评价研究者是双语教师或教学研究人员，代表性人物有姚中青、王莉颖、姜宏德、王韶辉、史仪凯、孙超平、赵玮、高凤弟、刘晓光、王德斌、孟国碧、程耀忠、刘春明、李红玫、阔永红、石光明、禹晓成、问泽霞、葛莹玉、石红、郭翠琴、邓春梅、谭飞燕、唐泳、段洪、赵小晶、章丽萍、朱江淼、江捷、王保宇、赵胜国、刘卓林、罗晓婷、高振、杨劲松，等等。学界的研究成果主要集中在双语教学质量评价指标体系的构建，以及双语教学形成性评价体系等方面，属于双语教学绩效评价范畴，也是狭义的双语教学评价。这些研究成果对我国双语教学评价进行了有益的探讨，作出了可贵的贡献，成为本课题双语教学评价研究的有益借鉴。[①] 但从广义上讲，双语教学评价不但包括双语教学绩效评价，而且其外延更加宽阔，应当涵盖双语教学资源、教学过程、教学评价方法、教学评价监控体系等。特别是双语教学评价监控体系的完善，以及双语教学评价主体多元化，是双语教学评价研究不容

---

① 这些论文主要包括米大丽等：《"双语教学"效果评价及探索》，《中国现代医学杂志》2004年第6期；杨劲松、雷光和：《关于构建双语课程"学·教"评价体系的思考》，《上海理工大学学报》（社会科学版）2005年第2期；刘卓林：《双语教学存在的问题及教学模式评价》，《南京理工大学学报》（社会科学版）2005年第4期；李文丽：《双语教学的效果分析与改善途径》，《辽宁教育研究》2006年第6期；阔春梅、王蕊、徐东升：《多元化评价在双语教学中的应用效果》，《护理研究》2007年第1期；邓俊：《高校双语教学的效度问题及应对策略研究》，《时代经贸》2008年第1期；罗晓婷、高振等：《双语教学质量评价体系的建立与应用》，《中国现代医学杂志》2008年第21期；朱泽峰、叶青：《国内高校双语教学的困境与应对策略》，《浙江师范大学学报》（社会科学版）2008年第4期；芦永德：《影响我国高校双语教学质量的因素分析》，《天中学刊》2009年第2期；徐盛林：《双语教学的考试模式改革初试》，《人力资源管理》2010年第5期；韩春杰：《影响双语教学质量的各种问题的研究》，《科技信息》2010年第7期，等等。

回避的问题。由于论文研究视角零散,或重要研究问题的重合性,笔者发现以问题为导向对研究成果予以分类陈述颇为困难。毋庸置疑,研究是发展与深化的。出于此种衡量,笔者将目前有限的论文成果以年代顺序加以展现,读者从中能看到我国双语教学评价研究的发展路径与近十年来的研究深度。

高凤弟从学生、教师和学校发展三个层面构建双语教学评价体系。学生层面的评价包括学科学习目标、语言学习目标和一般发展目标;教师发展包括科研水平提升、双语教学改革和专业发展;双语学校要有明确的双语教学目标,双语实验领导小组,校本双语教学研究组织和双语文化氛围。[①] 就基础教育双语教学评价而论,姜宏德系统研究了我国双语教学评价的主要类型、双语教学评价的实施过程,并指出了双语教学评价研究中的几个重要领域,对双语教学评价实践有较强的指导性意义。[②] 孙超平、赵玮根据现代教学理论设置了双语教学形成性评价指标体系,并进行了解释说明;结合层次分析法和专家征询法对双语教学过程进行了定性与定量的评价研究,测定了双语教学形成性评价体系各指标的权重,分析了它们所揭示的含义。[③]

王德斌、孟国碧认为,终结性评价指标包括双语教学的语言目标、教育目标、社会目标和市场目标的实现程度。评价体系应包括学生学科内容掌握评价、学生第二语言水平评价、学生一般素质评价和学生满足市场需要评价。[④] 王韶辉、史仪凯建立了三阶层、多指标所构成的综合性指标体系,涉及到学校、教师、学生等方面,把影响高校双语教学质量的因素分为四个二级指标,即教学管理、教师素质、学生能力和其他指标。教学管理包括高校管理体制、激励机制、教学管理的监控力度和教学质量考核。

---

① 参见高凤弟:《试论双语教育评价体系的构建》,《教育发展研究》2005年第6期。
② 参见姜宏德:《关于双语教育评价的理性思考》,《教育发展研究》2005年第11期。
③ 参见孙超平、赵玮:《高校双语教学形成性评价体系研究》,《合肥工业大学学报》(社会科学版)2005年第5期。
④ 参见王德斌、孟国碧:《论高校双语教学终结性评价体系的构建》,《成都大学学报》(教育科学版)2007年第12期。

教师的英语水平、专业知识的熟练程度直接影响学生对讲授内容的理解，从而影响双语教学的效果；教学方法的改进以及课件的制作等。学生双语能力包括英语四级通过率、英语六级通过率、听力水平、对专业知识的掌握程度、学生对双语教学的反应态度。其他指标包括英文原版教材的覆盖率、双语教学的设施和互动效果。[①]禹晓成从教学目标、教学内容、教学方法、教学过程、效益指标五个方面对双语教学评价进行了探讨，认为双语教学评价具有引导双语教学方向、诊断双语教学问题、反馈教学信息、检验教学效果和调控教学过程五种功能。[②]阔永红、石光明分析了传统考核方式的局限性，提出了双语教学考核建议，包括注重考核学生的创新能力、双语考核方式应多样化、培养学生的合作精神和增加英语习得能力的评价。[③]程耀忠、刘春明、李红玫认为，我国双语教学评价理论研究滞后，如研究人员和机构较少；研究成果很少；缺乏对国外双语教学评价理论的借鉴；双语教学评价与实践脱节；双语教学评价体系缺乏个性；元评价（对评价的评价）未被重视以及民间评价缺失。他们还共同建立了一个双语评价指标，包括教学目标、教学内容、教学方法、讲授能力、教学水平、课程建设、教学研究、学生情绪、教学效果。[④]王莉颖提出了建立双语教学评价体系，认为双语教学评价体系的构建十分必要，在构建评价体系的过程中，要制定可行的评价方案，确定多元的评价对象并准确的定位双语教学的评价主体，特别指出在双语教学评价的过程中要强调学生的主体地位。[⑤]问泽霞、葛莹玉对双语教学评价目标进行逐层分解，构建出评价双语教学质量的三级指标体系。一级指标包括教学条件、教学过程和教学效果。教学条件一

[①] 参见王韶辉、史仪凯：《我国高校双语教学质量评估指标体系构建研究》，《北京大学学报》（哲学社会科学版）2007年第5期。

[②] 参见禹晓成：《双语教学的评价》，《文教资料》2007年第2期。

[③] 参见阔永红、石光明：《双语教学考核方法的研究》，《电气电子教学学报》2007年第2期。

[④] 参见程耀忠、刘春明、李红玫：《我国双语教学评价的问题及重构》，《中国教师》2008年第12期。

[⑤] 参见王莉颖：《双语教育理论与实践——中外双语教育比较研究》，上海教育出版社2008年版，第239页。

级指标包括教师、学生、教材三个二级指标；教学过程包括教学内容和教学方式两个二级指标；教学效果包括专业目标和英语目标两个二级指标。专业目标主要通过学生自评、考试评价和专家评价来检验，英语目标主要通过学生自评的方式进行。作者运用层次分析与专家调查相结合的方法测定了指标体系的权重，最后对设计的指标体系进行了说明与应用。①

石红、郭翠琴认为，我国双语教学评价体系构建原则是，评价主体多元化、内容综合化和方法多样化。一级指标包括资质、教学、效果、管理四部分。二级指标包括专业资质、学前评价、过程评价、结果分析、管理制度、激励制度等。他们认为，要重视双语教学评价指标权重的确定（例如，相对比较法、专家调查法、层次分析法等）、动态性调整（权重增减、指标增删）和实证试评。②刘晓光从参与主体的角度提出了双语教学评价的内容，认为对教师评价应从双语教学目标的设计、教学资源的开发、教学环境与氛围的创设、学习指导与教学过程调控等方面展开。评价学生既应注重学习双语的各种目标，更应注重学生所表现的学习态度、多元文化体验和适应等方面。评价学校管理包括双语教学目标、师资准入制度、课程体系、教学设备、激励措施、经费投入、质量监测等。③

姚中青认为，我国高校双语教学评价体系的一级指标应当包括师资素质、教学对象、教学内容、教学方法与手段、教学条件、教学效果和政策支持。与之相对应的二级指标是：师资素质包括专业知识、教学水平、英语能力和教学态度；教学对象具备的基础条件是专业知识、英语能力和双语学习积极性；教学内容涵盖教学目标、教学理念和教学内容；教学方法与手段是指教育信息技术的利用和教学方法；教学条件包括教材和教学资料和网络设备资源；教学效果衡量的是语言目标、学科目标、认知目标和其他目标；政策支持是指教学经费保障力度和教学激励措施。姚中青还在评价标准中

---

① 参见问泽霞、葛莹玉：《高校双语教学质量评价指标体系研究》，《山西财经大学学报》（高等教育版）2008年第2期。

② 参见石红、郭翠琴：《构建高校中英双语教学评价体系的研究》，《无锡职业技术学院学报》2009年第3期。

③ 参见刘晓光：《双语教学评价的理性之思》，《黑龙江高教研究》2009年第10期。

对内涵给予了翔实的展开。①邓春梅认为,我国高职院校双语教学仍处于探索阶段,目前尚未形成有效的课程评价体系。作者批评我国双语教学评价存在的主要问题,如重知识评价,轻能力评价;重教师评价,轻学生评价;重结果评价,轻过程评价;重课堂评价,轻课外评价。作者指出双语教学评价主体、形式、内容、环境应走向多元化。②谭飞燕提出了双语课程的客观评价体系。一级评价指标有教学内容、教学方法与手段、教学资源三项。教学内容涵盖教学理念和教学内容两个二级指标;教学方法与手段有教学方法和考核方法两项二级指标;教学资源包括教材及相关资料。③唐泳、段洪从分析高校学生评教入手,探讨不当的学生评教对和谐师生关系的影响,并结合双语教学评价中存在的问题,提出构建师生和谐的双语教学课堂教学评教体系,包括科学确定评价指标体系、及时向学生反馈意见、选择多元化评价主体、掌握正确的评价时机与结果处理。④赵小晶、章丽萍认为,双语教学质量评价体系是由双语课程评价子系统、双语教学工作评价子系统、双语教师授课质量评价子系统和学生学习质量评价子系统所构成。⑤朱江淼、江捷提出,双语教学评价要注重对学生语言和专业知识考核、学习方法和思维方式考核,同时要实现考核方式和内容的多元化。⑥王保宇认为,传统教学质量评价监控制度有听课与教学督导制度。我国高校还没有专门的双语教学检查、听课制度与督导制度。其他配套制度,如双语教学信息员制度、学生评教制度、双语毕业生跟踪调查制度、院系双语教学评估制度更加缺乏。⑦赵胜国认为,双语教学要评价师生专业知识与理

---

① 参见姚中青:《高校双语教学评价体系的建构探索》,《高等教育研究》2011年第3期。
② 参见邓春梅:《高职双语教学课程评价改革探索》,《重庆广播电视大学学报》2011年第3期。
③ 参见谭飞燕:《构建独立学院双语课程评价体系研究》,《经济研究导刊》2011年第16期。
④ 参见唐泳、段洪:《基于和谐师生关系的双语教学课堂教学评价》,《云南财经大学学报》2011年第3期。
⑤ 参见赵小晶、章丽萍:《普通高校双语教学质量保障体系探讨》,《吉林省教育学院学报》2011年第5期。
⑥ 参见朱江淼、江捷:《双语教学课程的考核方式初探》,《中北大学学报》2011年第2期。
⑦ 参见王保宇:《双语教学质量保障体系的构建》,《黑龙江高教研究》2011年第8期。

解，教师的教学基本技能与能力，学生的情感、态度与价值观等。①张晓玲认为，双语教学评价指标必须涵盖双语课程设置的合理性、课程本身对双语教学的需求、学生对该课程开设双语教学的需求。同时，要考虑双语教学目标的实现程度，如符合岗位需求的先进学科知识的传授，教师的基本教学效果、学生知识掌握程度。②

综上，在双语教学评价研究文献中，评价指标设置通常涉及到对双语教学实施条件、实施过程和教学效果的评价，具体包括对师生因素、双语课堂评价以及对双语效果等方面的评价。随着高校双语教学的发展，我国教育部公布了《双语教学示范课程建设项目评审指标体系》，一些高校也建立了其双语教学评估标准。总体而论，这些评估都是围绕双语教学的实施条件、过程和效果而制定，这在相当程度上与国内外双语教学理论研究方向基本相同。③

（二）国外双语教学评价研究

国外双语教学历史悠久，学术界对双语教学评价研究也相对较早。国外一般将形成性评价和终结性评价相结合，对双语教学预期评价、双语教学过程评价和双语教学结果评价。④双语教学预期评价也被看做双语教学的条件评价，即对是否具备实施双语教学的条件进行衡量。双语教学过程评价是指对它实施中的各个方面进行评价，旨在了解其实施效果，改善双语教学计划。双语教学的结果评价即双语教学的终结性评价，旨在客观鉴定其成效。美国双语教育家勃格斯认为，双语教学评价内容主要包括五个方面，即对学生双语技能与各科学业成绩的评价；对学生的性向评价；对双语教师的评价；对影响双语教学结果的各种社会因素的评价以及对双语教学计划的评价。在实施双语教学前，要评价学生的双语综合能力和学科

---

① 参见赵胜国：《体育教育专业双语教学形成性评价研究》，《科技信息》2011年第9期。
② 参见张小玲：《构建高职双语教学评价体系的研究》，《科教文汇》2011年第4期。
③ 参见姚中青：《高校双语教学评价体系的建构探索》，《高等教育研究》2011年第3期。
④ Buggs, J.A., *A Better Chance to Learn: Bilingual Education*, New York: Clearinghouse Publication, 1975.

成绩以及对待双语教学的积极性、价值取向和态度，检验是否适合开展双语教学；另一方面，要评价双语教师的专业素养和综合教学能力，了解是否具备实施双语教学的资质；同时，还要评价与双语教学有关的各种社会资源，了解是否具备实施双语教学的社会物质条件。双语教学实施过程中，评价学生在过渡期间各方面的进步，对双语教学自身的可行性与价值进行反思和判断。在双语教学结束时，客观评价双语计划的成效，学生双语能力和学科成绩的进步等。吉尼希、麦凯、西格恩和斯旺则认为，双语教学评价应关注双语教学的结果。[1] 斯旺认为，双语教学评价应考虑"对学生的学业成绩评价；对双语教学计划的评价和对学生智力与认知水平发展的评价"。了解参加双语教学是否提高了学生的法语能力，是否影响学生英语水平的提高和整体学业水平，是否有助学生智力和心理的发展，以此反思双语教学计划的可行性。[2] 在总结沉浸式双语教学后，斯旺提出了双语教学评价内容。与美国的双语教学相比，加拿大实施双语教学的社会条件更优越：英法两种语言同为官方语言；英国文化与法兰西文化共存；国家政府大力支持；其得天独厚的人口结构和语言特征也保证了双语教学师资的数量和质量。这些都保证了实施双语教学所必须的社会资源和教学资源，因此，加拿大的双语教学评价更多地关注双语教学的结果。

第三节 研究方法与结构

一、本研究的方法

本书坚持具体问题具体分析的方法，采取实事求是的研究态度，使用

---

[1] Genesee F., *Learning through Two Languages: Studies of Immersion and Bilingual Education*, Cambridge, MA: Newbury house. Basil Blackwell Ltd, 1987.

[2] Swain, M. & Lapkin S., *Evaluation Bilingual Education: A Canadian Case Study*, Philadephia: Multilingual Matters Ltd, 1985.

教育学、教育评价学、文化学、课程理论和教学法的基本理论对不同研究对象展开分析，从而使理论方法的使用更加具有针对性。例如，在对双语教学评价时，本书采用了教育评价的理论，如诊断性评价、形成性评价和终结性评价的理论与方法，以及遵循形成性评价理论要求教学评价主体多元化的理念。双语教学资源评价就是诊断性评价，双语教学过程评价就是形成性评价，双语教学绩效评价就是终结性评价。这种理论方法贯穿于全书。再如，评价双语教学课程资源时参照课程理论，评价双语教学过程中教学环节设计、教学方法等使用了教学法理论。而对诸如英语语言教学效果和语言思维等方面的评价则使用了语言学和文化学的基本理论。由此可见，采用多种理论指导较为稳妥。在具体的研究方法上，本研究使用了文献研究法、理论研究法与实证研究法相结合，分析法与综合法相结合。笔者主要采取定性分析方法对问题展开研究，而定量研究法使用不足，这也正是研究方法的局限性。

在加强对各种理论学习与研究的同时，双语教学的实践性绝对不能被忽视。笔者据此认为，实证研究法是必不可少的，如果缺少实证研究，研究成果的可信度和实践价值必然会受到质疑。因此，本研究的调研范围是上海市、苏州市、杭州市高校，重点是上海松江大学城的各所高校。调研内容是，其他高校如何开展双语教学评价，成功经验与借鉴，以及失败的教训。在此基础上，进行总结与提升，并撰写研究论文和研究报告。然而，这些调查的数据资料并非以章节或个案的形式出现，而是渗透、融合在全书的各个章节，是以论据的形式出现的。出于对组织机构或个人隐私权的尊重，笔者没有在书中将调查材料具体化，换言之，读者难以一目了然地看出双语教学调查、问卷的痕迹，对此需要加以说明。

二、本研究的框架

全书共分为七大章。"导论"首先对选题背景、目的与意义展开论述，认为选题具有重要的理论意义和现实意义，特别是填补了我国在学术研究领域没有双语教学评价研究专著的空白。其次对国内外研究现状进行了较为翔实的评介，认为我国双语教学研究主要涉及对国外双语教学研究、对少数民族地区双语教学研究、对双语教学基本理论问题研究，以及对我国双语教学在不同地区、各级各类学校、各门课程中如何实施的研究。笔者还对近十年来我国博士、硕士学位论文进行了检索，其选题基本上围绕上述四大方面。笔者对国内外双语教学评价研究进行了介绍。最后，笔者对研究方法和结构进行了简要阐述。

第二章"教学评价理论"是本研究的主要理论依据和分析工具，笔者正是使用这些基本理论对各研究对象展开研究与分析。首先对教学评价进行一个基本内涵的界定，涵盖教学评价的概念与分类、评价内容与指标、评价的基本功能、评价的主要原则。其次借鉴了西方教学评价的一些颇为流行的理论，诸如目标教学理论、多元智力理论、替代性评价理论、有效教学理论，以及后现代教学理论。在此基础上，笔者对我国双语教学评价进行了基本界定，并简要评析了评价理念转变与发展趋势。

第三章"评价方法与主体"涉及到双语教学的评价方法，诸如评价基本程序、评价技术选择和评价权重确定。评价主体主要把包括体制内主体、民间组织和社会用人单位等多方主体参与评价。特别是民间组织参与教学评价，如日本民间评估机构、美国各类民间评估机构等，是对体制内主体教学评价不足的弥补。我国双语教学评价鲜有吸收民间组织参与，即使有民间组织参与，它们也具有半官方性质，应引入民间组织参与教学评价，以保证评价结果的真实性。双语教学社会评价，主要是通过用人单位对双语毕业生多种能力的综合评价，并将评价结果反馈给高校，以改善双语教学。

第四章"双语教学资源评价"是开展双语教学的基础，它直接关系到双语教学的成败，是双语教学评价不可或缺的组成部分。本研究将对双语教学的课程资源、师资资源、学生资源、管理资源和社会资源进行深入研究。因为没有上述各种资源的良好配置，双语教学的绩效肯定难以得到保障。

第五章"双语教学过程评价"是又一重要内容，因为双语教学过程是影响其教学绩效的又一关键性因素，过程能否得到优化，各种资源能否被充分利用，各种主体能否积极参与并获得满足感，是双语教学绩效高低的重要衡量标准。双语教学过程评价包括教学环节设计、教学组织形式、英语使用量和流利程度、专业知识讲授的系统性、教学手段现代化程度、教学方法的合理使用等方面。

第六章"双语教学绩效评价"是本研究的难点之一。笔者抓住了双语教学的本质特征和终极目标,对这个问题展开研究。双语教学资源和过程实际上是双语教学的条件,而双语教学绩效才是双语教学的归宿。本章涉及对双语教师教学效果的评价和对双语学生学习效果的评价两大方面,特别是后者成为双语教学评价的重中之重。课题研究着重探讨了双语教学对学生英语水平的提升效果、专业知识的传授效果、跨文化交际能力的培养效果。如果双语学生在上述三个方面都有明显提升,那么双语教学的绩效基本得到了保障。

第七章"教学评价监控体系"具有较为广泛的内涵,笔者在此仅摘取了双语教学督导制度、双语学生评教制度和双语教学信息员制度三个主要的监控手段。尽管双语教学督导制度在我国尚未全面建立,但它对双语教学作用巨大;双语学生评教制度和双语教学信息员制度是重要的补充监控手段。

第二章 教学评价理论

　　理论来源于实践，理论反过来指导实践。如果没有对教学评价理论的学习和研究，课题研究也将丧失理论依据与分析工具。出于此种考虑，笔者首先对教学评价理论进行了较为宏观的梳理。但是，必须注意的是，教学评价理论毕竟不等于双语教学评价理论，两者既有联系又有区别，是共性与个性的关系。一方面，教学评价理论提供了整体的理论基础和宏观思考，双语教学也是一种教学实践，离不开教学评价理论的指导，同时也体现了教学和教学评价的基本规律；另一方面，双语教学又有别于普通教学，有其独特的个性特征，评价还要体现出双语教学的特殊要求与规律。当然，在借鉴西方教学评价理论的同时，也只能是一种视角和方法的参考，其理论的解释力和适应性究竟如何，要根据我国国情和具体的教学实践而定。鲜有放之四海而皆准的理论。只有是民族的才是世界的。关键在于从我国双语教学实际出发，建立符合国情的双语教学评价理论，既能丰富双语教学评价理论宝库，又能指导现实的双语教学工作。

第一节 教学评价的界定

一、教学评价与分类

(一) 教学评价的内涵

目前,国内外学术界对教学评价尚未达成共识,出现了见仁见智的争论。一些研究者从不同的视角进行解释。原因在于,不同的发展时期,学界对教学评价的本质认识不同。[①] 同时,这也与学界对教学评价对象和教学评价方法的认识不同有关,还与教学评价活动的内容丰富、情况复杂有关。国内外有关教学评价的重要观点有:格兰朗德认为,教学评价是为了确定学生达到教学目标的程度,收集、分析和解释信息的系统过程。加列认为,教学评价是通过系统收集、分析、解释证据来说明一个教学产品或教学系统结果如何的方法。滕布林克认为,教学评价是获得教师教学的相关信息,进而形成判断,并据此作决定的过程。乌美娜等人认为,教学评价是指以教学目标为依据,制定科学的标准,运用一切有效的技术手段,对教学活动的过程及其结果进行测定、测量,并给以价值判断。施良方等人认为,教学评价是以教学目标为依据,运用可操作的科学手段,通过系统地收集有关教学的信息,对教学活动的过程和结果进行价值判断,并为被评价者的自我完善和有关部门的科学决策提供依据的过程。盛群力等认为,教学评价是一种获得信息、判断赋值和改进决策的过程。郭熙汉等人认为,教学评价就是对教学活动及其效果的评价,即对整个教学活动过程或教学过程的一种价值测评。[②] 邢韶华认为,教学过程是教与学的过程,教学评价应分为教的评价和学的评价;前者被称为教学质量评价,后者被

[①] 参见张大均等:《教学心理学纲要》,人民教育出版社 2006 年版,第 420 页。
[②] 参见马会梅、丁凤琴:《教师教学评价行为的内涵分析》,《黑龙江高教研究》2012 年第 1 期。

称为教学效果评价,教学评价应由教学质量评价和教学效果评价两部分组成。①

综上,教学评价内涵主要包括:一是通过评价收集信息,为教学决策服务;二是通过评价判断教学目标或教学计划的实现程度;三是评价是信息收集过程、提供决策依据的过程、判断效果的过程、教育优化的过程以及价值判断的过程等;四是教学评价的关键在于价值判断。②可见,教学评价是以教学目标为依据,按照科学的标准,运用一切有效的技术手段,对教学过程及结果进行测量,并给予价值判断的过程。教学评价是对教学工作质量所作的测量、分析和评定,包括对教师教学质量的评价、对学生学业成绩的评价和进行课程评价。根据评价在教学活动中发挥作用的不同,可把教学评价分为诊断性评价、形成性评价和终结性评价三种类型。

教学评价具有重要地位。首先,它是教学设计的组成部分,贯穿于各个环节,其实施的次数和次序是与教学设计的各个环节密切联系的。其次,它为教学设计者提供决策信息,包括初始决策和优化决策。依据有关专家的意见,对教学设计进行修改完善。没有教学评价,教学设计就缺少内部动力,也难以尽善尽美。再次,它认同教学设计成果,使教师在心理上获得成功感和满足体验。如果没有教学评价,教师价值观得不到认同,必将削弱其积极性和创造性。

(二)教学评价类型划分

1. 诊断性评价

诊断性评价也称教学前评价或前置评价,是指在某项教学活动开始前对学生的知识、技能和情感等状况进行的预测,以便了解学生的知识基础和准备状况,以判断他们是否具备实现当前教学目标所要求的条件,为实施因材施教提供依据。诊断性评价内容涉及到学生已有知识储备的数量和

---

① 参见邢韶华:《高校教学评价的内容构成与评价方法探讨》,《高等教育研究》2011年第3期。

② 参见刘本固:《教育评价的理论与实践》,浙江教育出版社2000年版,第55页。

质量；学生的性格特征、学习风格、能力倾向以及对待本学科的态度；学生对学校学习生活的态度、身体状况及家庭教育情况等。诊断性评价的手段主要包括教师查阅学生以前的相关成绩记录或者进行摸底测验、智力测验、态度和情感调查、观察和访谈等。其优点在于教师能对学生做到心中有数，对学生的已有知识、道德情感、性格特点等都有所了解，以便在未来教学活动中抓住有利时机，有针对性地、及时准确地对学生的学习行为作出评价，从而收到较为理想的教育教学效果。

诊断性评价的主要作用是：在学年或课程开始前，确定学生的入学准备程度，并对学生进行安置。在教学过程中，诊断性评价主要用于查找妨碍学生学习的原因。具体表现在以下四个方面：其一，熟知学生入学准备程度。教师全面了解学生家庭背景、已有知识储备和质量、注意力特征、语言发展水平、认知风格、对本学科的态度、对学校学习生活的态度、身体状况等。教师可以通过研究学生履历，分析学业成绩表，以及实施各种诊断性测试，了解这些信息。教师据此选择有差异的教学方法或给学生以情感上的关心和支持。其二，适当安置学生。由于学生入学准备的差别，教师可以根据这些信息对学生进行分班分组，确定适当的教学组织形式。当然，这不能一劳永逸地解决个体差异，并真正实现因材施教，但至少是谋求了一种可能性。其三，查找学生学习困难的原因。适当安置学生并不等于有好的教学效果。如果学生学习效果差是源于教师教学，教师就要调整教学；如果学生学习效果差并不是源于教学，而是来自于非教育方面的原因，学校就要咨询心理学家、医生或送交有关机构进行深入诊断。诊断性评价的作用正是查找学生学习困难的根源，以便采取有效措施，排除干扰学生学习的因素。

2. 形成性评价

形成性评价也称事中评价，是指在教学过程中所开展的一种教学评价。它是为了调节和完善教学活动，保证教学目标得以实现而进行的确定学生学习成果的评价。它是监控学生学习进展的手段，也是教学得以有效延续的基础。形成性评价的内容是确定了的教学内容，如某章节所包含的知识和技能，这客观上缩减了评价内容的范围，需要在实际执行中引起注意并加以克服。形成性评价同等重要的内容还包括学生日常学习过程的表现，所取得的成绩以及所反映出的情感、态度、策略等的发展，以及对学生学习过程的持续观察、记录和反思。形成性评价的主要目的是改进、完善教学过程；对学生来说，是帮助他们有效调控自己的学习过程，监测学习进步、检测学习的错误，使学生获得成就感，增强自信心，培养合作精神；对教师而言，能为他们提供教学信息反馈，以便修正后续教学的目标、内容和方法。形成性评价不单纯从评价者的需要出发，而更注重从被评价者的需要出发，重视学习过程，重视学生的学习体验；强调人际相互作用，强调评价中多种因素的交互作用，重视师生交流。在形成性评价中，老师的职责是确定任务、收集资料、与学生共同讨论、在讨论中渗透教师的指导作用，与学生共同评价。

重视形成性评价是现代教育评价的发展趋势。其类型有以下几种：一是真实性评价。它是指在真实的生活环境中评价学生的表现。其任务都是学习过程中有价值的重要经历。评价是学习的一部分，是不断发展变化的，成功或失败只能用学生在新环境中应用知识和技能的能力予以证明。二是表现性评价。它要求定期观察和评价学生的表现。学生应该知道评价的标准，明确的标准不仅可以使学生知道关键信息，也为学生确立一个奋斗目标。表现性评价经常与真实性评价一起运用，两者的任务特征是情景化、整体化、元认知化、与所教的课程内容相关、灵活性。其要求是多种形式、自我评价、同伴评价、具体的标准、常规的学习结果和自我反思。三是发展性评价。它是一种形成性评价，但更加强调以人的发展为本，旨在消除终结性评价分等和奖惩的弊端，主张面向未来和评价对象的发展。它不只是甄别和选拔学生，而是促进学生发展，促进学生潜能、个性、创造性发挥，使每一个学生具有自信心和持续发展的能力。其实施之关键是要求教师用发展的眼光看待每一个学生，核心是重视过程的总评价。多种形式结合的评价方式、评价手段，使评价的诊断和发展功能在整个学习过程中，既反映学生全程学习结果又成为促进学生发展的有效手段。

发展性评价着力于人的内在情感、意志、态度的激发，着力于促进人的完美和发展，是以人为本的思想指导下的教学评价。发展性评价强调评价主体多元化，主张使更多的人成为评价主体，特别是使评价对象成为评价主体，重视评价对象自我反馈、自我调控、自我完善、自我认识的作用。

发展性评价在重视施教过程中静态常态因素的同时,更加关注施教过程中的动态变化因素。发展性评价更加强调个性化和差异性评价。要求评价指标和标准是多元的、开放的和具有差异性的,对信息的收集应当是多样、全面和丰富的,对评价对象的价值判断应关注评价对象的差异性,有利于评价对象个性的发展。发展性评价在重视指标量化的同时更加关注不能直接量化的指标在评价中的作用,强调定性评价和定量评价的结合运用。

形成性评价对学生学习习惯和学习态度的评价主要有三种渠道:一是自我评价。这主要是学生对自己的学习策略,努力程度和学习效果等以及他们之间的关系的评价。学生对学习过程评价是形成学习责任感,形成个人独特有效的学习方法,提高学习能力的重要途径。二是互相评价。互相评价是在教学过程中以独立的学习小组为单位,依据评价标准,同伴之间对学习条件、过程及效果所作的评价,旨在了解对方的学习,包括学习经验,让学生意识到同伴合作的力量及友好气氛在学习过程中的重要性。互评鼓励学生合作和与他人学习。学生相互讨论,可以消除他们的忧虑和困扰,吸取他人的优点,从而确立自己努力的方向。三是教师评价。学生的自评和互评,都必须与老师的评价结合起来,在对学生进行评价时,教师的作用是展示,展示学习的方法和评价的方法,帮助学生自评。当学生制定和应用评价标准时,他还必须给予指导和支持,与学生一起反思学习,确定目标,收集和编辑档案材料,更重要的是教师要与学生一起讨论学习的目的,定期评价学生的进步,抽查,自评和互评,仔细检查他们自定的改进目标,给学生提出反馈意见,评价应包括优点和缺点,教师评价还可适当运用日常记录的方式或采用学生行为评价表等。

如果从评价资料的收集手段看,形成性评价包括现场观察评价、监视监听评价、录像评价、量表评价等。现场观察评价是评价者进入课堂,实时实地听教师讲课并及时进行评价,这种评价方法在实际运用过程中往往表现为随堂听课、评课。监视监听评价是利用摄像设备等进行的实时课堂评价。评价者不直接进入课堂,这可以在较大程度上避免给师生带来压力,使获取的信息更加真实。录像评价是利用录像将教师的教学过程和学生的活动记录下来,进行课后的评价和分析。量表评价是采用事先编制好的评价量表,由教师和学生根据他们对教学过程和效果的主观印象进行回答。

这种评价方法的关键是评价量表的编制,它有时也被称为问卷评价法。

3. 终结性评价

终结性评价是以预先设定的教学目标为基准,对评价对象达成目标的程度即教学效果做出评价。终结性评价注重考查学生掌握某门学科的整体程度,概括水平较高,测验内容范围较广,常在学期中或学期末进行,次数较少。终结性评价,如确定学生的学业成就或等级分数可以为分流、安置学生等提供相关的信息。而单元测验在为学生提供反馈、激励他们从事更有挑战性工作、布置补偿性作业、评价教学等方面具有重要作用。这些评价不仅可以是形成性的,也可以是终结性的,甚至有时还可能是预备评价。它们是教学的有机组成部分,能为教学的顺利进行、教学工作成效的提高、师生评价等提供及时而有效的反馈信息。终结性评价是反映教学效果,学校办学质量的重要指标之一,不仅应用在教学领域,已逐步扩展到商业、社会、生活、政治的各领域。

形成性评价与终结性评价的区别在于:其一,两者特点不同。形成性评价能及时地发现问题,终结性评价在学习完成后进行;形成性评价定期进行,终结性评价在较长时间后测查结果;形成性评价能发现个人的学习目标,终结性评价通常包括长期的学习目标;形成性评价能反映学生进步,终结性评价可用于不同学生之间成绩比较;形成性评价测查一个单元的学习,终结性评价测查几个单元的学习。其二,两者职能不同。一是形成性评价通过对社会需要、教育活动参与者的需要、可行性研究、实施过程存在的问题等方面的调查,旨在改善教育质量。终结性评价是进行教育效果判断,以区别优劣,并分出等级或鉴定合格。二是两者的报告听取人不同。形成性评价是内部的,评价结果供校内教育工作者参考。终结性评价是外部的,评价报告呈递给各级教育主管部门,是制定政策或采取行政措施的依据。三是两者覆盖教育过程的时间不同。形成性评价只能是在教学过程中进行评价,不涉及教学活动全部过程。终结性评价考察最终效果,是对教学全过程的检验,一般在教学过程结束后进行。

二、评价内容与指标

我国多所高校课堂教学评价指标主要包括教学态度、教学内容、教学方法、教学效果等要项，主要分理论课、体育课、实验课、双语课、思想政治课几大类。例如，华南农业大学的评价指标包括教学态度、教学内容、教学方法、教学效果四个一级指标，每项包含三到四个二级指标。南开大学教学评价指标包括教学内容、教学方法、教学态度、教学效果、育人情况、总体印象六个一级指标，每项包含三至五个二级指标。有些高校尝试对不同学科采用不同评价指标，如华南农业大学课堂教学评价标准分人文类学科、理工农类学科、体育实践课、外语类学科四类，不同学科评价指标项和内涵均有不同侧重。[1] 教学评价内容决定评价指标，评价指标是依据评价内容而设定的。教学评价内容主要包括教学态度、教学目标、教学内容、教学过程、教学方法、教学手段、教学基本功、教学效果、育人情况等。

教学态度是指教师遵守教学纪律，课外投入足够的精力进行备课和教学方法的改进，主动缩短与学生的距离，用心营造和谐的师生关系。[2] 教学态度能体现教师对课堂教学的重视程度，直接影响教学质量，是首要的关键性指标。教学态度通过教学纪律、课堂管理、课外投入时间以及师生关系处理等指标予以体现。

教学目标是教学的出发点和归宿，是评价堂课教学的尺度。从目标制订看，它切合课程标准和学生的认知水平；目标具体、明确，具有层次性和个性；目标能满足多数学生的需要。从目标达成看，它明确体现在教学环节中，教学手段紧密围绕目标，重点内容的教学时间得以保证，重点知识和技能到强化。[3]

教学内容是教师根据教学目的、学生基础、学生认知规律和心理特点，

---

[1] 参见白菲、谭豫之：《高校本科课堂教学质量评价现状分析》，《中国农业教育》2012年第1期。
[2] 参见赵军、陈艳丽：《教学评估的不可承受之重》，《教学研究》2008年第4期。
[3] 参见王生华：《发展性课堂教学评价研究》，《宁夏教育科研》2005年第3期。

对教材进行合理调整，并融入前沿的新信息。教师讲授知识正确，教材处理突出了重点、突破了难点。教学重点和难点把握准确并得以突破。多数高校的课程教学内容没有统一要求，各高校根据各自情况订购教材进行教学，因此评估要注重教师授课内容的科学性、对新知识新成果的讲解、对学生实践技能等。①

教学过程一方面要评价教学思路，包括教学思路设计，符合教学内容和学生实际，有独创性，能给学生以新鲜感受；教学思路的层次，脉络清晰；教学思路实际效果良好。另一方面，课堂结构安排，它是指教学过程各部分的确立，以及它们之间的联系、顺序和时间分配。课堂结构也称为教学环节或步骤。课堂结构影响教学效果，好课的课堂结构严谨、环环相扣，过渡自然，时间分配合理，密度适中，效率高。最后，就是考察教学过程中教学氛围的民主性与和谐性；教学参与的深刻性和积极性；教学反馈的及时性和适度性；教学特色的新颖性和创造性。②

教学方法是教师为完成教学目的而采取的活动方式的总称。教学方法一是灵活运用，教学不可能有固定的万能之法，好的教学方法是相对而言的，它随着课程、学生和教师特点而相应变化。二是教学方法的多样化，因为教学的复杂性决定了方法的多样化。教师能面对实际，正确选择教学方法，并注意教学方法多样化，使课堂教学不拘一格。三是教师适当使用了投影仪、录音机、计算机、电脑、电视、电影等现代化教学手段。

教学基本功包括板书设计合理，言简意赅，条理性强，字迹工整；教态端正、轻快，仪表与举止从容，态度热情，热爱学生，师生关系融洽；普通话标准清晰，语言简练生动，语调语气变化多端；教师课堂组织、纪律、师生配合得当；操作投影仪、录音机等设备熟练。

教学效果包括教学效率高，学生思维活跃，气氛热烈；学生受益面大，各类学生取得进步，知识、能力、思维目标基本达成；学生学得轻松愉快，积极性高，学生负担合理。当然，还要评价学生知识体系是否完善，特别

---

① 参见马天瑜：《高校教师课堂教学绩效评价与指标建构》，《河北师范大学学报》（教育科学版）2012年第5期。

② 参见王生华：《发展性课堂教学评价研究》，《宁夏教育科研》2005年第3期。

是学生创新能力的培养。评价课堂教学有利于促进学生创新精神的形成，有利于学生开展创造性学习。[①] 学习效果评价是对学生的评价，评价过程中应注意原有生源质量的差异，以及学生个人学习动机的差异。

育人情况是指教师世界观、价值观以及精神面貌对学生的影响。教师作为育人者，不仅是知识的传授者，更是价值观的塑造者，帮助学生树立正确的价值观是课堂教学的基本任务。教师价值观通过教师的精神面貌、人生态度以及为人师表等形式表现出来。[②]

上述评价内容与指标在现实执行中也出现了一些问题。首先，教学评价主体过于单一，主要由学生评定教师教学效果。从程序上看，学生评价教师教学效果在先，教师确定学生学习成绩在后，从而造成部分教师根据学生评教结果评定学生成绩的局面。学生给予教师良好评价，教师也给予学生良好评价，反之亦然。其次，从上述主要评价内容与指标看，学生学习效果是难以界定，需要时间检验，属于一果多因的评价对象。简单地将学生学习效果好坏归结于教师教学，忽视了学生的主观能动性和努力显然不妥当。再次，教学评价的目的在于改进和提高教学，不能使之成为一种行政奖惩机制。[③]

三、评价的基本功能

教学评价包括教与学两个方面，旨在提高教学质量、促进教师专业发展和学生成长。如何科学有效地开展教学评价已成为现代教学的组成部分，它不仅是成功教学的基础，而且是进行各种教育决策的前提。教学评价具有多方面功能，具体体现在以下四个方面：

第一，教学评价的导向与诊断功能。从宏观上讲，教学评价根据课程

[①] 参见付瑞国、张立新：《高校课堂教学评价内容及方式改革研究》，《河北科技师范学院学报》（社会科学版）2011年第4期。

[②] 参见马天瑜：《高校教师课堂教学绩效评价与指标建构》，《河北师范大学学报》（教育科学版）2012年第5期。

[③] 参见邢韶华：《高校教学评价的内容构成与评价方法探讨》，《高等教育研究》2011年第3期。

计划规定的学校培养目标,各科教学大纲规定的教学内容,判断教学工作是否偏离了教育方针和教学目标,是否完成教学大纲规定的目的和内容,从而保证教学始终沿着正确的方向发展。教学评价有利于学校端正教学指导思想和办学方向。由于教学评价指标权重的确定,能反映特定时期教学工作的重点和国家教育政策的导向,因此恰当的权重变化会改变评估对象的努力程度和方向。在影响教学质量的多种因素中,这些因素的影响作用在特定的时空存在较大差异,充分利用评价指标权重的导向功能,可以使评价的重点更加突出,评价结果客观地反映出各因素在形成教学质量中所处的地位。通过实施教学评价,教育主管部门能发现处境不佳的学校,从而引导资源流向这些学校。例如,美国教学评价的导向,是要确保各州所有的公立学校学生全部达到熟练的州级年度目标,不让一个儿童落后。特别强调教育资源向处境不利的学生倾斜,以逐步消除处境不利学生与其伙伴之间的成绩差距。

从微观上讲,教学评价可以发挥导向作用。对教师而言,对教师教学效果进行评价,可以了解教学各方面的情况,从而判断其质量和水平、成效和缺陷,促进教师尽快反思教学问题,在教学中充分发挥教师的教学创新意识,达到改进课堂教学的目的。[①] 对学生来说,科学的评价不但能衡量其成绩达到教学目标的程度,而且能解释并找出成绩不良的原因,如学校、家庭、社会和个人方面的因素。就学生个人来说,是由于智力因素,还是学习动机等其他非智力因素的影响,抑或是两者兼有。可见,教学评价是对教学进行一次科学诊断。它是评估研究范畴中为实施和改进教学而开展的一种诊断过程,其重要性等同于医生在给病人开处方前的诊断。[②]

第二,教学评价的反馈与调节功能。将教学评价结果以恰当的方式反馈给被评价者,使他们对自身有全面认识,有利于调整与提高。教学评价使师生双方掌握评价的结果,能及时得到反馈信息。反馈信息对于教学过程的优化与调节作用颇为明显,只有通过反馈信息来调节教学行为,才有

[①] 参见王红艳、贾岩:《课堂教学评价中教师自我反思研究》,《宁波大学学报》(教育科学版) 2011 年第 4 期。

[②] Long, M., *Second Language Needs Analysis*, Cambridge: CUP, 2005.

可能实现既定教学目标。可见，建立高校教学评价有效性的反馈机制应是未来高校教学评价值得注意的问题。[①] 对于教师而言，他们获得评价的反馈信息，能依照反馈信息修改教学计划、改进教学方法、完善教学指导，能及时地调节自己的教学工作，能使自己发现教学方法和教学过程组织中存在的不足，洞悉学生学习上存在的困难；可使教师明确教学目标的实现程度，采取有利于促进教学目标实现的形式和方法，从而为改进教学工作提供依据。对于学来说，他们获得反馈信息，能据此调整其学习策略、改进学习方法、增强学习的自觉性，能加深对自己当前学习状况的了解，确定适合自己的学习目标，从而调整自己的学习。[②] 教学评价有利于使教学过程成为一个随时得到反馈调节的可控系统，使教学效果更加接近预期的目标。

第三，教学评价的决策与选择功能。教学工作决策的前提是建立在科学的教学评价基础之上的。如果没有可靠的教学评价结果，教学工作决策就带有盲目性甚至陷于失败。只有对教学工作有全面和准确的评价与了解，才可能作出正确的决策。教学评价是教师工作评价的重要组成部分，也是学校评价体系的核心内容。通过开展科学有效的教学工作评价，能有效地鉴定教师的教学态度、教学质量、工作能力、业务水平等，使学校教学管理工作更加系统化，决策更加科学化。有了可靠的教学评价结果，学校或教育行政部门领导选择教师的聘用和晋升就有了依据；同时，有了评价信息，领导能合理安排教师的进修与提高。教学评价能对学生在知识掌握和能力发展程度进行区分，从而分出等级，为选择课程、指导学生职业定向提供依据，也为国家选拔、分配和使用各类人才提供参考依据。

第四，教学评价的激励与强化功能。对高校而言，教学评价是一种长期存在的无形压力。这种压力也正是教学评价的激励功能所在。随着我国经济体制改革的深入，高校必须要转换机制以适应市场经济对人才培养的要求，也是高校面对市场加快自身改革步伐的原动力。改善我国高校教学

[①] 参见韦世艺：《高校教学评价有效性提升路径浅探》，《黑龙江教育学院学报》2012年第1期。

[②] 参见卢双坡：《我国高校课堂教学评价探析》，《黑龙江教育》2009年第5期。

工作、提高教学质量已不仅是社会的需要，也是高校自身和每一个教育工作者生存与发展的需要。从这个意义上讲，教学评价具有强大的激励作用和凝聚力。① 教学评价对师生双方都将发挥一定的激励与强化功能。它可以调动教师教学工作的积极性，激发学生学习的内在动力，维持教学过程中师生适度的紧张状态，可以使师生双方都将注意力集中于教学工作。通过教学评价，教学主管部门能及时了解到教师的教学效果。事实上，对教师教学工作进行评价，可使教师明确教学中取得的成就和需要努力的方向，可促使教师深入研究教学内容和教学方法，以提高自己的教学技能。教学评价能有效剖解教师教学状况的优缺点，只有让他们了解了自己在教学实践中的成败，才能明确未来努力的方向。教学评价激励教师加强教学技能学习，开展听课和评课活动，以增进互相学习与交流。对于学生来说，经常性的测验对其学习动机产生巨大的刺激作用，可以有效地推动课堂学习，使他们获得心理上的满足和精神上的激励，激励他们朝着更高目标奋进。② 特别是教师的表扬、鼓励、学习成绩测验等，可以提高学生学习的动力和学习效果。更为重要的是，教学评价结果的公布能激励任课教师、学生、班级、学科之间的横向比较，从而激励各方主体赶超，并强化了他们的荣誉意识与竞争意识。这种自我意识的激发不能不对教学质量和人才培养质量的提升产生激励与强化的功能，其积极意义是不言而喻的。总之，教学评价可以成为被评价者自我展示的机会，鼓励被评价者展示其成绩，使评价成为有效的激励措施。

四、评价的基本原则

为了确保教学评价的有效性，在执行教学评价的过程中，必须要遵守以下主要原则。

首先，教学评价的客观性原则。从教学评价指标上看，教学评价指标

---

① 参见李漾：《论教学评价的功能》，《北京农学院学报》1998年第1期。
② 参见付瑞国、张立新：《高校课堂教学评价内容及方式改革研究》，《河北科技师范学院学报》（社会科学版）2011年第4期。

体系一般同时包括定性指标、定量指标，单一指标、复合指标，静态指标和动态指标，实现教学评价的客观性，要在明确限定指标体系中定性指标的同时，提高定量指标、单一指标和动态指标的数量，使评价建立在合理的信息基础上。[1] 从教学评价手段上看，这就要求以科学可靠的评价技术为工具，取得可靠的数据资料，对获得的各种数据进行严格的处理，而不是依靠经验和直觉进行主观判断。要从教学实际出发，以教学目标体系为依据，确定合理的统一的评价标准，认真编制、预试、修订评价工具，从测量标准、方法到评价者所持的态度、最终评价结果，都应符合客观实际，不能主观臆断或掺入个人情感。因为教学评价旨在客观判断教学效果，如果缺乏客观性，教学评价就没有必要存在。教学评价特别是对学生学习结果的评价，强调在真实生活情景下对学生的发展进行评价。具体表现在以下几个方面：一是评价既指向学生学习结果，也指向学生学习过程；二是强调现实生活真实情境给学生呈现复杂、不确定、开放的问题情境，以及需要整合知识和技能的活动任务来对学生进行评价；三是预制对学生表现或作品进行评分或等级评定的评估工具；四是承认个体差异，主张对不同的学生提供不同的评估策略，以适应各种能力、各种学习风格以及各种文化背景的学生。[2]

  日本教学评价严格贯彻客观性原则，诸如明确评价对象、对象之间的结构、评价对象与评价者的关系、评价组织构成、评价观点、适当的量化尺度和评价时间等。学校评价的对象包括教育行政领域、学校经营领域和学校教育领域，在各领域中又分为若干项内容。[3] 美国教学评价是以学生学业熟练度为客观标准，各州制定了课程标准。它是对完成教学任务的基本标准，要求学习该门课程的所有学生应达到的学习水平，只与课程标准相比，判断学生是否达标，以及达到的程度。由于评价不是让学校和学校、

---

[1] 参见张玉平：《教学评价原则浅析》，《中国高教研究》2001年第10期。
[2] 参见夏正江：《论课程观的转型及其对新课改的影响》，《课程·教材·教法》2005年第3期。
[3] 参见张德伟：《日本的教育督导制度与学校评价》，《哈尔滨工业大学学报》（社会科学版）2006年第3期。

学生和学生比，而是以客观统一的课程标准予以衡量，因此评价追求所有的学生都达标。我国主要以期末统考平均分数或升学率作为教学质量评价标准，这两项指标只能反映学校或学生在群体中的位置，而不能说明他们是否达标，以及达到的程度。

其次，教学评价的整体性原则。由于教学系统的复杂性和教学任务的多样性，使得教学质量往往从不同的侧面反映出来，表现为一个由多因素组成的综合体。因此，要准确反映教学效果，必须对教学活动从整体上进行评价。教学评价要对组成教学活动的各个方面展开多角度、全方位的评价，而不能以一概全。这要求教学评价运用多角度、多种方法对教学过程和教学效果进行评价。[1]具体表现在以下三个方面：一是评价内容多样性。包括课堂教学过程、教师教学技能、课堂教学要素、课堂教学效果、学生参与程度等。二是评价主体多元化。这要求评价主体既有非教学人员，如研究者和教育管理者，又有课堂教学内的师生，同时还可以考虑同事参与评价过程，改变原来单纯以他评为主的方式，重视自评和互评。三是评价方法多元性。这要求课堂教学评价采取观察、成长记录袋、真实性评价等方法进行评价，既要重视客观、量化的评价方法，又要重视量化与方法相结合，从而克服传统课堂教学评价的内容与现实生活内容脱节，难以评价情感、态度、价值观等。日本实行对学校所面临课题的具体的、限定性的评价，制作并灵活利用观察记录和实践记录，促进日常性评价活动的组织化与形成性评价，并与其他学校进行比较分析，从多方面视角确定评价的观点，灵活利用地方的人才。由于多种原因，日本学校外部评价并未得到充分发展。[2]

再次，教学评价的发展性原则。这要求改变以往评价过分重视终结性评价，要将评价对象状况与变化过程相结合，从一次评价走向多次评价。它强调以教学评价对象的表现作为评价主要内容，以促进评价对象的发展为根本目的，体现满足社会发展需要与个人发展需要的辩证统一，使评价

---

[1] 参见张大均等：《教育心理学》，人民教育出版社2005年版，第665页。
[2] 参见张德伟：《日本的教育督导制度与学校评价》，《哈尔滨工业大学学报》（社会科学版）2006年第3期。

过程成为促进发展和提高质量的过程。这主要体现在两个方面：其一，关注学生发展的原则。教学评价的目标之一是促进学生在认知、情感等方面的全面发展。教学评价有助于教师判断学生是否取得了进步，这可以为是否进行教学调整提供依据。能否及时关注学生的进步对其发展具有重要作用，因而合理应用教学评价能有效提高学生的学业成就，促进学生的发展。其二，关注教师专业发展的原则。教学评价的重点是关注教师教学过程，评价要能提高课堂教学的效率，发现课堂教学中应当改进之处，是教师与同行、专家交流与分享的过程，能有效促进教师的专业发展。

美国教学评价突出发展性原则，旨在使教师改进教学、学生学业得以提升与发展。法律规定，所有学校都要在12年内，使参加州级阅读和数学课程年度考试的学生全部达到熟练的州级年度目标。这为学校发展预留了充分的时间。在实现州级熟练目标上，那些每年没有发展与进步的学区和学校，将面临改进与重组。美国政府维护学生择校的权利，允许家长为学生发展而择校。

第二节 国外教学评价理论

一、目标教学理论

（一）目标教学理论内涵

20世纪30年代，美国教育家泰勒提出了行为目标模式，认为要将学生行为目标作为评价的主要依据，将教育方案、计划所达到的目标用可以进行观察学生的行为来表示，认为评价是判断教育实际达到目标的程度，从而发现教育偏离目标的程度，通过信息反馈使教育活动尽可能逼近目标。50年代，美国教育心理学家布卢姆等人提出了教育目标分类理论，认为教育目标是教育教学评价的基础，而教育目标可以分为认知领域、情感领域和动作技能领域。认知学习领域目标包括识记、领会、运用、分析、综合和评价六个层次。动作技能学习领域目标包括感知、准备、机械动作、复杂的外显反应、适应、创新等。情感学习领域目标包括接受或注意、反应、评价、组织、价值与价值体系的性格化。在实现最终目标的过程中，每个领域都有相应的目标，这在学术界引起了较大反响，并为课程编制、观察教育过程和进行教育评价提供了一个新的理论体系。60年代，美国广泛开展了以教育目标分类学为理论基础的掌握学习实验，推动了教学改革。70年代，这种实验逐步向其他国家推广。由于这种实验具有广泛的适应性，便于不同社会制度和不同发展水平的国家联系教学实际和继承传统，又具有深刻的革命性。这种理论是对选拔教育体系的彻底评判，旨在建立以素质教育为导向的科学教育理论，并有效提高教学质量。因而目标教育理论得到了第三世界各国的普遍认同。

（二）目标教学理论的现实意义

首先，目标教学理论的基本信念是，所有学生都能学好各门课程。学生智力水平与学业成绩之间并不存在着必然的正相关。只要提供足够的时间与适当的帮助，绝大部分学生能学习一门学科，并达到高水平的掌握。目标教学理论认为，后进生是由于学生早期发展和后来学习过程中的缺陷积累所致。期间，学生认知缺陷积累与情感障碍积累是互相影响的，对学习过程中的失误要进行及时的矫正，进而逐步实现转化。教育既要考虑个别差异，又要促进个体的充分发展。

其次，目标教学理论为教学评价与管理提供了科学依据。一方面，教师依据教学目标进行教学设计；依据教学目标调动学生的学习积极性，引导学生主动学习；依据教学目标组织学生的学习活动；依据教学目标调控教学过程；依据教学目标评价教学效果。另一方面，可控制的课堂教学操作体系有：一是学期目标教学模式，即准备阶段的确定教学目标、划分教学单元、设计单元反馈矫正等，单元目标教学阶段的单元教学、形成性测验、反馈矫正、平行性测验等，终结性评价阶段确定学生是否达到了学期教学目标的要求；二是单元目标教学模式，包括单元备课、前提准备、单元新授、单元综合、单元矫正、单元小结等六个阶段；三是课时目标教学模式，包括补偿课、新授课、综合课、矫正课，每种课型又往往分为几个课时来进行。

再次，目标教学理论提供了完整的反馈矫正机制和教学评价思路。没有教学评价就没有目标教学。课堂教学环节必须经过教学评价来判断有效性，如果无效就采取改革措施，以确保教学过程的有效性。从教学目标的确定、教学活动的实施到教学目标的达成都与教学评价紧密相连。这种以反馈矫正为中心的教育评价观包括五个方面：教学前提诊断性评价，包括入学准备程度、认知前提、情感前提、后进生成因等方面的评价；教学目标达成性评价，包括课时教学目标达成性评价和单元教学目标达成性评价；课堂教学评价；教学质量评价；学生发展性评价，主要指对学生情感领域发展水平因人而异的评价。[1]

在教学评价和管理上，要从单一的教学评价和管理模式走向多元评价和管理模式。人的发展是各具特色的，教育者没有权力去干预学生发展的方向。目标教学理论要求放弃用同一标准评价和管理所有学生，建立多元化的教学评价和管理模式。在评价和管理学生时，既要看学生的学科成绩，又要看学生其他方面的发展，更要看学生的特长。只有这样，才能更好地评价学生的全面素质，培育创新性人才。[2]

二、多元智力理论

（一）多元智力理论的内涵

1983年，哈佛大学教授加德纳提出了该理论。他认为，智力是一组能力，人的智力由七种要素组成，即语言智力、数理逻辑智力、空间智力、身体运动智力、音乐智力、人际交往智力和自我认识智力。语言智力，是指对外语的听说读写能力，个人能顺利而有效地利用语言陈述事件、表达思想并与人交流。这在记者、编辑、作家、演说家和政治家等人身上得以

---

[1] 参见黄汉寿、张桂珍：《浅谈目标教学的理论与实践》，《教育理论与实践》1994年第2期。

[2] 参见全国目标教学专业委员会：《目标教学：理论与未来发展》，《中国教育报》2001年7月21日。

体现。数理逻辑智力,是指运算和推理能力,对事物间的关系如类比、对比、因果和逻辑等的敏感,以及运用它们进行思维的能力。这是一种对逻辑思维较显著的智力体现,对数字、物理、几何、化学,乃至各种理科知识有良好表现。空间智力,是指感受、辨别、记忆、改变物体的空间关系,并借此表达思想和情感的能力,对线条、形状、结构、色彩和空间关系的敏感,以及通过平面图形和立体造型将它们表现出来的能力。这在画家、雕刻家、建筑师、航海家、博物学家和军事战略家身上得以体现。身体运动智力,是运动员、奥运冠军们必须具备的智力。运用四肢和躯干的能力,能较好控制自己的身体,对事件能做出恰当的身体反应,以及利用身体语言表达思想和情感的能力。这在运动员、舞蹈家、外科医生、赛车手和发明家身上得以体现。音乐智力,是指感受、辨别、记忆、改变和表达音乐的能力,个人对音乐美感反应出的包含节奏、音准、音色和旋律在内的感知度,以及通过作曲、演奏和歌唱等表达音乐的能力。这在作曲家、指挥家、歌唱家、演奏家、乐器制造者和调音师身上得以体现。人际交流智力,是指与人相处和交往能力,觉察、体验他人情绪、情感和意图并据此做出适当反应的能力。因为人际交流就是靠语言或眼神以及文字书写来传递。这在教师、律师、推销员、公关员、主持人、管理者和政治家等人身上得以体现。自我认知智力,是指洞察和反省自身的能力,能正确意识和评价自身的情感、动机、欲望、个性、意志,并在自我意识和自我评价的基础上形成自尊、自律和自制的能力。这在哲学家、思想家、小说家等人身上得以体现。

(二)理论对教学评价的借鉴

多元智力本身具有多元性、文化性、差异性、实践性和开发性等特征。该理论对于教学评价具有十分重要的指导作用,具体体现在以下五个方面。

第一,多元智力理论的学生观认为,每个学生都有基本的智力,智力不同组合表现出个体的智力差异。每个学生都有其优势智力领域,有其学习类型和方法,学校没有差生,全体学生都是可造之才。如果给予适当的训练、鼓励和指导,每个人都有能力使所有的智力得到一定的发展。学校教育应在开发每个人各种智力的基础上,为学生创造多种展现各种智力的机会,给每个学生以多样选择,从而激发他们的潜能,充分发展每个学生的个性。加德纳认为，能否解决实际生活中的问题，能否创造出社会所需要的有效产品，是衡量智力高低的标准。因此，学生家长没有必要互相攀比，寸有所长，尺有所短。

第二，多元智力理论的教学观认为，学生智力是复杂的，无论多么英明的教师也找不到适合所有学生的教学方法。教学方法和手段应根据教学对象和教学内容而灵活多样，因材施教。如果教师能根据不同学生的特点，经常变换教学方法，学生就有机会利用适合他的方法来学习。教师要根据教育内容和学生智能结构、学习兴趣、学习方式的不同，选择多种能促进每个学生全面发展的教学方法。

第三，多元智力理论的课程观认为，传统课程是整齐划一的，培养出没有个性和创造力的学生。学校将多种智力和不同学科教学相结合，使学生能较好运用并发展自己的每一种智力。要充分认识到不同学生的不同智力特点，使每个学生的智力强项得到充分发展，并从此出发促进学生其他各种智力弱项的发展。教学工作中使用多样教学手段提高课堂教学的实际效果。课程改革一定要把培养学生的实践能力和创造能力放在首要位置。将智力结构看做是多维的和开放的，课程改革应保证学生真正意义上的全面发展。智力设置课程，不能把多种非学术智力领域当做无关紧要的副科，课程保证学生的多元智力都得到有效发展。在保证学生全面发展的同时，关注并培养学生的优势智力领域，使教育成为发现差异、因材施教、培养特长、树立自信的教育。

第四，多元智力理论的发展观认为，学校教育的宗旨是开发多种智力并帮助学生发现适合其智力特点的职业和业余爱好，使学生在接受学校教育的同时，发现自己至少有一个方面的特长，学生就会热切地追求自身内在的兴趣。这对于发展职业教育和拓展学生的就业能力具有重要的现实指导作用。

第五，多元智力理论的评价观认为，不主张死记硬背知识并将分数和升学率作为评价教学质量的主要标准。不提倡过分训练和发展学生的语言和数理逻辑能力，忽视学生其他方面能力的培养与训练，培养和发展学生各方面的能力占有同等重要的地位，特别是对学生理解能力、动手能力、应用能力和创造能力的客观评价。该理论认为，个体具有不同的智力及其组合，如果给予适当的教育，每个人都能发挥其优势智力，同时带动其他智力的发展，因而不存在智力水平高低问题，只存在智力和学习类型差异问题。现代社会需要各种人才，这要求教育必须促进每个人各种智力的全面发展，让个性得到充分的发展和张扬。多元智力理论主张教学评价是通过多种渠道、多种形式、在多种不同的实际生活学习情景下进行的，确实评价学生解决实际问题的能力、创造出初步的精神产品和物质产品的能力。教师应当从多方面观察、评价和分析学生的优点和弱势，并以此为依据，选择和设计适宜的教学内容和教学方法，使评价确实成为促进每一个学生智力充分发展的有效手段。就评价目的而言，它关注学生的智力特点及其发展状况，而传统评价则以预定教育目标为中心来设计、组织和实施评价，旨在对学生进行选拔和鉴别。就评价特征而言，评价是多元化的，这不仅表为评价内容多元化，还体现为评价主体、评价方式等的多元化。

三、替代性评价理论

（一）替代性评价的内涵与特征

20世纪90年代，美国流行替代性评价。传统教学评价采用标准化考试，旨在评价学生获取知识的能力。随着教育的发展，人们发现实际操作、解决问题的能力更加重要，因此评价学生实际操作能力和解决问题能力受到关注。

替代性评价不是以单一书面标准化试题为基础的，而是考查学生的行为表现，如表演与展示、口头演说、让学生完成作品或任务等，通过观察、记录等方式对学生进行的评价。它不是从单一的考试背景，而是从广泛的背景中收集信息，涉及语言智力、数理逻辑、视觉空间、身体动作、音乐等方面。它不仅注重学生学习结果的评价，更关注学生学习过程的评价，并非单纯给学生评价分数或等级，而主要是为了促进学生的学习和发展。因此，替代性评价被认为是对学生运用已有知识解决新问题或完成特定任务的能力的评价，是运用真实生活或模拟的评价练习来引发最初的反应，由评定者按照一定标准进行直接观察、评判，其形式有建构式反应题、书面报告、作文、演说、操作、实验、资料收集、作品展示等。替代性评价要求学生演示、创造，激发学生思维能力，使用有意义的教学活动作为评价任务等。①

替代性评价的特征如下：一是它与发展性评价暗合。发展性评价强调人内在动力的激发，重视评价对象的自我完善，强调个体间的差异，主张用定性评价取代定量评价，致力于促进人的完美和自我完善。二是它是一种自我评价。与传统教育评价中的他评相比，替代性评价尊重多元价值标准，提倡被评价者主动参与，主张自我监控，自我评价，自我教育和自我发展。三是它具有真实性。课堂教学评价中的替代性评价不可能完全设置一种真实的环境来评价学生，但评价者一般会力图模拟生活中的任务，在学生完成这些任务时，学生的表现一般是真实或基本是真实的、原创性的表现。采用现实任务、模拟真实情境来对学生进行评价，不同于传统标准化纸笔测验的评价。四是它是过程性评价。传统评价强调根据测量结果给学生下一个结论，而替代性评价则强调学习过程本身的价值，通过评价学生完成整个任务的过程，促进学生解决问题的思维技能、个性品质等的发展和完善。

（二）理论对教学评价的借鉴

替代性评价对我国教学评价具有指导作用，具体表现为：一是提高课堂教学的质量。与传统评价方法不同，替代性评价方法尊重学生的主体性，强调从评价的过程中学习，调动了作为学生的积极性，在对学生评价的同时，也可以对教师进行评价，整个评价同时关注了教师和学生两个方面。二是减轻对教学效果的依赖。替代性评价则采取多元取向，在承认学生差异的前提下，提供条件，允许学生发挥各自所长，评价反馈给学生的不只是一个数字，还包括学生进步与否等具体分析。替代性评价注重对整个学习过程的评价，改变了人们对教学效果单一指标的依赖。

---

① 参见蔡永红：《当代美国另类评量的改革》，《比较教育研究》2000年第2期。

四、有效教学理论

（一）有效教学理论的内涵

1956年，布鲁姆出版了《教育目标分类学·认知领域》，成为教育评价方面首部影响巨大的著作。他坚信，有效教学始于准确地知道要达到何种目标。布鲁姆提出了完整的"掌握学习"理论。这是其有效教学理论的核心。

掌握学习的基本思想是，只要提供恰当的材料，并给学生充分的学习时间和恰当的帮助，几乎所有的学生都能达到掌握规定的目标。很多学生没有取得良好的学习成绩，并非智力低下，而是没有适合于他们特点所需要的教学帮助和学习时间。为了促进掌握学习，布鲁姆认为，要实行诊断性评价、形成性评价、终结性评价，旨在最大限度地开拓和促进每个学生的发展潜力，使所有学生竭尽全力学习，最终掌握学习。掌握学习具有民主主义思想，既汲取了传统教学的合理因素，又对传统教育进行了改革。掌握学习对教材结构和内容的要求，教学过程中采用多种教学方法，增加了教师的负担。由于个别差异始终存在，对成绩好的学生未必适用。

布鲁姆的"教育目标分类学"冲击了以往课程、设计教学中偏重认知，只强调认知领域中低级心理过程的观念，提出认知领域中的高级心理过程以及情感领域、动作技能领域一整套教育目标体系，使教育目标分类更加完善。该理论促成了标准参照测验和教育评价的实现，促成了新的教学模式掌握学习的产生，使教学质量得到大范围的提高。但教学目标分类过于细微，限制学生创造性思维的发展。布鲁姆评价理论将教学评价和教学目标紧密联系，教学评价理论重视形成性评价的作用，对掌握学习教学的提出并得以实施具有重要意义。

伯利纳总结出了有效教学行为和无效教学行为。有效教学行为有：教师建设性地对学生的情绪和态度做出公开的言语或非言语的反应；教师认真听学生在讲什么；教师给学生某种指导，并且说到做到；教师对所教的学科充满信心，并显示出对此学科的驾驭能力；教师检查学生的学习进度，并根据检查结果调整教学工作;教师表现出一种令人愉快的、乐观的态度和情绪;教师能充分有效地利用课堂上出现的迹象预测意外事件;教师鼓励学生认真做好课堂作业,并对学生课堂作业负责。无效教学行为有:教师突然改变教学程序,如从教学转向课堂纪律管理;教师当众训斥学生;教师为了打发空余时间,让学生在课堂上做一些无用的作业;教师在课堂上不是为了达到明确的教学目标,而是要表现自己。[1]

盖奇等提出了教学评价中需要关注的教师行为:一是组织,指教师对课堂教学的组织,它与保持学生的注意、维护正常的教学秩序及信息传递有关,其作用在于发出信号以引起学生注意,并提示某些教学内容的组织结构和线索;二是提问,它与学生学习的进行和结果直接相关,唤起学生已有知识经验与当前学习有关的内容产生联系,有助于引起学生注意,激活学生思维,促使学生积极思考并调动已掌握的知识技能;三是探究,指教师的教学活动有一定的探索性和发现性,它有助于保持由组织、提问所引起的学习准备,同时也有助于学生对信息、材料进行智慧加工,并通过这一加工过程真正理解和掌握知识以及智慧活动的技能;四是奖励,指在课堂教学中用言语或非言语的形式对学生的学习活动或学生所提出的观点和看法给以肯定性的鼓励,当学生在学习活动中受到奖励时,其智慧活动进行得比较持久,效率也比较高。[2]

(二)理论对教学评价的借鉴

有效教学理论对教学评价富有指导作用,具体表现为:一是关注全体学生。学生的发展是全面的发展,而不是某一方面或某一学科的发展,所以教师不要过高地估计自己所教学科的价值,要把学科价值定位在一个完整的人的全面发展上。二是关注教学效益。教学效益不同于生产效益,它不取决于教师化最少的时间传授最多的内容,而取决于在单位时间内学生的学习结果与学习过程的进展情况。有效教学反对缺乏效益蛮干,那是在耽误学生的进步与发展。三是关注测性量化。每节课的教学目标要尽可能

---

[1] 参见柳夕浪:《课堂教学临床指导》,人民教育出版社1998年版,第18—20页。
[2] 参见刘要悟:《教学评价基本问题研究》,甘肃文化出版社1997年版,第155—159页。

明确与具体，只有目标具体，措施才具有针对性，也便于检验教师的教学效益。有效教学主张科学的将定量与定性、过程与结果结合起来，全面地评价学生的学习成绩和老师的工作实绩。四是实施反思教学。有效教学迫切地需要老师自觉养成反思与总结的好习惯，不断地追问教学的有效性，因此，没有反思教学就没有有效教学。五是有效教学核心是学生参与，包括行为参与、认知参与和情感参与三个方面。学生的情感参与和认知参与成正比。由于学生的广泛参与使得其自身在学习过程中不断得到启发，激励从而优化知识结构，乃至有所发现、有所创造。缺乏学生学习主体观。在实际教学中，不管教师教得多辛苦，只要学生没有取得预期的应有的进步和发展，就是无效教学或低效教学。这是有效教学的最主要特点。新课程强调教与学的变革，提出师生互动、有效学习，强调师生的共同互动、共同成长。

五、后现代教学理论

（一）后现代教学理论的内涵

20世纪后半叶，后现代主义在西方兴起，它是多元性和差异性的思维方式。在发展过程中，后现代主义出现了破坏性和建设性两种。前者主张对西方整个资本主义制度进行彻底否定，代表人物是福柯、德里达等。后者主张对"现代性"进行反思，吸取其合理内核，创造性地提出新的主张和见解，代表人物是格里芬等。后现代主义认为，世界是多元的，在以创新为时代精神的社会里，科技日新月异，各种新鲜事物层出不穷，创新已成为个体和社会发展的动力。因此，教学不能把学习者视为单纯的知识接受者，而更应看做是知识的探索者和发现者。课堂教学既要注重结果，又要注重过程。

后现代主义的教学目的观。由于后现代主义崇尚差异性、不确定性以及文化多元主义，其教学目的观也是多元化的。后现代主义主张，学校教学目的可以更加宽泛，不要局限于单一的教学目标。教学可注重学生的各方面发展，但并不强求每个学生都得到全面发展。教学目的是促进学生个体人性的解放，是促进学生个体的可持续发展，是培养学生成为有个性的人。我国大学一是限制了学生天性的发展；二是过分注重教学的工具主义的目的，局限于满足学生的现时需要；三是忽视学生个性的培养，导致了学生创造力被抑制。

后现代主义的课程观。后现代主义课程观不但关注课程的目标及其实现，而且更关注学习过程中个人发展的过程、历史、宗教、生态及社会环境等；从课程研究的过程来看，不仅仅关注课程的规划、设计、实施和评价，而是更加注重课程在文化、历史、生态平衡等方面对人类生态领域、社会结构等的影响。其一，从课程内容说，课程不是预先设定的，而是由课程参与者的行为和交互作用构成的。同时，课程不是封闭的、固定的，而是开放性的、可调整的、随活动情境而变的。课程建设要随时考虑到流动、变化等因素的影响；复杂性意味着教育过程是由多种因素的交互作用组成的，其影响是综合的；教师要适时诱发学生内部的不平衡以求新的平衡，课程应给学生自己组织的机会，在最有利的时机引发学生的内部重组。其二，就课程实施方法而言，它可以使学习者参与到与教师、文本的对话中，获得新的、更深层次的认识。后现代主义课程观对大学教学课程的启示是：坚持课程内容的生成性，虽然要有确定的课程内容，但也要根据教学中师生的相互作用开发课程资源，生成富有教育价值的新内容；坚持课程内容的适应性，课程内容要紧密结合社会生活、工程实践、就业需求；减少灌输，通过与教师、教学文本的对话主动学习课程内容，促使学生产生学习动机。

后现代主义教学过程观主要有下述主张：其一，教学过程是学生主动获取信息和自我教育的过程，是一种建构的过程。其二，教学过程是复杂性、动态性的过程。其三，教学过程是有序性与无序性的统一。其四，教学过程是线性与非线性的统一。根据后现代主义教学过程观，大学教学应该做到：首先，让学生参与教学，调动学生学习的积极性。学习是学生主动建构的过程，教师的教虽然会影响学生的学，但绝不能代替学生的学，因此教学过程中教师要引起学生的兴趣，激发学生的动机，让他们全身心地参与教学，投入学习，掌握知识，培养能力，发展情感。其次，循序渐进和考虑差异相结合。教学的内容、知识的体系、学生的心理特别是认知的发展等都有一定的顺序，这就要求教学要循序渐进；同时，学生又是活生生的、富有差异性和各自特性的个体，因此教学要考虑差异。再次，进行教学探索，展现教学机智。教学过程是复杂而动态变化的，充满着变化性、不确定性，教师难以预料教学中的变化，即使教师课前对教学进行了周到的准备，但变化和适应不可避免。因此，教师在教学中要善于探索，展现教学机智或灵活性。

（二）理论对教学评价的借鉴

后现代主义教学评价是运动、变化和富有转变性的。在原有的封闭系统内，稳定和平衡是系统的中心。教师有计划地进行教学，有精确的教学目标，教师对学生的评价只限于不偏离这一目标，不脱离教学的秩序，在教师的控制下完成预设的目标。后现代主义认为，教学是一个开放的系统，学生的错误是激发他们创造力的载体，在学生的这种积极的反馈中，启发教师生成新的富有创造性的教学，这样的教学评价才具有诊断性和形成性的功能。教师与学生的评价不是作为区分学生掌握知识多少的手段，而是师生对话的起点，学生可能对教师这种知识权威提出挑战。同时，教师也将乐于面对学生的问题，与学生一起探索，从而达成共识。教师对学生的评价不仅是学生知识增长的阶梯，更是教师和学生在教学中知识和思想转变的通道，是教师进行教学反思的起点。

后现代主义教学评价观体现为：其一，从刚性评价到普遍关怀。后现代主义倡导对世界的关爱，这要求教学评价从伤害学生自尊转变为普遍关怀，实施着眼于学生个性特长无限发展的生态式激励评价，使每一个独具价值的人都各得其所，始终获得可持续发展的生命成长动力。其二，教学评价的"差异的平等"观。后现代主义强调，教学评价应注重对象的丰富性、多样性。一是使用同一的标准、要求，评价多样性的对象。教学过分强调统一性，例如让不同的学习者在同一时间、空间按同一速度学习同一内容，并用同样的标准考察和评价他们。二是使用不同标准、要求，评价不同的对象，强调个体差异，摒弃一切歧视，反对追求统一的标准，主张接受一切差异，承认和保护学习者的丰富性、多样性。依照后现代主义教学评价观，大学教学既要通过评价或考核促进学生的发展，真诚地肯定、欣赏和鼓励学生的进步，让学生充满自信，又要反对追求统一的标准，用兼顾和承认差异的办法评价或考核学生，使每个学生都得到公正和合理的评价或考核，看到自己的进步和成长，并因此产生成功的满足和前进的动力。

第三节 我国双语教学评价

一、双语教学评价的界定

（一）双语教学评价的概念与原则

所谓双语教学评价，是指依据客观的评价指标，通过各种项目和相关信息的收集，运用可行的评价技术和方法，对双语教学中的各种目标进行客观衡量和价值判断，得出较为科学的结论，以指导双语教学实践。双语教学评价是影响其发展的关键因素之一。[①] 王莉颖倾向认为，双语教学评价就是评价者依据预期的双语教学目标与一定的双语教学评价标准，采用各种切实可行的现代科学技术与方法，对双语教学的实施现状及其成效做出客观的测评和估价的过程。有研究者认为，双语教学评价可以理解为：既注重教学过程评价，将师生在专业教学过程中的参与度，所表现出教与学的态度，专业英语教学的适应能力，对多元文化价值观的理解，教学时间效益等方面要素作为评价内容；又注重教学结果评价，将专业英语教学的语言、专业、思维三个纬度的目标达成度作为评价的内容。

另一种关于双语教学评价概念的界定，带有相对性特征。它是指不同类型评价主体对双语教学质量进行主观判断，是以自身需求的满足程度为标准而展开评价。这些主体可能包括直接主体、间接主体，以及介于直接和间接之间的主体，对双语教学属性在满足自身需要价值大小进行判断。

[①] 参见刘晓光：《双语教学评价的理性之思》，《黑龙江高教研究》2009年第10期。

这一概念主要包含以下几个方面：其一，双语教学评价的主体出现了多元化。不同评价主体，其需求不同，这一特征可能使评价主体从各自需求出发，采用不同的指标评价双语教学。其二，各主体评价的客体是双语教学，双语教学具有多种属性，这种复杂性也就是客体属性的复杂性。正是由于双语教学的复杂性，它才能满足不同主体的需求。其三，主体对客体评价受制于多种因素，特别是不同评价主体评价能力和价值取向等制约。对双语教学的评价是从宏观到微观两个层面来进行：前者包括双语教学的师资、教材、学生基础等方面；后者是对双语课堂教学效果进行评价。[1]

双语教学评价的基本原则主要包括：其一，坚持多元、分层和动态评价相结合的原则。双语教学评价兼顾专业知识学习、英语运用能力、跨文化沟通能力等多个方面，强调多元兼容与互补，并非以损伤一种能力为代价提升另一种能力。双语教学关注教学过程与学习效果的综合，更强调分层与专业特征等区别。由于双语教学涉及各类学校和多种学科专业，评价要侧重对教学过程中目标实现有效度的判断。双语教学评价追求动态过程，不仅评价学生通过双语学习取得的成果和达到的水平，而且重视学生在这一过程中态度、情感、价值观、知识获得中的变化与发展，以激发双语学习的主动性与潜能。[2]其二，坚持尊重教师主动性和创造性的评价原则。任何评价标准和要求都不应成为机械的教条，要赋予教师一定的教学自主权和自由度。只有这样，双语教师才能根据需要对教学内容进行再创造，才能选择既契合自身个性又适应特定教学情境的教学方法，而对教学内容的个性化再造和对教学方法的创造性运用正是教师教学能力的精髓所在。我国教学评价指标过于强调对教师教学行为的规范和约束，而轻视教师创造新思想，教师发挥个性与特长的空间狭小。这必将导致教师将兴趣中心集中于规范，墨守成规，不求创新。[3]其三，坚持形成性和终结性评价相结合原则。要坚持形成性评价和终结性评价相结合原则，在双语教学的初始阶段，注重形成性评价，学生双语学习态度进步成为评价的重要指标。

---

[1] 参见陈秀春：《双语教学的评价研究》，上海师范大学硕士论文，2006年。
[2] 参见宋梅砚：《论上海发展中的小学双语教学》，上海师范大学博士论文，2007年。
[3] 参见周宏：《对课堂教学评价失衡的思考》，《教学与管理》2012年第5期。

学生自评包括学习参与度，与同学的合作精神，对英语学习的兴趣，学习方法和策略，完成教师布置作业的质量和效率等。教师评价学生是教师对学生语言能力、学习态度进行总体的评价。学生评价教师是充分发挥学生的主体作用，客观地对教师作出评价，使教师客观了解上课的效果，有利于教师合理地调整教学方法。在双语教学完成阶段，注重终结性评价，衡量各种目标的实现程度与质量。

（二）双语教学评价存在的问题

目前，我国双语教学评价缺乏明确的指标和方法，一些评价指标和方法尚需深入研究，使被评价者更加易于接受。因为缺乏高校双语教学质量评价指标这一尺度，导致实际评价中没有将教学评价的普遍原理与双语教学的特性相结合。[1]双语教学评价存在以下几个主要问题：其一，双语教学评价目标出现了错位。相当一部分双语教师对学生英语能力和专业知识的角色定位认识不清，更缺乏使用英语进行专业课程教学的正规训练，仍将书面考核视为主要的评价方法，以英语词汇量、语法、考级、考试分数等作为评价指标，基本忽视了专业知识学习系统性和深度的评价，使得评价出现了本末倒置和目标错位现象。在这种评价转变为评价英语，而不是评价专业学习。在这种评价导向下，双语学生的专业能力、英语实际运用能力、英语思维能力和跨文化交际能力通常都被忽略了。其二，双语教学评价主体出现了偏差。部分高校没有坚持"以人为本"的教学理念，突出双语学生在双语教学中的重要地位，缺乏引导学生参与教学评价的意识，使双语学生在教学评价处于被评价地位。这种片面评价抹杀了学生学习积极性，无法使他们从应付考试、被动学习中解放出来。学生误认为双语学习的目的不过就是阅读或翻译专业资料，这种学习动机违背了双语教学的初衷，既不能激发学生的学习积极性，也不利于保持其学习热情。其三，双语教学评价出现了重结果评价的倾向。评价者仍习惯于用分数来评价教学质量，教学活动围绕考试内容进行，考试分数仍然作为学习成效的最终

---

[1] 参见任福祥：《高校双语教学质量评估指标构建研究》，南昌大学硕士论文，2007年。

评判标准。这种只看重学习结果而忽视学习过程的评价，显然与人才培养目标背道而驰，制约着双语教学质量。其四，双语教学评价出现了重课堂评价的倾向。课程多、课外活动少、课后时间被占用等，导致学生难以有效开展双语课后自主学习。双语教师对学生的课外活动缺乏必要的指导和监督，对学生的课外学习评价流于形式，学生的学习潜力得不到充分挖掘和提升。其五，在教学质量监控方面，学校往往重视对教师的专业知识能力的监控，忽视对教师的教学语言能力的监控；重视对学生的专业知识考核，忽视对学生的英语实际能力考核；重视对双语教学活动的表象监控，忽视对双语教学的动态监控；重视对双语教学中的理论教学监控，忽视对双语教学的实践教学监控。[①] 此外，学校不重视双语学习氛围营造，对双语学习硬件环境建设缺乏投入，对双语课后自主学习及其评价形成了制约。[②] 综上，建立合理的高校双语教学质量评价指标，选择恰当的评价方法，并将它们应用于教学管理实践，已成为难点和要务。我国高校双语教学评价工作尚未全面展开，因此开展双语教学评价研究就显得十分必要和具有现实意义。

（三）双语教学评价方法、主体和客体

本研究所界定的双语教学评价方法与评价主体，主要涉及双语教学评价的技术与权重确定、体制内主体评价、民间组织参与评价和社会评价四个方面。技术与权重确定包含评价基本程序、评价技术选择，诸如随堂听课评价法、量表评价法、标准化测验、访谈调查法。评价权重确定主要包括专家调查法、配对比较法、层次分析法和关键特征调查法。体制内主体评价主要是指政府主导的双语教学评价和体制内其他主体参与评价。民间组织参与评价旨在重视我国民间组织在教学评价中的作用；双语教学社会评价主要是通过用人单位评价双语教学人才培养的质量。

本研究所界定的双语教学评价客体主要包括：双语教学资源评价、过

---

① 参见李厚纲：《地方高校双语教学面临的困境及出路》，《教育与职业》2011年第23期。
② 参见邓春梅：《高职双语教学课程评价改革探索》，《重庆广播电视大学学报》2011年第3期。

程评价和绩效评价三个主要方面。三者具有十分紧密的内在联系。双语教学资源评价是一种诊断性评价，是对学校、学生、环境等准备程度的评价与审定。没有足够的双语教学资源，学校就不能不顾实际开展双语教学。如果学校脱离实际，强行推行双语教学，其过程必将是艰难和痛苦的，也不可能取得好结果。双语教学过程评价旨在对师生双方行为开展评价，是一种形成性评价。在某种程度上讲，过程决定结果，过程出现问题，可能造成不良结果。双语教学绩效评价是对双语教学的最终结果开展评价，是一种终结性评价。双语教学结果是建立在其教学资源和教学过程两个重要基础之上的。三者是相辅相成、密不可分的关系。

就双语教学资源评价而论，本研究主要涉及双语教学的课程资源、师资资源、学生资源、管理资源和社会资源五大方面。双语教学课程资源评价包括课程资源及其开发、双语课程选择与结构、双语教材与教学要件；双语教学师资资源评价包含双语师资的数量评估、双语师资的资质评价、双语师资的培训评价；双语教学学生资源评价对学生双语学习动机和学习能力实施评价；双语教学管理资源评价主要是评价政府对双语教学的管理和学校对双语教学的管理；双语教学社会资源评价包括社会宏观资源和社会微观资源两个方面。前者包括社会民族构成与语言构成，社会政治环境与政局稳定，国家双语教学制度与政策；后者包括家长对双语教学的认同程度，以及家庭环境与双语教学的关联。

就双语教学过程评价而言，本研究主要涉及双语教学环节设计、教学组织形式、英语使用量和流利程度、专业知识讲授系统性、教学手段现代化程度、教学方法合理使用六大方面。双语教学环节设计包括备课与授课、作业与辅导、考核与评定；双语教学组织形式涉及教学组织形式分类和双语小班教学问题；英语用量与流利程度主要是指双语教师话语数量与话语质量；专业知识传授系统性旨在评价专业学习效果与专业能力；教学手段及其现代化考察双语课堂多媒体的运用、网上课堂辅助双语教学；教学方法合理运用旨在评价双语教师教学方法选择是否得当。

就双语教学绩效评价来说，本研究主要涉及双语教师教学效果评价和双语学生学习效果评价两大方面。在这种评价之前，评价者必须要了解双语教学的基本目标，不了解其教学目标，就无法开展教学评价。双语教学基本目标主要有英语语言目标、专业知识目标、英语思维目标、跨文化沟通目标。评价者以此为尺度对教师教学绩效和学生学习绩效开展评价。特别是对双语教师教学的评价包括教学行为和教学绩效两个方面，前者主要指向教师的教学态度、课程开发、设备利用、指导学生、参与教研；后者包含教学目标的科学性和目标的实现程度。

二、评价理念与发展趋势

（一）我国教学评价理念的转变

从世界范围看，初始的教学评价主要是以考试为基础，通过考试评定出学生的成绩和等级，并逐步形成以选拔为特征的评价制度。教师教学效果主要通过学生的考试成绩予以衡量，评价学生成绩也就是评价教师教学。泰勒提出，要依据教学目标评价教学效果，即确定教学目标，设计评价情景，根据教学目标编制评价工具，分析评价结果，要将教学目标变为可测量的行为目标，以便围绕它们进行测定。[①] 随后，教学评价逐步转向注重形成性评价和发展性评价。在此背景下，我国教学评价的指导思想逐渐发生着变化，这种变化体现在新课程标准中。

我国《基础教育课程改革纲要（试行）》指出，课程改革的着眼点和归宿是，为了中华民族的复兴，为了每位学生的发展。教学评价的基本导向出现了变化，评价的根本目的从原来的甄别与选拔转变为促进发展，关注学生、教师、学校和课程发展中的需要，突出评价的激励与调控功能，激发学生、教师、学校的内在发展动力，促进他们不断进步，实现自身价值。评价内容综合化，重视知识以外的综合素质的发展，特别是创新、探究、合作与实践等能力的发展，以适应人才发展多样化的要求。这些变化主要表现在以下四个方面：其一，教学评价关注学生发展，旨在促进智力与人格的协调发展。评价承认学习过程的价值，注重在过程中将知识融入

---

① 参见余春瑛：《对教学评价的文化哲学思考》，《教育探索》2011年第3期。

个体的整体经验，转化为生活智慧；发展意味着个体、自然与社会的和谐发展；发展不是分科的学科知识，而是跨学科的知识，注重社会生活、关照学生的经验和个体差异性，保证每位学生全面、均衡、和谐发展；发展寻求个人理解的知识建构，积极倡导学生"主动参与、乐于探究、勤于思考"，以培养学生分析和解决问题能力。其二，改变教师课前准备的关注点和备课方式。学生成为了课堂主角，教师要了解他们对课程的兴趣、知识储备及他们所关心的话题，关注学生在课堂上的可能反应，并思考相应的对策。同时，改变教师对教学能力的认识。每个课题基本上分为预习课、展示课和反馈课，在预习课中教师要和学生共同明确学习目标及重难点，帮助学生解决预习过程中遇到的难点，如果教师对教材没有足够的熟悉和分析，就难以给学生一个满意的答复。总之，对教师教学能力的评价正在随课堂教学评价重心转移而发生变化。其三，改变对学生学习方式的评价。教学评价要更多关注学生的学习能力、交流与合作能力及个性与情感发展，充分发挥创新精神，对所探究的内容进行个性化展示，课堂成为他们尽情表现自我的大舞台。教师要不断研究新经验，进行课堂教学方法交流，交流自己在课改中的困难、问题及解决的措施，互相借鉴。其四，教师不仅是知识的传授者，更是学生的促进者；不仅是传统的教育者，还是新型教学关系中的学习者和研究者。同时，新课程评价关注学生的全面发展，不仅仅关注学生知识和技能的获得情况，更关注学生学习的过程、方法以及相应的情感态度和价值观等方面的发展。只有这样，才能培养出适合时代发展需要的身心健康、有知识、有能力的创新型人才。

（二）我国教学评价的发展趋势

首先，教学评价逐步走向全面化。一是教学评价内容的全面。过去，对学生学习结果的评价集中在知识的掌握、智力的发展等认知领域，对教师教学评价是以学生成绩为依据，而对学生品德、个性、人格等的发展以及教师教学行为、授课质量不够重视。随着人们对教育评价目标认识的不断深化，其内容也日益全面，教学是教和学的双边活动过程，不仅要评价教师的教，还要评价学生的学；不仅评价教学结果，也评价教学过程；不仅评价学生在知识、技能、智力和能力等认知方面的发展，还要评价情感、意志、个性、人格等非认知因素的发展。二是学生的全面发展。"建立促进学生全面发展的评价体系。评价不仅要关注学生的学业成绩,而且要发现和发展学生多方面的潜能,了解学生发展中的需求,帮助学生认识自我,建立自信。"通过教学评价,促进学生的学习与发展,是全面发展而不是片面发展,是真实发展而不是虚假发展。

其次,教学评价逐步走向多元化。教学评价多元化视角,体现在以下几方面:一是评价主体多元化。过去,教学评价主体是学校领导或教育行政部门,是单一的他人评价,作为评价对象的师生完全处于被动地位,没有任何主动选择余地。未来,教学评价主体多元化,即评价主体由单纯的教育行政部门转变为学校领导、研究者、同行教师、教师本人、学生、外部评价者都可以对教育活动进行评价。① 评价主体的多元化,一方面可以从多个方面、多个角度出发对教育活动进行更客观、更科学的评价;另一方面,评价对象成为评价主体,教师和学生不再处于过去单纯的被动状态,而是处于主动参与状态,充分体现了他们在教学评价活动中的主体地位,这十分有利于教师、学生不断对自己的教育活动和学习活动进行反思,进行自我调控、自我完善、自我修正,从而不断提高教育的质量和效率。二是评价标准多元化。由于师生有巨大的创造力,所以课堂教学中的诸多表现难以预测,用一个统一的、刚性的标准来衡量教学行为是不恰当的。教学评价标准应当是开放的,为评价者在评价过程中具体掌握标准留有空间。因此,不能用同一标准来衡量所有对象,不存在一个作为参照标准的中心。教学评价作为促进学生发展的指示器,就应该为学生提供在一切可能方面都获得发展自己的机会,教学评价在尺度上应该是多元的。因此,在编制评价标准时,不是只建立一把评量标尺,而是要让不同地区不同学校有不同标准。三是评价方法多元化。由于教育活动的复杂性、多因素的制约性以及评价技术的局限性,使得任何教学评价方法都不可能是万能的,每一种评价方法都有其特点、长处和缺陷,都有特定的适用范围和界限。过去,评价大多采用单一的方法,或是单纯定量的方法,或是单纯定性的方法,

---

① 参见温萍:《论"第四代评价理论"对我国本科教学评估的启示》,《中国成人教育》2010年第17期。

影响了教育评价结果的客观公正。因此，未来教学评价提倡使用各种评价方法，将定性与定量方法，自评与他评，结果与过程评价，诊断性评价、形成性与终结性评价相结合，这既可以充分发挥各种评价方法的优势，又可以互相弥补其缺陷，从而使评价的结果更加公正。

再次，教学评价更加注重发展性。过去，教学评价注重区分、甄别和选拔性，关注教学结果而非教学过程，是单纯的终结性评价，一般用于奖惩教师和选拔学生。未来，教学评价更加注重其教育性和发展性，从注重对结果的评价，转向注重对过程的评价，特别是师生之间的互动和学生参与性的评价，力图通过过程评价和形成性评价，及时向教师和学生提供反馈信息，使他们能了解教学活动中存在的不足，促使教师在教学中充分发挥学生的自主性、主动性和创造性，注重学生的个人体验和生活体验，促进学生身心的良性发展。因此，教学评价更加关注被评价者的发展，重视对教学过程的评价，强调评价内容多元化、评价过程动态化以及评价主体间的互动等，以实现评价的最大收益，旨在促进改进与发展的。

第四，教学评价更加注重差异性。我国当前的新课程改革也强调，"教师应尊重学生的人格，关注个体差异，满足不同学生的学习需要，创设能引导学生主动参与的教育环境，激发学生的学习积极性"。由于不同学生主体的认知能力、信息加工方式不同，同一信息对学生自身产生的意义也是不同的，教师应该承认并尊重学生的差异性，鼓励学生主动建构对自己有意义的新的知识。与之相适应，课堂教学评价也要实行改革，从同质评价转向异质评价，以不同的标准评判学生各个方面的发展变化，尊重学生个体间的差异，承认和保持学生个体的丰富性和多样性。[①]

第五，教学评价注重量化质性统一。由于量化评价简明、精确，能减少主观推断，故而长期以来受到教育界的推崇。数量能用现代统计工具加以处理，便于掌握和应用，与追求对被评价者的有效控制和改进相适应。因此，量化范式下的常模测量、标准化测量一度成为盛行的评价工具。但是，对教学工作而言，量化评价方式将复杂且多彩的教学过程简单化、格式化

[①] 参见许华琼、胡中锋：《后现代主义知识教学观及其对课堂教学评价的启示》，《当代教育科学》2011年第1期。

了，它难以从本质上保证教学评价的客观性，而往往丧失了教学活动中一些有意义的元素。很多教师丰富多彩、颇具创新的课堂教学被抽象成为一些枯燥、单调的数字，教师发展和活力受到压抑，教学的丰富性被无味的数字取代。质性评价并非对量化评价的否定，它是对量化评价的反思和创新。质性评价关注复杂而丰富的教学过程，强调过程中完整和真实的表现，不但评价认知层面，而且重视对行为层面的评价。质性评价应当包括量化，通过整合，使评价更为完整、科学，更为全面反映教学的全部内涵和意义。从发展性评价看，量化评价只有与质性评价结合才更加富有价值。

第三章　评价方法与主体

目前，我国学术界对双语教学评价方法的研究较为薄弱，这也是双语教学评价研究课题不可或缺的组成部分。如果没有对评价方法展开系统的研究，课题研究必然缺乏完整性。首先，就是要解决评价技术与权重的确定问题。在评价程序基本合理的情况下，评价技术选择是否科学，指标权重确定是否合理，必将直接关系到评价的结果是否公正。从我国教学评价的实际看，体制内主体评价长期以来占据主导地位，因为政府教育行政主管部门具有特殊的资源优势和较大权威性，这也在一定程度上削弱了体制内其他主体评价的作用。学术界有人认为，这种评价的可信度和公信力不够，同时也与国际社会许多评价方法不一致，应当引入其他主体，使多方主体有机会参与双语教学评价活动。特别是逐渐使我国民间组织参与双语教学评价，既能提高评价公信力，又能减少政府教育行政主管部门的负担。不容忽视的是，社会评价对高校人才培养质量的提升作用所有增加，使高校能因应社会需求调整专业课程设置和专业机构，同时增加高校的社会认可度。

第一节 技术与权重的确定

一、双语教学评价程序

双语教学评价包括两大基本程序，即教学评价的信息收集与评价，以及评价结果的处理与反馈。教学评价的信息收集与评价包含四个程序：其一，收集评价信息。根据事先制订的评价方案，利用相应的评价方法、手段、工具、仪器等收集所需要的评价信息。所使用的评价工具是至关重要的，如评价表、量表、问卷等，其科学性直接影响信息收集的有效性。此外，评价者还可以通过以下途径收集评价信息：一是观察收集信息。观察是收集数据有效方法，能帮助教师进行有关课程和教学计划的调整，并能获悉学生进步。课堂教学中通过组织学生讨论、杰出表现记录本、临时访谈方式收集学生信息。二是活动表现收集信息。活动表现评价是直接考查学生的专业知识、技能和学习态度的评价方法，教师在学生实施预定目标的活动中收集评价信息。三是课堂考试收集信息。课堂考试能给师生提供反馈信息，为学生提供了展示他们已掌握知识的机会。教师能通过考试的结果来改进课堂计划。有效的考试测量了学生已学到的内容，使教师对学生的学习能做出正确结论。其二，整理评价信息。对收集到的评价信息，通常需要进行审核和归类。前者是指对评价信息的有效性进行判断，判断信息是不是被评价对象的真实反应；后者是指根据评价信息的共同点进行归纳，以减少信息的杂乱和无序。其三，分析处理评价信息。首先是要掌握评价标准及其具体要求；其次是评价者应该使用事先规定的计量或其他方法来处理评价信息，在评价结果中要给出明确的相应分数、等级或定性描述等评价意见；再次是在条件许可的情况下，应该对评价者的测量或观察结果进行认定、复核。其四，综合评价，是将分项评定的结果汇总成综合评价的结果。它要求评价者根据汇总的评价结果，对评价对象进行准确、客观的定量或定性的评价结论，形成评价意见，或对评价对象给出优良程度的区分，或做出是否达标的结论。

评价结果的处理和反馈包括三个程序：一是评价结果的检验。一方面，要检查评价程序是否全面、准确地实施了评价方案；另一方面，要运用统计检验方法，对评价结果进行统计检验。二是分析诊断问题。评价目的不是简单地对被评价者进行等级分类，而是为了促进课堂教学，因此需要对所收集的资料进行细致分析，并帮助被评价者找出问题与症结。三是撰写评价报告。封面包括评价方案的题目、评价者的姓名、评价报告接受者的姓名、评价方案实施和完成的时间、完成报告的日期。正文则包括：概要对评价报告进行综述，解释进行评价原因，并且列举出主要结论和建议；评价方案的背景信息着重陈述评价标准的编制过程及其理论依据；评价方案实施过程陈述评价过程，即收集信息和处理信息的过程；结果及结果分析介绍各种收集到的与评价有关的信息，包括数据和记录的事件、证据等，以及处理这些信息所得到的结果；结论与建议包括对评价结果进行推断，得出和建议；反馈评价结果是指将评价结果反馈至被评价者或上级主管部门，以引导、激励评价对象不断改进、完善自己，同时为教师或教育管理机构提供决策依据。反馈评价结果的方式有多种，如个别交谈、汇报会、座谈会、书面报告等。

二、双语教学评价技术

（一）双语教学评价的主要技术选择

教学评价工具，是评价者在进行教学评价时使用的一种评价技术，是对评价对象进行测定时所采用的主要手段。它在教学过程中是为教学活动服务的，要符合学科特点，适应教学内容，具有可操作性。教师要恰当使用评价方法，才能正确评价学生。这些评价方法有：教师自制的各科测验；各类标准测验；行为观察记录；问卷法；交谈法；创作、作品分析；技能实演；实验报告、研究报告、考察报告；个案分析；各类奖惩。评价者可以采取随堂听课等方法评价双语教师。不同评价方法需要相应的评价工具。例如，测验法的工具有试卷、答卷纸、答题卡和评分标准；观察法的工具有行为检查表、等级评定表和学习日志；鉴定法的工具有任务单、材料与工具、量规；调查法的工具是问卷和访谈提纲等。我国高校双语教学采用的评价方法主要有以下几种。

1. 随堂听课评价法

随堂听课评价法，是评价者通过对被评价教师的课堂教学的直接观察，获取教师教学行为、过程、特点以及所展现出来的教学能力等重要信息，从而能有效进行课堂教学评价，并提出建设性意见，以此提高教师课堂教学能力和教学效率的方法。尽管教学评价在向专业化、系统化、量表化、定量和定性评价相结合的方向发展，但随堂听课评价法仍是教学评价的主要形式之一。其特点有两二：首先，评价者是由有较高课堂教学水平的教师或管理者担任，其自身对课堂教学有较高的造诣，评价意见往往中肯、具体、有建设性；其次，与量表法相比，其自由度比较大，容易实施，也有利于发挥。在随堂听课评价的过程中，评价者与被评价者不仅有共同关注的评价内容，而评价过程中共同讨论与研究的气氛促进教师成长。双语教师通过对自身教学能力和教学过程的反思，能获取有效的提高自身教学能力的信息，促进教师专业化发展。

随堂听课法注意：一是事先准备。评价者与被评价者就时间、地点、方式、观察重点等进行事先约定；评价者需要提前了解所听课的教学内容和教学目标、教学设计等，合理确定听课的重点。事先沟通尊重被评价者，有助于消除其焦虑。二是课堂观察。全过程观察，是指评价者全方位观察课堂教学过程，不放过任何细节，对一些特殊行为保持高度敏感，并对它们进行及时记录和分析。有重点观察，是指根据事先确定的观察重点，有针对性地进行观察和记录。三是课堂记录。课堂记录是伴随课堂观察进行的，通常有两种方式：一是利用事先选择或研制的观察工具进行记录；二是描述记录法，它需要对课堂中的语言和非语言都进行记录，描述记录要求记录时应尽可能将全部内容记录下来，即进行课堂教学实录。四是课堂快速调查，主要有简单测试题和微型问卷调查。五是评价面谈，其步骤包括明确评价面谈的目的，这有助于消除被评价者的顾虑，让其能畅所欲言；让被评价者阐述本节课的总体安排、设想及其实现的程度，并对照评价标准进行自我评价；评价者根据听课记录指出的优势和不足，依据评价标准进行初步的评价，提出改进的意见；在被评价者对评价者所做的评价和建议基础上，两者就双方存在分歧的问题展开讨论；双方达成共识后，提出对以后课堂教学的要求。

2. 量表评价法

量表评价法，是指通过编制评价量表来对课堂教学进行评价的方法。在课堂教学评价中使用量表评价法时，量表中的指标体系是评价基础。指标是指具体的、行为化的、可测量或可观察的评价内容。评价指标体系设计的程序和技术包括三个阶段：一是发散阶段，其主要任务是分解教学目标，提出初拟指标。头脑风暴法，是指在专家会议中，各抒己见，初步拟定评价指标。因素分解法，是指将评价指标按照评价对象本身的逻辑结构逐级进行分解，将分解出来的主要因素作为评价指标的方法，在分解的过程中需要使用统一的分解原则，而且分解出来的指标在上下层次之间应该相互照应，按照由高到低的层次逐级分解。二是收敛阶段，对初拟的指标体系进行适当的归并和筛选。这个过程可以采用经验法、调查统计法以及模糊聚类法，要注意指标的重要性、独立性，指标应反映被评价对象的本质属性。三是实验修订，选择适当的评价对象进行小范围的实验，并根据实验的结果，对评价指标构成及评定标准进行修订。

问卷调查法，是通过研究者预先编制并印刷好的问卷向被调查者了解某些事实的一种调查方法。它是有关个人行为、态度、意见和看法的主要测量技术之一，也是教学评价的常见方式。它与调查表调查、访谈调查和测验调查等相比，有着自身独特的优势和不足。问卷调查法的优点是节省时间、经费和人力；具有较好的匿名性，易于收集到真实的信息；可以避免偏见、减少调查误差；便于比较和定量分析。其不足之处在于对被调查者的文化水平有一定要求；有时不能保证填答问卷的质量；回收率难以保证。

调查问卷分为开放型、封闭型和综合型三种类型。开放型问卷，它在问题的设置和安排上，没有严格的结构形式，被调查者可以用自己的语言自由陈述。封闭型问卷，是指在问卷中将问题和可选答案同时列出，调查对象只能在限定的范围内挑选答案。综合型问卷，是指在一张调查问卷中，既有封闭型问题，又有开放型问题。一般以封闭型问题为主，根据需要适当增加若干开放性问题。将研究者比较清楚、有把握的问题作为封闭性问题提出，而对那些调查者尚不十分明了的问题作为开放性问题放入，但数量不能过多。

3．标准化测验

标准化测验，一是要明确测验目标，才能保证有向性，避免盲目性。通常测验目标就是教学目标，它是教、学、评、督、考的共同依据；二是确定测验内容。这个过程由双向细目表来确定测验内容中所涉及的每一内容范围的相对比例、测验目标中每一层次目标的相对比重、每一测验目标层次在每一测验内容范围上的相对比重。双向细目表通常由测验目标、测验内容和权重构成。在收集测验材料的过程中，要注意测验材料要适合测验目的；要能代表该教材的全部内容；要有普遍性；要适合学生的程度并能鉴别学生的学习水平；要能激发学生的进取心。

测验设计主要包括测验采用何种形式的问题；题目形式的确定，主要有主观题和客观题两种类型；确定主观题和客观题的具体形式并进行相应的题目编制；题目的确定；时间的确定；题目的编排。测验技术分析与鉴定主要包括编写复本与进行预测。前者是重要考试的必要步骤，后者则希望获取考生的信息，作为测验定量分析的依据；测验质量分析，包括定量和定性两类分析，定量分析包括题目的难度分析、区分度分析、信度分析和效度分析；测验标准化，在标准化测验中，不同的题型有不同的应用和设计技巧。

4．访谈调查法

访谈调查法又称谈话法，是指通过研究者与被调查对象的直接对话而收集事实材料的一种调查研究方法。它是一种最古老、最普遍的资料收集方法，也是教学评价常用的调查方法之一。它是一种研究性的访谈，是以口头提问形式来收集资料的。访谈调查法的优点是适应范围广泛；灵活性强；成功率高；信息真实具体。其不足之处在于代价较高；易受访谈人员的主观影响；回答问题的标准性和重复性较差；记录比较困难；缺乏隐秘性。

访谈调查法可以有很多种类型。按研究者对访谈结构的控制程度分为结构式访谈、开放式访谈和半结构性访谈。按访谈的规模分为个别访谈和团体访谈。根据正式程度分为正规式访谈和非正规式访谈。根据双方接触方式分为直接访谈和间接访谈。根据访谈的次数分为一次性访谈和多次访谈。

(二)我国双语教学评价的主要类型

随着教学评价理念的转变,传统的终结性评价方法单一,其表征是唯分数论,只看学业成绩,忽视了学生的学习表现和潜能开发。评价内容单一,只考察学生知识储备多少,不关注其文化、能力、人格等人的全面发展问题。双语教学评价要扬弃传统教学评价的不合理因素,将形成性评价与终结性评价相结合,重视评价机制的发展性,宽容学生多元化成长,科学评价双语教学成效。[①]就双语教师而言,发展性评价是通过对教师双语教学的点评,使他们发现缺点,进而有针对性地改进,促进教师专业化发展。对双语学生来说,发展性评价从双语教学目标出发,抓住了学生发展方向,就有了评价依据。评价旨在使学生达到目标,而不是排队与选拔,其视野是学生的未来而非过去。评价侧重于指出学生的不足,给出改进建议,以促进学生未来发展。

形成性双语教学评价的这种发展性特征,决定了评价关注学生双语学习的整个过程。评价强调收集和保存学生档案,通过这些学习档案观察学生的变化。当然,每位学生的学习档案显示了个性差异,这种差异既是学习成绩不同,又表现在生理特点、心理特征、兴趣爱好等诸多方面。由于成长环境及上述差异,每位学生发展的速度和道路不同,学校不能忽视学生个性特征,整齐划一地将学生推向同一发展目标。由于评价的这一特征,它重视学生在评价中的主体作用,改变了过去学生被动接受评价的状况,使学生参与评价标准的制定,评价是学生反思、加强评价与教学相结合的过程。

终结性双语教学评价是评估学生双语能力和综合素质的重要方法,也是双语教学绩效评价类型与指标之一,诸如期末考试、结业考试。终结性评价应客观考察学生通过双语教学所掌握的专业知识和英语水平。一般来

---

① 参见胡岩:《基础教育阶段双语教育初探》,苏州大学硕士论文,2005年。

说，要使用英文命题专业试卷，双语学生必须使用英文回答问题。因为考试答卷或课堂回答都是课堂交流中的语言输出行为，如果语言输出质量不高，将无法促进语言能力的提高。因此，双语教学应当尽量鼓励学生使用英语表达，积极创造机会鼓励英语输出，使学生在英语输出过程中意识到自己的语言不足，从而促进英语运用能力的提高。形成性双语教学评价可以被理解为双语教学过程评价，在某种程度上讲就是学生的平时成绩。终结性双语教学评价主要通过一次特定的考试获得的分数。两者双语教学评价方法相结合，从而构成双语学业评价。[①] 问题在于，形成性双语教学评价要达到常态化，杜绝随意性。

三、双语教学评价权重

权重是一种相对的概念，是针对某项指标而言，其权重是指该指标在整体评价中的相对重要程度。在评价过程中，权重表示被评价者不同侧面的重要程度的定量分配，对各评价因子在总体评价中的作用加以区分。事实上，没有重点评价就不是客观的评价。权重系数的大小与目标的重要程度有关。对不同学科，每个指标项的重要程度是不同的，所以各指标项的权重系数必须切合实际作出合理的确定。权重的确定具有较强的导向作用，是指标体系中的关键因素。一般来说，通过访问专家，以他们的实践经验分析哪项指标项重要、哪项指标项不重要，从而确定这些指标项的权重系数的大小；或者设计问卷，列出各项指标项，以最重要、重要、次重要的等级让调查对象选择，再统计调查结果，以计算出的排序指数大小来确定权重系数的大小。指标权重的确定可以采用专家调查法、配对比较法、层次分析法和关键特征调查法。

专家调查法，是在专家个人判断和专家会议方法的基础上发展起来的，是以专家作为索取信息的对象，依靠专家的知识和经验，由专家通过调查研究对问题作出判断、评估和预测的一种方法。特别适用于客观资料或数

---

① 参见刘雅儿、周亚萍：《构建以学生为中心的双语教学模式》，《浙江海洋学院学报》2004年第3期。

据缺乏情况下的长期预测，或其他方法难以进行的技术预测。专家调查法需要组织专门小组；拟定调查提纲；选择调查对象；轮番征询意见；整理调查结果，提出调查报告。专家调查法的特点是函询、多向、匿名、反复、集中。用统计方法集中所有调查对象的意见，把每个专家的个人判断尽可能反映在最后归纳的集体意见中。专家调查法采用单独访问的方式征求意见，参加确定权重的专家互不相见，消除了心理因素的影响。专家可以参考前一轮的计算结果以修改其意见。专家无名望受损之虞。由于专家调查法要进行几轮的征询意见，对每一轮的结果又需要统计、汇总，提供有关专家的论证依据和资料，作为反馈材料发给每一位专家，为下一轮做出估计值提供参考。由于每一轮的反馈和信息沟通，可进行比较分析，因而能相互启发，提高因素权重的准确度。

配对比较法，又称两两比较法、相对比较法。就是将所有被考评者列在一起，两两配对比较，其价值较高者可得1分，将各被考评者所得分数相加，其中分数最高者是等级最高者，按分数高低顺序将被考评者进行排列，即可划定被考评者的等级。例如，有10位教师，考评时，把每一位教师与另外9位教师逐一进行配对比较，总共进行9次配对比较。每一次配对比较之后，工作表现好的教师得1分，工作表现较差的教师0分。配对比较完毕后，将每个人的分数进行相加，分数越高，被考评者的成绩越好。参加配对比较法的教师人数不宜过多，范围在5至10名教师为宜。

层次分析法是指将一个复杂的多目标决策问题作为一个系统，将目标分解为多个目标，进而分解为多指标的若干层次，是一种定性和定量相结合的、系统化、层次化的分析方法。由于它在处理复杂的决策问题上的实用性和有效性，很快在世界范围得到重视。它的应用已遍及教育等多个领域。关键特征调查法是先请被调查者从所提供的备选指标中找出最有特征的指标，对指标进行筛选并求出其权重的方法。

综上，在深入调研的基础上，通过召开多种类型的座谈会，收集教学信息，初步拟订评价指标体系，确定指标权重，再对指标开展理论论证和实践验证，也可采用因素分析法和专家征询法。前者是从数量上确定各种因素对评价指标的影响方向和影响程度；后者是以问卷的形式对有关专家进行意见征询，再汇集各位专家意见，并以此作为问题解答方法之一。权重一旦确定，双语教学评价就能付诸实施。但是，权重不是一劳永逸的，而是处于动态的调整之中。如果要调整权重，必须考虑两方面因素：一是权重的调整，指标体系必须立足于我国高校双语教学的现状，同时兼顾未来发展需要，体现不同阶段的特点和重点，权重可以清晰地反映这个思路。二是指标的增加和删除，根据师生英语水平的提高，信息化教学手段不断改进，新的需求不断被引入，删除一些陈旧的指标，增加新的指标到体系中，及时调整有利于评价体系的完善，还必须考虑指标体系设计的前瞻性。[①]评价指标体系的完善是一个动态过程，应在实践中不断调整充实，才能真正对双语教学产生促进作用。

第二节 体制内主体的评价

一、政府主导的教学评价

政府主导的教学评价，是指由政府教育行政主管部门组织实施，依据国家规定的评价指标体系，对高校教学工作水平和人才培养质量进行阶段性评价。这种评价旨在加强政府对高校教育工作的管理、监督与调控，以保证高校健康发展，不断提高办学水平和教学质量。它是由政府主导并实施的评价，评价指标体系、评价内容和方法等完全由政府教育行政主管部门根据国家规定的高校教育目标和各项工作要求确定；评价注重宏观层面且要求严格、客观性强；评价结果可作为教育行政主管部门对高校教学工作进行宏观调控和分类指导的依据。在 2008 年本科教学工作水平评估活动中，双语教学只是其评估指标之一，国家并未开展针对双语教学的专门性评价。

从目前我国政府教学评价的机构和职能看，教育部发展规划司、高等

[①] 参见石红、郭翠琴：《构建高校中英双语教学评价体系的研究》，《无锡职业技术学院学报》2009 年第 3 期。

教育司、社会科学研究与思想政治工作司、科学技术司、教育部学位管理与研究生教育司、高等教育教学评估中心等都开展高等教育评价工作。例如，教育部发展规划司负责审核高校的设置；高等教育司负责本科教学工作水平评估；社会科学研究与思想政治工作司负责高校人文社会科学重点研究基地评估；科学技术司负责重点实验室评估；教育部学位管理与研究生教育司负责研究生教育评估；教育部高等教育教学评估中心具有组织和实施高等教育教学评估和专业专项评估，开展高等教育教学改革及评估工作的政策、法规和理论研究，组织评估培训，履行质量监控等职能。

由于受到我国现行政治经济体制的影响，教学评价带有明显的官方色彩，是一种政府主导的教学评价。教学评价应当引导和不断激励教学创新，以促进学生终身发展为目的。长期以来，我国政治体制和教育管理体制使教学评价是以政府行为的单一形式为主，它通过评价标准、评价指标自上而下、层层实现对学校、教师、学生、教学的严格管理和控制，将学校和学生局限在较为有限的发展空间之内。① 我国高校现行的教学质量管理方式，基本上是以政府为主导，教学质量管理决策和制度的制订和执行，强调的是权威与服从，教师和学生被动参与，教学管理自主权较少。部分高校在政府主导下，忽视学校的客观条件，盲目强调数量和规模增长，导致教学资源的相对紧缺，致使教学质量下降，最终影响人才培养质量。高校教学质量主要由上级部门组织专家对高校进行行政检查与评价，教学评估周期长，评估之后缺少有效的监管机制，难以及时准确地发现教学质量问题并做出反馈，导致高校教学质量管理意识的淡漠及政策的松懈，容易造成教学质量的下降。而且，教学质量管理基本采用自上而下的方式，缺乏教师和学生参与的途径与机制，导致教学质量管理的内生力量不足，主要靠外部力量进行控制，势必导致教学管理的无力。② 政府作为高校外部保障主体，应加大宏观调控与监督力度，切实转变职能，将政府工作重点转移到建立认可机制上来，并通过立法、拨款、奖惩、指导独立评审机构决

---

① 参见孙玲：《教学评价背后的价值冲突及反思》，《教育理论与实践》2011 年第 11 期。
② 参见钱伟、薛二勇：《高校教学质量管理：问题与对策》，《教育发展研究》2012 年第 9 期。

策，任命部分评审机构决策人员等手段，主导和影响评估进程。政府还可以鼓励与引导民间组织参与教学评价。

必须注意的是，我国缺乏参与教学质量管理的专业性中介机构，难以发现教学质量管理内部专业性较强的问题，使得教学质量管理不得不依附于政府组织，对于高校学术自由造成较大冲击。政府教育行政主管部门按职能分工进行分散管理，教学评估工作由各部门分工负责推进，因其工作性质和重点不同，造成了混乱现象。随着政府职能的转变，行政审批数量逐步减少，各种评估有所增加，要防止高等教育评估可能会成为权力寻租的途径。

二、体制内其他主体评价

我国绝大多数高校都是处于体制之内，主要依赖政府的财政拨款生存，不像一些国外高校依靠校友和企业等社会捐赠办学。作为体制内办学主体，应当充分发挥主动性，使内部人对高校的双语教学质量进行控制和自我评价，不断调整高校内部的自我发展、自我约束机制，建立健全高校内部教学质量保障体系，使多方主体参与教学质量的监督与评价。[①] 特别是双语教学更加如此。要将双语教学评价的有效性落到实处，就必须改变我国目前评价主体单一化局面，逐步转向多元主体评价。在双语教学评价中，要突出多方主体的参与机会与评价权重，努力实现管理者与督导专家（教学研究人员）、专业教师、英语教师、双语同行、双语学生等多方主体参与，甚至应包括双语教师本人在内的多元化评价主体，从不同角度共同对双语教学价值进行判断。需要注意的是，要提高部分评价主体的主观判断力，使他们的评价行为得以良好的规范。

（一）管理者与督导专家评价

高校各级各部门领导是双语教学管理政策的制定者或执行者，对双语

---

① 参见洪列平：《高职教学评价：问题及应对策略》，《教育发展研究》2012 年第 5 期。

教学工作有一定的了解。因此，校、院领导对双语教学工作的评价具有合理性，在对教师的总体评价中起关键作用，领导对教师课堂教学水平的评价通常是和教师职务晋升、评优评奖等紧密相连的。因此，教师对领导评价比较重视，自然增强了教师搞好双语教学的责任。需要注意的是，由于领导的教学观念、个人偏好等原因，对教师的评价难免存在一定的偏差。要避免出现这种情形，领导评价的工作方法要遵循"从群众中来，到群众中去"，广泛深入到课堂和师生之间，还要与其他领导和督导专家研究切磋，十分慎重地给出评价结论，从而使评价结论经得起推敲和具有权威性。另一方面，领导评价能否对教师教学水平提高产生作用，同领导者专业素质、评价辨别力密切相关。有些领导不懂英语，根本不具备双语教学评价能力。这些领导要么主动退出双语教学评价工作，不做自己没有把握之事，要么尽快提高自己的英语能力和双语教学知识。

专家学有专长、教学经验丰富，是评价教师教学的内行。他们一般接受高校管理部门的聘请，能较好地掌握评价标准。专家的工作方式比较灵活，有权查阅相关资料，可以在不同的群体中展开调查。从教学宏观视角出发，专家可以对双语教学大纲、教学进度表、教材的选用、课程标准、课程设计、双语题库、双语教学案例、学生意见反馈等方面进行监督，使双语教师获得较为准确的教学反馈信息，学院能及时了解双语教学的实施情况，有针对性地采取措施，不断完善双语教学管理。[①] 从教学微观视角出发，专家评价的优点是能比较广泛、深入地对教师教学工作进行评价，受评教师在讲授内容上是否突出重点、难点；在教学过程中是否把本质的内容讲透；是否应用最佳教学方法；是否符合教学基本要求、达到教学目标等，专家能一目了然。但是，专家评价也存在一些问题。由于学科性质不同，专家不可能对每个学科、每门课程都十分熟悉，专家也难以对所有教师进行系统听课和考查，所以专家难以对每位教师的教学状况作出全面评价。我国高校一般聘请退休教师作为教学督导与评价专家，总体而论，多数人的英语能力较差，甚至不具备评价双语教学的辨别力。

---

① 参见杨凌云：《构建双语教学育人模式的研究与实践》，《软件导刊》2012年第4期。

(二)双语教师评价

我国教学评价将任课教师排除在评价主体之外，这是值得商榷的。"无论是从理论层面还是实践层面看，教师个人在教师评价中所拥有的权力都是十分有限的，个人话语权并没有获得应有的地位，备受权势话语和学术话语的贬抑、冷落和忽视，从而教师在关于自己的评价话语场中实际上处于'失语'的状态。"[1]督导专家听课对课堂教学评价有发言权，学生有权利评价教师的课堂教学，而且可信度比较高，但不能将教师本人的自我评价排除在质量评价之外。这有可能会让任课教师出现几种不良倾向：其一，倾向认为双语教学评价话语权归属高校，教师没有话语权，因而对评价不闻不问，敷衍了事；其二，认为双语教学评价是强加在教师身上的紧箍咒，对评价心生抵触，文过饰非；其三，认为识时务者为俊杰，极力迎合听课人和学生，在有人听课时兢兢业业，在无人听课时马虎了事，甚至没有原则地讨好迁就学生，意图让学生评教时手下留情。[2]有鉴于此，必须要开展双语教师教学互评，它是指同行教师相互对教学工作的评价，旨在为教师教学提供信息反馈、评议和交流，促进教师专业发展、教学质量和教学水平提高，使之成为高校教学评价的基本制度之一。这不但关系到教师的切身利益，而且影响学生素质的全面提升，制约着高校教学水平的提高。因此，教师之间能否对彼此的教学情况进行客观公正的互评就格外重要。双语教师教学评价的形式主要有三种形式，即自我评价、同行评价和教师互评。

1. 双语教师自我评价

美国、加拿大重视双语教学评价中教师自评，而我国双语教学评价中自我评价形同虚设，大部分教师也只是敷衍搪塞。教师是教学评价的当然主体。教师自我评价有描述性和判断性两种。自评方法有自我等级评价和自我书面评价。描述性评价是教师在评价中给自己的教学效果打分，涉及

---

[1] 参见靳祯：《高校教师评价中的问题及对策研究》，《中北大学学报》（社会科学版）2007年第2期。

[2] 参见周宏：《对课堂教学评价失衡的思考》，《教学与管理》2012年第5期。

课堂教学的充分程度、教学热情和教学知识、对学生认识的激励和效果以及与学生的关系。双语教师对教学全面评价为双语教学的自我完善和自我发展提供前提。因为教师自我评价是教师对照评价内容，对自己的教学工作表现做出评价。判断性评价是指被评者对一些开放性问题做出简短的书面回答，或者根据其教学录像和录音，通过自我对照对其教学情况写出简短的书面评价报告。教师自评能克服管理人员对每门课程的了解有限，评价结果难免片面的情况。

教师自我评价是一个连续不断的自我反思、自我教育、自我激励和自我提高的过程，是促进教师专业化发展的有效途径。开展教师自我评价，可以促使教师认真研究和理解教育目标、任务及要求，以此反思自己的教学，利用评价结果来改进教学、优化教学过程，旨在提高教学质量。在自我评价过程中，教师可以明确其职责范围、评价本人目标的达到程度、教学技能的改进程度以及知识的增长程度等，通过自我评价不断进行自我完善。因此，建立教师自我评价机制，更有利于教师教学质量和学科学术水平的提高。教师自评是教师通过自我分析实现自我评价，是自我认识和自我提高的手段之一，并不完全是教师个人行为，而是与他人评价紧密联系的，如根据他人对自己的评价来评价自己，通过与他人对比来评价自己。"一方面，教师在自我教学评价的过程中反思、修正与发展自己的教学水平；另一方面，教师又在追求自己较高教学发展水平的过程中强化自己的评价意识，提升自己的评价水平。两者互动促成理想教学与理想评价共同走向人的发展与教学发展的生动现实。"[1]

2. 双语教师同行评价

双语教师同行评价是单向评价，如教研组长对组内教师评价，老教师对新教师评价。教研组长评价一般是书面评价，是依据对教师观察和日常工作检查，对教师教学进行评价。教研组长从各种不同的信息来源中综合出教师的教学总体水平，根据这些对教师的教学进行书面评价。由于教师之间的地位差别，被评者只是被动地接受评价，不存在相互评价。

---

[1] 参见朱德全：《基于行为的问题诊断式教学设计的表征》，《教育研究》2011年第2期。

双语教师本身就是双语教学专家，对专业熟悉程度超过普通人，其评价能切中要害，是其他教学评价者难以比拟的。他们大多与被评价者来自于同一学科，甚至讲授同类专业课程，有许多相同或相似经历。因此，他们在双语课堂教学评价上拥有较大话语权。为了改进双语教学，双语同行教师之间要互相学习、取长补短，从而谋求共同发展。双语同行的客观评价对促使教师更好地改进教学工作质量具有十分重要的作用。同行评价有利于增加授课教师的压力，迫使授课教师认真备课并努力提高教学质量，同时也有利于同行之间交流、切磋教学方法以及学术见解等问题，进而有助于教学质量的提高。由于受到人际关系的制约，教师在评价同行教学时，一般持赞扬态度，不触及教学的不足，评价信度和效度相对较差。

3. 双语教师互评

教师互评的优势是，同行评价看重教学的科学性；同行之间加以互相切磋，这能有效地调动教师的教学积极性与主动性，促进教师在竞争中加强合作，全面提高教学质量。其评价者是同行教师，而且教师之间评价具有相互性，双方是地位平等的合作关系。教师同行评价方法有同行填表式评价、同行书面评价、同行匿名评价。同行填表式评价是指同行专家通过填写同行评价表，对被评价教师做出等级评价。同行书面评价是指在经过一段时间的课程观察及仔细阅读分析材料后，同行评价小组成员根据自己所观察到的结果，结合自己的意见对被评价教师做出书面报告。匿名评价一般用于被评价教师的职务晋升。教师互评坚持以评价教学为中心，旨在促进教学质量提高和教师发展。只有这样，才能对教师作出准确评价。

教师教学互评的主要内容包括对教师教学行为、教学基本功和对学生学习的评价。教师的教学目的是否明确，落实情况；教师独自讲述的时间是否尽可能压缩；教师是否能恰当地处理教材，创造性地使用教材，给学生提供一个挑战性的教学情境；教师是否提出了高质量的思考题，是否正确、及时地评价学生的回答；教师能否及时调控课堂气氛，从多个角度鼓励学生提出问题。教学基本功评价是指教师的姿态、表情是否乐观且具感染力；能否使用普通话，语言是否清晰、流畅；板书是否具有概括性、条理性，是否整齐、美观；电教手段的使用和实验、演示是否熟练、准确；

手势、站位及走动是否适度。①

(三)双语学生评价

1. 双语学生评价教师

从双语教学评价的实际操作上看,相当一部分学生认为,他们在填写教师双语教学行为评价量表时,评定等级的随意性较大,一般给出的评价都偏高。大部分高校对学生做出的评价结论不够重视,降低了学生对教师课堂教学行为评价的积极性。②学生评教就是通过学生系统地收集教师在教学中的表现情况,对教师的教学活动是否满足学生自身需要,是否达到教学的计划目标做出判断的过程。学生是参与教学活动的主体,是教师教学效果的直接体现者,学生参加课程的全部教学过程,他们对教师的教学思想、教学态度、教学方法和教学效果的感受深刻,话语权较大。同时,大学生具有一定的认识能力和判断能力,绝大多数学生是公正、客观的,在明确评教目的和意义的前提下,他们能对教师的教学做出客观恰当的评价。由于学术与知识水平、价值观念、思维情感以及评测角度等方面的限制,学生对评教的认识、态度以及判断能力等都影响到评教质量的可靠性和准确性,学生对教师评价的范围也仅局限于课堂教学。

教师调动学生参与课堂教学是教学评价的重要衡量指标。一是学生参与,是指学生参与课堂教学的数量、广度和深度。参与数量要看学生参与的人数和持续时间;参与广度要看是否各类学生都参与到教学的各个环节;参与深度要看学生参与的是表面还是深层问题,是主动还是被动参与。二是学生思维状态,是指学生是否倾听、交流、思考、发现与解决问题、自我评价,以及师生之间、生生之间是否能彼此交流和分享见解。三是学生达成状态,是指学生是否掌握新知识并纳入到自己原有的知识体系中,使其融会贯通;学生在获得新知识时是否主动地投入;学生的技能是否得以

---

① 参见马天瑜:《高校教师课堂教学绩效评价与指标建构》,《河北师范大学学报》(教育科学版)2012 年第 5 期。

② 参见何孔潮、陈忠勇、林瑞华:《课堂教学评价变革的瓶颈与突破》,《宁夏教育科研》2008 年第 2 期。

提高,以及学生的情感、学习困难、学习方法、求知欲是否得到正确引导。①

2. 双语学生自我评价

双语学生自我评价,正逐渐成为教学评价的重要手段之一。美国等国家认为,学校有责任对学生的个性和社会发展负责,因此他们对评价能否提高学生自我意识十分重视,学生自我评价在国外许多学校得以展开,并将之视为课堂教学评价不可或缺的组成部分。②学生对学业成绩及能力的评价,以及由此形成的自我意识会影响其学习动机、兴趣、信心等,反过来影响学业成绩,并对学习行为有调节和维持的作用。③任何学生自我评价都可以用学生对学习现状、学习能力、学习兴趣、学习动机、归因倾向、满意程度、学习期望、学习潜能、学习方法等方面的自我知觉和评价作为指标。学生能通过自我评价分析,找出双语学习成效与不足,有效地调控学习过程,促进自己在原有水平上的不断发展。学习过程并不是单纯的专业知识接受或技能训练,而是伴随着交往、创造、追求、选择、情感变化、自我反思、自我欣赏的综合过程。而自我评价正是培养学生主动学习、自我监督、自我反思、自我调节的有效途径。在双语教学过程中,充分发挥学生的主体地位,使他们能够学会欣赏自己、评价自己,通过回顾自己成长的足迹,慢慢意识到自己的进步与不足,提高自我反思和自我评价的能力,在自赏自责中敢于肯定自我,提升自我,这是学生健康成长的不竭动力。心理健康水平较高的学生对自己在情绪、学业和社会交往等各方面的认识和评价都较为合理,而心理不健康的学生对自己的认识和评价水平都比较低。④

3. 双语学生互相评价

双语教师评价往往带有一定的价值倾向,对学生的行动有一定的导向作用,这就需要增强评价主体间的互动性,以多渠道的反馈信息促进被评

---

① 参见李庆:《教师教学互评的具体操作》,《淮南职业技术学院学报》2007年第1期。
② 参见余蕾主编:《学业自我评价的必要性及指标》,人教网,2008年6月19日。
③ 参见孟晋、张进辅:《国外学业自我概念研究进展》,《西华师范大学学报》(哲学社会科学版)2003年第6期。
④ 参见井卫英:《高师学生心理健康状况及其与自我概念的关系》,《徐州教育学院学报》2000年第6期。

价者的发展。同伴之间用欣赏的眼光和中肯的态度互相评价,能增进双方的了解和理解,易于形成积极、友好、平等和民主的评价关系。对于双语学生来说,参与评价也是一次较好的学习机会,在能评价别人的同时修正自己的错误,弥补自己的不足。因此,在双语教学过程中,要发动学生进行互评,使评价者在评价进程中有效地对被评价者的发展过程进行监控和指导,帮助被评价者接纳和认同评价结果,与被评价者一起不断改进,共同发展。双语学生互评的一个有利因素是,同学之间彼此十分了解,对各自的英语运用能力、专业知识和专业技能的了解程度可能要超过教师,因为学生在教师面前经常有所保留,难以尽情施展,而同学之间就能充分发挥才能,因此同学之间的评价往往更加真实。

4. 教师评价双语学生

双语教师对学生学习效果进行评价,是教师教学评价的另一层面。其一,教师要坚持实事求是,公正地评价学生的学习成果。有些教师对学生求全责备甚至百般刁难,倒不如用欣赏的眼光去发现学生的优点,并以此鼓励他,让学生体验成功的快乐。教师通常都比较喜欢学习好的学生,对优等学生肯定评价较多,而对学习困难的学生多数持否定评价,忽视了学生的个体差异,评价也缺乏发展的眼光。一般来说,对学习较好的学生评价不难,困难在于真实客观地评价学习暂时困难的学生,对于双语教学就更加如此。有些学生只是不善于使用英语表达自己的思想,或者是羞于在公开场合使用英语发表自己的见解,不表明他们对于问题的认识迟钝。双语教师评价学生要能透过现象看本质,引导学生拾级而上。其二,讲究评价方式,避免脸谱化的评价。教师对学生的口头评价是评价中速度快且影响大的方式。在评价学生时,教师应针对不同的学生作出不同的评价,使他们能发展特长,张扬个性,有自信地投入双语教学活动。

第三节 民间组织参与评价

一、民间组织及其评价参与

（一）民间组织的基本界定

20世纪90年代，随着改革开放的深入，我国出现了民间组织，类似于国际上的"非政府组织"、"非营利组织"以及第三部门和志愿组织等。民间组织具有组织性、民间性、非利润分配性、自治性、志愿性。[①] 1998年，国务院将民政部原社团管理司改为"民间组织管理局"，地方民政部门也将原社会团体管理部门改为"民间组织管理办"。民间组织作为官方用语得以使用，包括社会团体、民办非企业单位、基金会及公民个人或群体利用非国有资产举办的从事非营利性服务的社会组织。

王名认为，民间组织是"在政府部门和以营利为目的的企业（市场部门）之外的一切志愿团体、社会组织或民间协会"，它具有非营利性、非政府性和志愿公益性三个基本属性。按照资源获取方式划分，民间组织一种是指那些由政府扶植成立，直接或间接受到政府特殊资助、支持以及控制或支配的组织，主要资源是通过自上而下的渠道获得。另一种是指那些由民间人士自发成立，自主开展活动的组织，它们得不到政府的特殊照顾，也没有受到政府的控制或支配，通常和一般市民保持密切的联系，其主要的资源一部分来自普通民众，一部分来自国际社会的各种资助机构。

民间组织包括广义的民间组织和狭义的民间组织。前者是指除党政机关、企事业单位以外的社会中介性组织。后者是对社会团体、民办非企业单位和基金会的统称。社会团体是指我国公民自愿组成，为实现会员共同

---

① 参见邓国胜：《非营利组织评估》，社会科学文献出版社2001年版，第2—3页。

意愿，按照其章程开展活动的非营利性社会组织。民办非企业单位是指企业事业单位、社会团体和其他社会力量以及公民个人利用非国有资产举办的，从事非营利性社会服务活动的社会组织。基金会是指利用自然人、法人或者其他组织捐赠的财产，以从事公益事业为目的而成立的非营利性法人。

（二）国外民间组织的评价参与

双语教学评价必然要涉及到评价主体选择，包括体制内主体评价和民间组织评价两个方面。长期以来，我国体制内主体在教育教学评价方面发挥了主导作用，民间组织参与教学评价的机会十分有限。我国应当努力在学校和政府之间建立一种民间性质的、有一定学术权威和相对独立的教育质量保证的社会中介组织，以利于调节学校与政府之间的矛盾，保证教学质量评估工作的客观性和公正性。在这方面，国外普遍重视民间组织参与教学评价。日本民间中介评估机构参与高校评价就是例证。新世纪伊始，日本高校评价模式从单一政治控制模式走向多元评价模式，评价主体由单一的政府主体转变为由民间组织为主的多元主体。在对公共机构进行社会问责的环境中，民间组织对高校教学质量有了公共参与的欲望，并形成了多元混合的教学质量评价模式。例如，消费者导向模式，它对学生、家长、教师及纳税人有较大用途，因为它可以帮助消费者确认和评价相类似的方案、服务以及产生的优点和价值。日本高校排名是典型的消费者导向评价模式。其指标与结果为学生和家长选择高校提供了参考信息。这种以消费者导向的评价模式构成了对高校声誉的评价，日本高校形象与排名有密切联系。这是教学评价多元化和对体制内主体教学评价不足的弥补。

由于联邦政府不干涉高校办学，美国没有全国统一的教学质量标准，各州拥有较大的自主权。因此，美国不设置专门的官方机构对高校开展评价与认证，这一业务基本上是由社会民间组织来承担。20世纪初期，民间评价机构在美国高校评价与认证方面产生了较大作用。这些参与评价的民间组织有：新英格兰地区院校协会、中部地区院校协会、中北部地区院校协会、南部地区院校协会、西北部地区院校协会、西部地区院校协会。20世纪70年代中期，美国中学后教育认证委员会成立，这是一个全国性的非官方认证机构,90年代中期后,取而代之的是美国高等教育认证机构,也是一个民间组织性质的机构。

国外民间组织参与双语教学评价及其作用体现在两个主要方面:第一,民间组织参与主体办学资质的评价。一些民间组织参与双语学校认证,对学校办学目标、物质条件、经费来源、师资质量和师资队伍建设、教育质量、学生工作、少数民族学生比例、毕业生就业、毕业生实际工作能力、办公及体育设施、各级管理水平、总体办学效益、多元化等方面进行评估。美国六个地区认证机构主要评估各自所在地区的公立和私立学校,涵盖了美国50个州的高等院校。院校认证是对高校整体办学水平进行全面、综合的评估,以考核高校办学资质与教育质量,既包括学校的教学硬件设施,又包括学校教学水平和科研能力、管理和服务水平、经费等,学校只有通过认证才有资格办学并获得社会各界、政府部门、私人团体的经费资助,才能吸引学生。虽然认证是高校的自愿行为,但是绝大部分美国高校为了得到社会认可,都积极地参与院校认证。而在中国,民间组织没有如此大的权限,只有教育部发展规划司或地方教育委员会这类政府组织,才能对办学主体的资质进行审定,决定其准入或更名等事项。

第二,民间组织还负责对高校的有关专业、专业性院校或单科院校进行认证。专业认证委员会有相关专业院长、专家、教授、社会公众、教育行政部门人员等代表所组成。它对本专业的师资队伍、生源情况、课程设置、教学设施与设备、教学管理、专业教学计划、教学大纲、学生试卷、作业、实验报告、实习报告、毕业论文等方面进行评估,专业认证每五年一次。只有通过了院校认证的高校才能申请专业认证,通过专业认证能获得良好的社会声誉,有利于促进各专业的教学质量,也有利于吸引生源以及获得政府、社会和基金会对该专业的资助。

二、民间组织的评价与完善

(一)我国民间组织参与教学评价

我国高校教学质量的管理主要由政府管理、学校自我管理两种层次,社会组织、专业学会、中介部门很少参与教学管理工作。高校教学质量主要由上级部门组织专家对高校进行行政检查与评价，教学评估周期长，评估之后缺少有效的监管机制，难以及时准确地发现教学质量问题并做出反馈，导致高校教学质量管理意识的淡漠及政策的松懈，容易造成教学质量下降。而且，教学质量管理基本采用自上而下的方式，缺乏师生参与的途径与机制，导致教学质量管理的内生力量不足，主要靠外部力量进行控制，势必导致教学管理乏力。此外，我国缺乏参与教学质量管理的专业性中介组织，难以发现教学质量管理内部的专业性问题，使得教学质量管理不得不依附于政府，对高校学术自由造成较大影响。[①]

目前，我国高校本科教学工作水平评估的主体是政府及其教育行政主管部门。这固然有其优势，在一个时期内是必要的。但它存在着两个明显漏洞：一是民进组织不参与评估，评估主体过于单一，评估工作难以反映社会各个方面的教育价值观和对高等教育的要求；二是目前除了正在发展中的民办高等教育外，我国高等教育的办学主体是政府，这就造成了政府集高等教育办学者和评估者于一身，导致各种矛盾的出现。例如，评估难以对办学者产生真正有效的监督作用，同时也难免会出现办学者从行政上干预具体评估工作，从而影响评估结论的公正与公平。

我国传统教学评价的管理色彩浓厚，缺乏以人为本的评价理念。其重要标志之一是评价主体较为单一，通常是由教育行政主管部门实施，民间机构（如专业的评价机构）无缘参与评价，本科教学评估是颇为典型的，是一种自上而下的官方一元化评价。在整个评价过程中，其他参与教学的主体（如学校、教师、被评价者等）被排斥在评价过程之外，只能被动地接受评价，并不能对评价结果发表任何意见。这与国外教学评价特别是双语教学评价形成了鲜明对比。20世纪80年代后期，随着政府职能的转变和学校办学自主权扩大，我国出现了一些准官方中介评估机构。例如，北京高等学校教育质量评议中心，高等学校与科研院所学位与研究生教育评

[①] 参见钱伟、薛二勇：《高校教学质量管理：问题与对策》，《教育发展研究》2012年第9期。

估所，上海市教育评估院，江苏教育评估院，辽宁省教育评估事务所，广东省教育发展研究与评估中心、教育部学位与研究生教育发展中心等10余家。这些事业性评估机构受教育部或省教育厅委托，开展了高等教育评估。社会中介评估机构必须有充足的评估业务才能生存，但政府教育行政主管部门在相当程度上垄断评估业务。除教育部学位与研究生教育发展中心、江苏省教育评估院等有官方背景的中介评估机构外，民间评估机构难以直接参与教育部组织的评估工作。而一些专门性的评估学会，如中国高等教育学会教育评估研究会、全国教育评估机构协作会等，却从未自主开展过高等教育评估。这忽视了社会评估机构的参与和监督，影响了评估的科学性和公正性。

社会评估作为一种公共选择，是高校公共治理的组成部分，是实现有限政府的正道。要改变政府主导型评估，发展民间组织评估，形成两者协同发展的新格局。政府协调各种评估机构，制定教育评估的法规与政策，建立各类教育质量评估标准，运用立法、拨款、规划、信息服务、政策指导和必要的行政手段对评估进行宏观管理与协调。大多数经常性的教育评估可委托民间组织具体实施。民间组织评估机构应增强自身的权威性和公正性，建立一支结构合理的评估专家队伍。同时，要树立主动服务的意识，以高质量的评估来赢得政府、高校和社会的信任。[①]

（二）完善我国民间组织参与评价的对策

完善我国民间组织参与教学评价，从国家层面看，应着力做好三方面工作：其一，转变政府职能。我国政府应借鉴美国经验，转变职能，改变对高校管得过多的状况，将部分职能和权力下放给民间组织，使其担负起原先由政府负责的部分管理、咨询、评估、考试、资格认证、监督等职能。如高校办学力量评估、教学质量评价、教师任职资格评定、全国性入学考试的组织与管理等，交由民间组织来完成。这既有利于减轻政府负担，增强政府管理的效率，使政府能有更多精力制定政策、战略规划等，而且可

[①] 参见康宏：《我国高等教育评估制度：回顾与展望》，《高教探索》2006年第4期。

以充分调动社会民间力量来推动高等教育事业发展。其二，完善民间组织发展的法律法规。由于我国民间组织缺少法律保障，它们与政府以及高校的权责不清晰，相关监督管理机制不完善，对民间组织和其从业人员违规行为惩处缺乏法律依据。一些非法民间组织，如留学中介机构引诱学生或家长，扰乱了高等教育民间中介组织的市场秩序。因此，政府部门要加紧立法，制定好民间组织发展的法律法规，以法律形式确定民间组织的法律地位以及政府与民间组织之间的关系。其三，健全高教民间组织体系。我国那些参与高等教育评价的民间组织发展失衡：一是官方或半官方性质的各类组织多，民间组织少。二是地区失衡。东部地区民间组织参与高等教育发展较多，如广东省在1994年以前就建立了高校设置评议委员会，北京1993年建立了高等学校教育质量评议中心，江苏1997年建立了教育评估院等。而西部地区民间组织参与高等教育发展较少，只有2000年云南建立高等教育评估事务所。三是类型失衡。这类民间组织主要是留学服务等类型，其他类型较少。我国应当调动民间组织参与高等教育的积极性，建立形式多样的民间组织，以满足高等教育发展的需求，如建立咨询、评估、监督、考试、认证等多种类别的民间组织。

　　从民间组织的建设与发展看，它们应在以下三个方面加强建设并提升质量：一是民间组织可实行企业化管理。美国教育考试服务社和大学考试公司，以及各类学会协会等，都实行董事会负责制。在此模式下，民间组织专注于其目标和使命，有效地保证了美国各类民间组织的高效运转。我国民间组织可以此为鉴，制定好各项规章制度，并严格遵照执行，明确分工，以避免出现人浮于事、效率低下，同时可以仿照美国教育考试服务社和各类学会协会的做法，对其会员收取一定的费用，以保证其经济来源，维持正常运转。二是民间组织应切实提高服务质量。目前，我国参与教学评价的民间组织正处于发展初期，其服务质量和水平有限。民间组织应不断提高服务质量，为政府、社会、高校提供多种多样的服务，以优质服务来赢得高校和社会各界的认可和支持，以充分体现出民间中介组织社会性、公益性、客观性、志愿性和公正性等特点。三是民间组织应加强队伍建设。我国民间组织的性质、类型差异大，其从业人员有些是教育主管部门任命，有些是向社会人员招聘，专业性不够。由于大部分民间组织的规模、实力都相当弱小，难以吸引高层次专门人才，专业人员匮乏。从业人员结构不合理、专业水平低、队伍不稳定、敬业精神不强和职业道德各异的现象。因此，民间组织应该着力加强队伍建设，努力提高从业人员的素质。[①]

第四节 双语教学社会评价

一、双语社会评价基本界定

（一）社会评价的概念与特征

从现有文献看，社会评价主要是指社会组织的评价。这种评价是由社会中介组织发起并负责开展的一种评价，诸如专业学会或协会、学术团体、社会用人单位等可能是实施评价的主体。从这一界定可以看出，社会评价与上文的民间组织评价可能容易被混淆，或者存在着一些相似和相交叉之处，因为民间组织包括社会团体，而社会团体中就有学术团体。笔者在此所界定的社会评价需要特别强调三个方面：其一，社会评价的主体主要是指用人单位，而对其他主体不予涉及，其外延明显小于民间组织的外延。因为用人单位最有依据对毕业生质量进行评价，这实际上也是毕业生融入社会或社会化的重要过程之一。其二，社会评价的主要目标是一种结果评价，而不是办学过程评价。其外延同样小于民间组织的评价外延。民间组织评价不仅关注高校的整个办学过程，而且也涉及到办学质量和结果。而社会评价主要考量的是人才质量，关注的是结果，诸如毕业生质量、科研成果质量、实际工作能力、社会声誉等方面。其三，社会评价的根本目的是，建立社会与高校对人才培养的联动机制，及时将社会对人才需求的标准或要求反馈给高校，使高校能根据社会需求灵敏地调整与改善人才培养，

---

① 参见蒙有华：《民间组织对美国高等教育的影响》，西南大学硕士论文，2007年。

以便更加符合社会对人才的需求,从而促进毕业生就业。这是一种结果反馈式的评价与改善。民间组织评价的根本目的是,建立一个学校资质标准,并严守准入门槛,在此基础上关注办学主体的人才培养质量,是一个既重视过程又关注结果的评价。可见,两者并不完全相同。

综上,社会评价的基本特征表现为:其一,办学主体没有资格参与评价,而是被其他主体评价。社会评价的发起者和承担者主要是用人单位。评价参与人可能更多是业内知名的专家或业内资深人士,教育界人士参与评价者较少。其二,用人单位对高校毕业生的评价完全不是以分数为依据,评价的标准更多是依据社会需求,特别是行业和用人单位的偏好,可能更加注重实际工作能力和创新能力。这种评价的个性特征十分明显,不同行业或部门各有其评价标准,没有一个整齐划一的标准。其三,社会评价的目标在于人才质量,关注人才培养结果,并不注重人才培养过程。评价的周期可能比较长,因为人才及其成长是一个缓慢复杂的过程。因此,高校的社会声誉形成同样需要一个漫长的过程。

(二)社会评价的基本原则

社会评价的基本原则是实事求是,不能用同一标准衡量全部毕业生。具体包括:一是国家和地区要求社会经济发展人才培养的基本标准,是对高校管理、评价、检测、督促的基本要求,是高校培养人才的标准,也是高校制订教学计划、选择教学内容、实施教学活动、进行教学评价的基本依据。二是不同层次、类别、行业类高校人才培养的差异化、个性化的具体标准。这是各类高校人才培养多元化的反映,是国家战略与地区发展需要的客观要求,也是高校制订教学计划、选择教学内容、实施教学活动、进行教学评价的依据。三是学生及其家长对不同高校培养人才的期望标准,是对高校服务多样性、差异性的要求,是学生选择适合其发展的不同高校的标准,也是高校制订教学计划、选择教学内容、实施教学活动、进行教学评价的参照。综上,完整的高校教学质量标准包含区域层次、学校层次、个人层次,社会评价不能忽视这些事实。①

二、双语教学社会评价指标

双语教学的社会评价与指标,主要是根据我国社会的实际而定,脱离了我国国情开展双语教学社会评价是毫无意义的。具体而论,就是我国用人单位对人才需求的共性,社会评价就是判断双语教学对用人单位这种人才需求共性的满足程度。

(一)双语毕业生的专业工作与创新能力

我国大部分用人单位对人才的需求是以专业技术能力为第一标准,这也自然成为用人单位评价双语教学的关键性指标之一。如果毕业生没有较高的专业技能、专业工作能力与创新能力,即使是受过双语教学的毕业生,也不可能得到用人单位的认可,双语教学就毫无绩效可言,因为这种双语教学丧失了对学生专业知识和能力的培养。英语运用能力是处于第二位的评价指标,因为大部分用人单位只在国内开展业务活动,没有对工作人员英语运用能力的特殊要求,英语在实际工作中的使用频率并不高。只有那些外商独资企业或中外合资企业可能会对毕业生的英语运用能力提出更高的要求。

毕业生的专业技能、专业工作能力、创新能力,应当成为评价双语教学专业知识目标是否达成的核心指标。因为冲淡了专业学习的双语教学是本末倒置的。专业技能,特别是一些职业高专类院校毕业生更为重要,具体表现为毕业生的实际操作能力。这些毕业生离开高校进入企业后,能在较短的时间内实现自身角色的转换,成为企业一名熟练的劳动者。他们能独当一面地工作,有能力独立解决企业遇到的技术难题,显示出较强的工作能力,而且这种工作能力的替代性较小,换言之,没有经过专业教育与培训的人根本无法承担这项工作。有人可能会提出质疑,这种专业能力完

---

① 参见钱伟、薛二勇:《高校教学质量管理:问题与对策》,《教育发展研究》2012年第9期。

全可以通过传统的专业教育获得，没有必要通过双语教学来完成。问题的关键正在于此，那就是双语教学具有自身独特的优势，在实现专业培养目标的同时，获得较强的英语使用能力和更加宽广的英文文献阅读面，从而使毕业生能把握本专业的国际最新进展与动态，而这一点对企业的技术革新与研发能力提升是至关重要的。传统专业教学与双语教学的根本区别可能就在于此。通过双语教学，毕业生使用英文阅读和检索专业文献的能力明显增强，有利于他们及时跟踪本专业或行业国际前沿信息，这些信息对本职工作是有帮助的，可能会转化为现实的生产力，为企业创造更高的效益和更多财富。因为毕业生拥有大量国际前沿的最新信息，必将增强他们技术革新的欲望和能力，使他们在科研成果的数量和质量上同时上升。这必将促使企业技术进步再上新台阶，产品的研发和更新换代速度加快，并提升产品的竞争力和更好地融入国际市场。总之，在经济全球化时代，企业效益竞争实质是产品竞争和人才竞争。人才的专业创新能力与英语能力是相互交织、密不可分的关系。英语运用能力低下会缩小人才的专业视野，进而制约其专业创新能力。如果高校双语教学培养出的人才在这方面具有优势，那么双语教学具有良好的绩效。

（二）双语毕业生的英语运用能力

除了专业技术能力之外，我国一部分用人单位对人才的需求是以英语运用能力为第二标准，这也将成为用人单位评价双语教学的关键性指标之一。在我国一些外资企业或中外合资企业，英语能力可能成为与专业技术能力并驾齐驱的第一指标。因为不同用人单位或评价主体对毕业生评价的出发点和标准不同，或者说毕业生能满足不同主体需求的程度不同或价值尺度不一致，因而评价的结果可能会出现差别。但是，有一个标准可能是评价主体需求的共性，那就是既精通专业又熟练掌握英语的复合型人才。就英语运用能力而论，我国高校基础英语教学十分注重对学生英语能力的培养，而事实证明这种英语教学是效率低下的。因为大学阶段英语教学没有将英语学习与专业学习相结合，即使是专业英语教学也没有较好地完成这一目标。那些特定用途的英语课程，诸如商务英语、法律英语、新闻英语、国际金融英语等，教学目标侧重于英语，只是这种英语与某一特定工作、专业或目的相关的英语运用能力联系紧密,却也没有系统的专业知识传授和学习。双语教学就是将英语语言目标与专业知识目标紧密结合的教学方式,英语只是一种教学语言,而不是最主要的教学目标,学习专业知识与技能才是第一目标。英语是工具,专业是载体,这就使学生英语运用有了更多的话题和更好的语境。

用人单位对受过双语教学的毕业生英语运用能力的评价指标主要三:一是英语同声传译能力。这种同声传译能力与普通英语日常交流不同,是以专业为载体,也就是说,主要是同声传译本专业领域内的交流与合作内容。例如,在外资企业或中外合资企业,外国同行在专业技术或业务合作方面使用英语,毕业生要能准确地将英语翻译成汉语,供我国企业领导或同行听,我国企业领导或同行使用汉语,毕业生要将汉语翻译成流利地道的英语,供外国同行听,从而使交流能继续和不至于中断工作。在此情形下,企业根本没有必要聘请专职的口译人员,普通口译人员也无法担当专业口译工作,双语毕业生就能胜任这项工作。这时,双语教学的绩效就完全得以显现。二是英语专业文献翻译能力。企业在经营过程中不可能不了解国际同行和国际市场,而对这两者情况及时了解都需要借助于英语。双语毕业生可以定期将这些专业文献与信息翻译成中文,提供给企业的经营决策者,使他们灵敏地获取前沿信息。三是英文网站建设与更新。外资企业或中外合资企业都十分重视国外同行业或同类企业的英文网站,从这一信息窗口能获取大量有用的情报;同时,也要使国外同行业或同类企业了解本企业,向国际同行扩散企业信息是一种企业国际公共关系行为,需要毕业生将大量企业信息翻译成简洁地道的英文,从而促进传播与营销。上述三项评价指标既简明扼要,又易于操作。如果毕业生在上述三个方面都具备了较强能力,那么双语教学就富有绩效。

(三)双语毕业生的跨文化沟通能力

一些用人单位并不重视跨文化沟通能力,而外资企业或中外合资企业却十分重视双语毕业生的跨文化沟通能力,并利用工作人员的这一能力促进企业发展。因为毕业生接受过双语教学,他们使用英语进行思维的能力通常要超过未接受双语教学的毕业生;同时,他们对英语国家的文化习俗、社会禁忌等都有不同程度的掌握和了解，从而有利于他们开展跨文化沟通。在外资企业或中外合资企业中，外方工作人员较多，特别是一些中高层管理人员中外方人员占据较大份额。实现与外方人员的有效沟通与相处，形成和谐共赢的合作关系，在很大程度上讲，有赖于这种跨文化沟通能力。如果双语毕业生在管理岗位上，应当能更加有效地实现沟通，在此基础上，与外方人员结成深厚友谊，并促进企业营销网络向境外拓展，或促使外方对我方的人员培训或技术转让等。如果双语毕业生在跨文化沟通方面有所作为，双语教学绩效就得到更大的彰显。

三、社会评价促进双语教学

客观而论，双语毕业生个体成长离不开社会环境，总是与社会发展交织在一起。高等教育的政治功能、经济功能、文化功能等都是以课程教学为载体和中介而得以实现。从这种视角出发，高校双语教学的功能和宗旨是，培养适合经济全球化和社会主义市场经济发展需要的复合型人才，进一步推动我国高等教育国际化。双语教学培养出的人才最终要输送到社会各个用人单位，而用人单位的评价是双语教学质量的重要体现。因为任何教育质量的衡量终究要通过人才社会评价得以确认。各用人单位对双语毕业生在上述三个主要方面的评价结论应当直接反馈给各高校，从而使高校有针对性地调整和改善双语教学的课程设置和培养目标，更好地满足社会对人才的需求。从这个意义上讲，社会评价具有反馈作用，有促进高校双语教学质量提升的功能。

社会评价正是一种社会需求的反映，这种评价信息反馈至高校，使办学主体能及时地了解我国劳动力市场的变化，提升高校办学的针对性和有效性。具体表现为：其一，双语毕业生就业后的反馈信息。通过一段时间的实际工作后，毕业生对高校开设的一些双语课程有了更加清晰地认识：哪些双语课程能更好地使他们适应所处的社会环境和专业工作，哪些双语课程不能使他们适应毕业后的专业工作；哪些专业内容对实际工作更有帮助，哪些专业内容对实际工作毫无益处；双语教学成果是否使他们具有使用英语解决专业问题的能力，或者说在专业工作中英语的使用频率是否较高。这些信息在一定程度上决定着高校双语课程设置和专业课程教学内容的取舍。其二,研究生继续深造后的反馈信息。研究生应当比本科生有更多参与国际学术交流的机会。通过这些交流活动,他们能清楚地了解自己参与双语教学的成果,也就是说,能否使用英语与国外同行进行专业领域的问题研讨。这种研讨能持续多长时间,交流的深度达到何等程度,究竟是专业能力还是英语存在障碍,或是两者都有困难。如果这种交流的任何方面出现了障碍,说明双语教学的绩效不好。如果这种交流十分顺利,表明高校双语教学成效明显。其三,用人单位对双语毕业生的反馈信息。如前所述,用人单位对双语毕业生在专业工作与创新能力、英语运用能力和跨文化沟通能力三个主要方面展开评价后,将评价结论反馈给高校。这些评价结论针对性较强,直截了当地指出毕业生在某一方面或多方面的能力欠缺,从而为高校调整双语课程设置指明了方向。例如,毕业生的专业能力欠缺,高校就要增加专业课程设置的数量或提高专业课程的教学深度;如果毕业生的英语实际运用能力达不到用人单位的工作要求,诸如在专业口译、专业资料翻译、跨文化沟通、英文商务信函处理、商务谈判、国际学术交流等方面力不从心,则说明高校双语教学的英语语言目标尚未实现。高校应当增加双语课程设置,或扩大双语课程英语的使用量,或提高英语语言使用的针对性等。① 高校应当主动进行双语毕业生的跟踪调查,及时掌握用人单位对毕业生的专业技能、英语能力、工作能力和态度以及综合素质等方面的评价,并参考这些评价,调整高校的双语教学培养规划,改善双语教学管理体系。而社会评价恰好弥补了这方面的不足,其现实意义是不言而喻的。

　　值得注意的是,虽然社会评价高校双语教学绩效是必要的,但双语教学的社会价值并非能立即得到检验,可能要经过长期实践才能得以展现,因而在双语毕业生进入用人单位的初期就得出评价结论可能有操之过急之嫌。从历史上看,清末民初的双语教学、教会大学的双语教学都培养出一

---

① 参见郑大湖:《大学双语教学需求分析的模块构建》,《外国语文》2011年第1期。

批复合型人才。① 而这些人才的历史贡献并非立刻得以证实,而是在长期的历史进程中逐步实现的,是后人对他们作出了评价。从这个意义上讲,当前开展双语教学的社会评价同样需要循序渐进,要以一个特定的时间周期作为社会评价区间,可能更加科学合理。因为社会实践要赋予人才展现自我的机会,而人才成长也需要一个漫长的过程,这两者都需要时间。社会评价是一把双刃剑,并非完全促进双语教学,如果不能妥善应对,可能会给高校双语教学造成一些负面影响。因为社会评价反馈不当,使一些高校无所适从,感到双语教学高深莫测。如此一来,有可能扰乱双语课程的设置,并损伤双语教师的积极性。

---

① 参见余敏军:《我国高校中英文双语教学及其评价的初步研究》,汕头大学硕士论文,2005年。

第四章　双语教学资源评价

双语教学资源评价，实际上是一种诊断性评价或前置评价。如果从诊断性评价的视角观察，本章的外延要超出传统诊断性评价的范围。因为传统诊断性评价主要评价双语学生的学前准备程度，而对双语办学主体是否已具备开展双语教学的基本条件不予评价，诸如不涉及双语教学课程资源、师资资源、管理资源和社会资源评价。本章除了评价学生资源之外，还对上述四种资源状况进行评价，以防止双语教学盲目推行，造成教学资源浪费。在某种程度上讲，双语教学资源状况是开展双语教学的基础，它直接关系到双语教学的绩效甚至是教学成败，是双语教学评价不可或缺的组成部分。

第一节 双语教学课程资源评价

一、课程资源与有效开发

（一）课程资源的基本界定

课程资源，是指课程要素来源与实施课程的必要条件，包括校内、校外课程资源。校内课程资源，包括教师、学生、图书馆、实验室、专用教室、动植物标本、矿物标本、教学挂图、模型、录像片、投影片、幻灯片、电影片、录音带、电脑软件、教科书、参考书、练习册，以及其他各类教学设施和实践基地等。校外课程资源，是指公共图书馆、博物馆、展览馆、科技馆、家长、校外专家、上级教研部门、大学设施、研究机构、有关政府部门、其他学校设施、学术团体、野外、工厂、农村、商场、企业、公司、科技活动中心、少年宫、社区组织、电视、广播、报纸杂志等广泛的社会资源及丰富的自然资源；网络化资源主要指多媒体化、网络化、交互化的以网络技术为载体开发的校内外资源。①

双语课程资源及其开发的根本宗旨，是使学生尽可能多地从不同渠道和以不同形式接受双语教学。因此，除了要编写科学适用的双语教材之外，还应有计划地开发其他双语课程资源，如广播影视、录音录像、多媒体光盘、网络资源、报刊杂志、直观教具和实物等。要充分利用高校图书馆、阅览室、语言实验室、音像设备、墙报、标志牌等基本的和常规的教学设施，为学

---

① 有学者认为，广义课程资源是指有利于实现课程目标的各种因素，狭义课程资源仅指教学内容的直接来源，按空间分布和支配权限分为校内课程资源与校外课程资源。校内课程资源，包括素材性课程资源（知识、技能、经验、活动方式与方法、情感态度和价值观以及培养目标等）和条件性课程资源（课程实施范围和水平的人力、物力和财力，如时间、场地、媒介、设备、设施和环境等因素）；校外课程资源，同样包括素材性课程资源和条件性课程资源。

生提供丰富的双语课程资源。要鼓励和支持学生参与课程资源的开发,采用建立班级图书角,以及制作班级小报、墙报等形式进行双语学习和交流。学校要建立科学有效的课程资源管理体系,充分利用已具备的课程资源,并不断地对课程资源进行更新和补充,切实杜绝课程资源的闲置现象。①

(二) 校本课程资源及其有效开发

长期以来,我国实行了三级课程管理。从国家层面看,国家制定基础教育课程;审议省级上报的课程推广方案;评估全国的课程质量。从地方层面看,地方开发本地课程,指导学校校本课程的开发。从学校层面看,学校主要从事校本课程开发。校本课程,是以学校为本位、由学校自主确定的课程,既能体现各校的办学宗旨、学生的需要和本校的资源优势,又与国家课程、地方课程相结合的课程。它可以是学校通过选择、改编、整合等方式,对国家和地方课程进行再加工,使之更加符合学生、学校的特点和需要;还可以是学校设计开发新的课程,即学校在对本校学生的需求进行评估,并充分考虑当地课程资源的基础上,以学校和教师为主体,开发旨在发展学生个性特长和可供学生选择的课程。校本课程开发,关键在于获取相应的课程资源,使师生从学习教科书走向资源学习。建设成熟的校本课程,转变学生学习方式,将更有利于教学目标的实现,包括知识与技能、过程与方法、情感态度及价值观的培养等。

在校本课程开发过程中,高校一方面要建立课程开发的激励机制。例如,颁布校本课程开发奖惩办法,对教师开发校本课程进行全面的评估和调控。在业绩考核方面增加机会,在一些评审、评奖、评选先进等活动中,甚至在教师的职称晋升时,可以将校本课程开发业绩作为比较重要的成果指标,特别是对开发双语课程的教师要给予奖励。通过这些激励措施的建立,课程资源的开发必将受到更多高校和教师的重视,从而促进课程资源开发网络的建设和课程资源的充分合理开发。另一方面,要建立健全课程档案。课程档案能节约大量寻找资源的时间,同一资源可以为不同的师生重复使用,提高了课程的使用效益。课程档案不仅要有大量文本、文献类

---

① 参见姜宏德:《关于双语课程体系建构的几个问题》,《教育发展研究》2003年第1期。

资源，还要有许多超文本类的课程资源，使资源的数量、品种、形式多样，保持档案资源的充裕丰富。

评价校本课程开发成效有三个基本标准：其一，社会需要标准。这是校本课程开发的依据，因为高校教学工作和人才培养的终极目标是服务社会。在开发校本课程的过程中，高校要抓住社会热点问题，开发这类校本课程。特别是双语教学校本课程的开发应更多地考虑国际因素，那些不适应国际社会发展与竞争需要的教学内容不要纳入课程开发计划。其二，学校特色标准。学校的资源优势，既可以体现在软件之上，又可以是硬件方面的优势。有的高校文化积淀深厚，培养出了一大批各行各业的精英，形成了学校与众不同的人文传统，可以着力开发校史课程资源。学校要充分开发利用这方面的课程资源，使学生在浓厚的校园文化中成长。其三，师生资源标准。一方面，师资力量制约着校本课程开发的数量与质量。有的校本课程市场前景虽好，却因缺乏这方面的教师而难以付诸实施。另一方面，要结合学生学习兴趣开发校本课程，使之真正成为学生自己的课程，以充分调动其参与积极性。

二、双语课程选择与结构

（一）双语课程确定原则与课程选择

首先，防止双语课程因人设课。目前，我国很多高校开设双语课程并不是从课程的重要性出发，而是过多地考虑其他因素。或是从双语师资力量出发，因人开课或因人废弃课程的现象较为普遍，没有教师，即使这门课程重要，也不予开设，从而完全忽视了学生的未来发展后劲。或是谋求完成本科教学工作水平评估指标，高校不顾专业课程结构的科学性和教学实际需要，只是考虑利用有限的教学资源。一些已开设的课程，只是增加一本英文版教材或上课偶尔穿插一些英语，并未对课时、计划和教学大纲进行相应调整，造成双语教学缺乏系统性和计划性。[①] 这就打乱了专业课程体系和结构，完全漠视了课程的联系及学生专业学习的连续性，使得课程缺乏必要的衔接与过渡，甚至出现了断档现象，造成学生难以有效地适应双语教学，即使学到一些专业知识，也缺乏系统性，难以在未来专业学习中自如地运用，双语教学效果肯定要打折扣。[②]

其次，注重双语课程的科学性。在我国开展双语教学之初，教育部的文件明确指出，高校开设的双语教学课程一般是以自然科学为主，是与国际接轨或是国家发展急需的专业领域。高校应选择在学科中占主要地位的专业课进行双语教学，从而确保开课的必要性和重要性。一般来说，人文社会科学如古代汉语、中国古代历史、政治理论等课程尽量不要开设双语课程。

双语课程选择是一个至关重要的问题，因为并不是全部课程都需要开展双语教学。一般来说，自然科学类的课程更加需要开展双语教学，而人文社会科学类课程要慎重开展双语教学。我国教育部要求在信息技术、生物技术、金融和法律四大类的课程中开展双语教学。数学、物理等理科教学中的一些英文公式、国际单位或专业术语用英文讲授可以强化学生对单词的记忆，有助于学生接受国际化教育。国际商务、国际金融、国际贸易等与国际紧密接轨的课程应当使用双语教学。[③] 从实践经验看，《教育部、财政部关于批准 2010 年度双语教学示范课程建设项目的通知》就是最好的佐证。在这次立项的 151 门双语教学示范课程建设项目中，人文学科如哲学、文学、历史学等几乎没有一门课程能获得立项；社会科学如经济学、管理学、社会学等只有极少数课程获得立项，而且都是与国际紧密接轨的课程，如世界贸易组织、西方财务会计、西方经济学、国际贸易理论与政

[①] 参见冯昭昭、吴艳等：《提高双语教学学生满意度之研究》，《北京大学学报》（哲学社会科学版）2007 年第 5 期。

[②] 参见冯晨昱、李桂山：《高校双语教学存在的问题及对策研究》，《教育探索》2008 年第 11 期。

[③] 参见宋哨兵、来娜：《双语教学的探索与研究》，《杭州师范学院学报》（医学版）2005 年第 3 期。

策等。立项的绝大部分课程都是自然科学类课程，如数字电子技术、无线通信、信号与系统、人工智能与数据挖掘、软件开发工具、局部解剖学、小动物寄生虫病学、神经病学、细胞生物学、病理生理学、生物化学、药剂学、人类进化遗传学、口腔正畸学、地球生物学、基因组科学与技术、医学免疫学、流行病学、基因工程、组织学与胚胎学、妇产科学、医学微生物与免疫学、环境化学等。只有少量的金融、法律类课程获得了立项，如公司法、国际知识产权法、国际法、国际贸易法、国际贸易法成案分析、金融学、国际结算等。这种双语课程选择与立项行为完全符合教育部的文件精神，体现了双语教学课程建设与评价的基本政策导向。

再次，确立合理的双语教学目标。一方面，除了选定课程之外，确保双语课程科学性在于合理确定教学目标，这种教学目标要兼顾知识性与语言性。值得注意的是，我国高校双语课程教学目标的制定者与教学者分离，换言之，是一些不从事教学工作的人在制定双语课程目标，缺乏对双语教学的感性认识，因此目标的制定主要是以传统专业课程的共性特征为依据，未融入双语教学的个性特征，从而出现了现实与目标要求脱节，导致一些双语课程的严重异化，课程的美誉度受到了贬损。另一方面，强调教学目标的意义还在于，教学目标是后续教学评价的重要依据。如果目标设置不科学，可能会影响未来的专业评估。

（二）双语课程的基本结构

课程结构是指课程各部分的构成，是课程体系的框架和各学科门类的组成，以及各学科内容的比例关系、必修课与选修课、分科课程与综合课程的搭配等，体现出一定的课程理念和课程设置的价值取向。课程结构包括学科课程与活动课程、分科课程与综合课程、必修课程与选修课程、显性课程与隐性课程。当然，有些类别的课程在我国高校尚未开设。

高校双语课程设置，主要是指高校开设的双语教学专业课程、各种专业活动顺序和教学课时的安排，同样包括确定各门双语课程的修读方式，以及明确各门双语课程的课时与学分权重。目前，我国高校双语课程，从纵向结构上可以分为公共双语课程、专业基础双语课程和专业双语课程；从横向结构（课程修读的要求）可以分为必修双语课程与选修双语课程。

与普通课程相比，双语课程要保证专业知识教学目标，即要保证双语课程与普通课程在课程内容、难度和进度上基本一致，以确保双语学生在学习过程中可以与其他参加普通教学的同学达到相同的专业水平。在每学期授课课时数量保持不变的情况下，高校不能挤占其他课程的授课课时，以牺牲其他课程课时来换取双语课程的效益。因此，双语课程的教学课时和学分与普通课程的教学课程和学分基本一致。只有这样，才能进行双语学生的专业知识评价，即在同等的课时内完成与普通课程同等的教学绩效。如果同一门专业课程，双语课程与非双语课程的教学课时不同，那么就丧失了评价的基本依据。

课程结构首先要适应经济文化的差异。从经济角度看，我国经济的非均衡性特征十分明显，学校要根据当地经济发展选择相应的课程，以适应区域经济的差异。从文化角度看，课程结构要适应不同民族的文化认同需要，双语课程更加如此。我国民族地区的双语教学课程正是适应了这种文化需要。可见，国家层面的课程结构需要有一定的弹性，旨在给予不同地区足够的选择空间。课程结构还要适应不同学校的特点。不论国家课程还是地方课程，在课程门类及其关系上都应适应学校的特殊性。学校有对国家课程和地方课程进行选择和再开发的自主权，因地制宜地实施国家课程和地方课程。国家或地方层面的课程计划还需要规定学校自己设置的选修课的课时比例。课程结构更要适应学生的个性差异。评价课程结构是否合理，学生个性发展是否得到发展是关键。因此，课程结构必须具有弹性空间，以适应学生的个性差异。换言之，是否参加双语教学，学生要根据自身个性发展的需要进行自由选择，没有必要强行将所有的学生都推向双语教学。

王斌华认为，我国基础教育阶段长期推行学科课程，学校正是通过这种形式开展双语教学，如双语物理、双语化学、双语历史、双语地理等。此外，基础教育阶段还可以通过综合课程、活动课程、专题课程等形式开展双语教学。综合课程是将两门以上课程中紧密关联的内容融入到一门课程中，如环境保护、食品营养等。活动课程具有社会的、自然的和体验的特征，能较为有效地满足学生的兴趣，如花卉栽培、实地考察、社会服务等。专题课程通常采用讲座或系列讲座的形式，由一个或多个双语教师共同开设，如网迷危害、两性教育、禁毒等。事实表明，通过这些形式开展双语教学，不仅使双语课程形式富有变通性，而且降低了师资准备、教材配套等的要求。

高校双语课程结构基本上是由必修课程、选修课程、活动课程等主要课程所构成。要发挥各类双语课程的相应作用，高校就应该从宏观到微观，多角度、全方位地对双语课程结构进行优化组合。高校在安排双语课程时，必须要注意课程顺序与课程结构。要考虑到双语课程的先修课学习是否充分，即学生在英语教学各个阶段的衔接是否连贯，学生能否平稳地从基础英语学习转向专业英语学习；要注意专业教学与语言教学的结合是否恰当，在双语教学的先修课阶段应当加强语言基本功教学，旨在为未来双语教学奠定坚实的语言基础。在课程顺序与课程结构中，应当开设普适性较大的专业共性课程，例如商务英语等，同时也可以根据各个高校实际情况的不同，开设更为具体的涉及各项语言技能的课程，例如商务英语谈判等。[①] 高校双语课程设置与课程结构应兼顾以下几个方面。

首先，力求实现专业英语课程与双语课程的衔接。专业英语课程旨在使学生掌握足够的专业英文词汇量，能借助词典阅读相关专业英文文献，获取所需要的信息，专业英语课程是双语课程的前奏和基础。将一些专业内容放在专业英语课程课堂上，从而为双语课程和大学英语课程的衔接奠定基础。必须注意的是，专业英语课程与双语课程存在根本区别，前者以学好英语为宗旨，后者是以掌握专业知识为目标。专业英语课的授课应该选择小班授课，采取灵活多样的方式，特别是进行主题讨论和案例教学。[②] 在大学三年级接受双语教学，教师主要是用英语讲授专业知识，学生有了前期学习的专业术语积累，学习兴趣就会大增，双语教学效果也能得到保障。值得注意的是，目前我国很多高校没有开设专业英语课程，在大学基础英语教学结束后直接开设双语课程。开设的双语课程数量十分有限，与本专业其他课程之间缺乏衔接性和连贯性。由于受到师资和经费等因素的制约，

---

① 参见王红强：《基于社会需求的"三段式"大学英语教学改革构想》，《中共郑州市委党校学报》2012年第1期。

② 参见宁晓洁、原一川：《高校双语教学课程体系构建探索》，《曲靖师范学院学报》2011年第5期。

大多数双语示范课程实际上成为孤立的课程，忽视了整个课程体系的全面建设以及各门课程之间的衔接性，以致学生难以将双语课程的知识与其他课程知识融会贯通。

其次，努力做到必修课程与选修课程的合理配置。必修课程是依据课程目标限定所有学生必须修读的课程。而选修课程是为了适应学生兴趣爱好和劳动就业的需要，由学生自己或在教师指导下选择的课程。选修课程对学生个性发展有更为重要作用。选修课程的开设，最好针对已具备较高英语水平的高年级学生。① 专业选修课，用英语讲授社会急需的、偏重就业内容供学生选修，或将相关学科整合设置成新的课程，用纯英语进行教学，如商务英语、外贸英语等，旨在用英语讲授一些实用而浅显的专业学科知识。这类选修课应该是围绕主题来组织的选修课程。在这样的课程中，语言内容是次要的，所有英语都是围绕构成课程主体的一系列主题来进行的。这些主题的教学可以先以阅读的形式来展开，然后要求学生通过指导性的讨论来复习巩固这一话题的内容和相关词汇，再通过与主题有关的视听材料来做听力练习，最后要求学生在综合了各种所获取的信息材料的基础上完成一篇写作练习。

再次，尽力使学科课程与活动课程相结合，实现双语课程的多元化。所谓学科课程是指以英语作为教学语言的各专业课程。活动课程是指在教师指导下的以英语作为媒介语的综合实践活动。如英语视听、阅读活动、文体和科技活动等。学科课程是按照学科逻辑体系组织的，是通过传递间接经验让学生掌握一定基础知识和基本技能的课程，是实施双语教学的主渠道；而活动课程则是以学生兴趣、需要和能力为基础，通过一系列活动使学生获得直接经验和即时信息的课程，是一种跨学科的综合学习行为，它与社会和学生的生活密切相连，容易训练和培养学生的综合能力。② 各二级学院和教研室应结合本专业的实际，建立健全多位一体的双语教学和双语实践体系。高校和教师应根据学生发展的不同时期，制定相应的要求，

---

① 参见姜宏德：《关于双语课程体系建构的几个问题》，《教育发展研究》2003年第1期。
② 参见宁晓洁、原一川：《高校双语教学课程体系构建探索》，《曲靖师范学院学报》2011年第5期。

鼓励学生不断将课程教学内容运用到实际生活、个人习惯中。在学生进入专业课程学习的初级阶段，应根据教学需要和社会对本科学生应用能力的要求，组织课程介绍、英文能力调查、英文文献阅读能力分析、双语专业讲座等，使学生在接触各专业课程的最初阶段就形成一种双语思维习惯。[①]

从世界范围看，美国各个地区都缺乏具有时代性和科学性的双语教学课程资源，特别是科技领域的课程。双语教学课程资源的缺乏直接导致双语教学质量下降。因而，政府和各种非政府组织多方筹集资金支持双语课程资源开发，各类高校也加入其中。我国双语教学的教材来源于国外引进、国内出版、学校自编和将母语教材直接翻译而成。各种教材都有各自的优缺点，但是没有统一的有关双语教学教材的规定。因此，我国教育行政部门应该制定统一标准，采用各种优惠政策，投入资金鼓励和监督双语教学课程和教材的建设。[②]

三、双语教材与教学要件

（一）双语教材困境及其解决

我国双语教材的基本现状是：第一，没有正式的国家双语教材标准。目前，教育部尚未出台有关国家双语教材建设计划，规定哪些专业课程需要建设教材，并设置双语教材建设标准，将教材建设的基本要求公之于众，或者依照上述有关原则予以建设。教育部门至今尚未发行特定专业课程通行全国的双语教材。第二，林林总总的双语教材多数是办学主体自主行为。从现实情况看，我国高校双语教材建设是校、院两级管理行为。教务处主要是催促各学院建设教材，是双语教材管理的职能部门，负责组织实施教材建设规划。院系负责选择学科或课程组织教室编写教材。高校要求各院系充分重视对双语教材的建设，将之作为专业建设和新一轮专业评估的指

[①] 参见龙其林：《比较文学课程的双语教学》，《宜宾学院学报》2012年第2期。
[②] 参见林若铭：《多元文化视野下美国双语教育探析》，东北师范大学硕士论文，2006年。

标构成，从而使双语教材建设成为高校办学的基础性项目和教学基本建设内容。第三，多数双语课程没有正规教材。教材主要是由主讲教师自由编印的部分讲义或者电子版的讲义，以维持双语课堂教学。这种使用非正规教材开展双语教学必然会影响教学质量，因为其随意性较大，教师之间的水平相差悬殊，从而难以保证教学质量。在有教材硬性约束之下，教师肯定要加紧备课，以求达到基本标准；学生也会认真阅读教材，以弥补课堂听课的不足。在没有正规教材的情况下，就意味着没有统一的基本标准来判断教师教学和学生双语学习情况。造成这种状况的主要原因：一是教师双语能力不够，无力撰写教材；二是教育评价体制深层的原因，使得教师编写双语教材的回报率不高。目前，我国高校双语教材主要通过以下几种途径解决。

1. 引进国外原版的教材

如果强调引进国外出版的原版教材开展双语教学，那么就必须要考虑到不同科学的适应性问题。一般来说，自然科学要比人文社会科学更加适合使用外国原版教材，因为自然科学是一种普适性科学，不像人文社会科学那样具有鲜明的民族性和意识形态性。对于学生发展来说，科学话语具有国际通用性和规范性，学校双语教学将有助于学生未来的发展，使他们能紧跟科学前沿的信息。就国外教材本身来说，被引进的这些教材一般是这一学科知名的教材，学科的知识体系全面、术语规范，专业发展的新近进展能得到及时反映，从而保证学生能了解前沿科学动态。

我国部分出版社和学校引进教材基本上体现了这一特点。1998年，上海远东出版社开始引进自然、新综合科学、设计与工艺、基础生物学等教材，较为注重学生动手能力和创新思维的培养。上海教育出版社引进牛津大学出版社的"牛津学科英语基础丛书"，包括 Mathematics、Physics、Chemical、Science、Biology 和 Business。这套书是英联邦国家作为"中等教育通用证书"考前复习用书。清华大学出版社的"世界工商管理经典系列"、"清华商学英文版教材"。清华大学有数百门核心课程引进国外教材，将之用作教材或教学参考用书。中国人民大学出版社的"企业财务与金融管理系列"、"市场营销系列"等。北京师范大学在信息科学、生命科学、经济学、心理学、数学、物理学、资源与环境科学、管理学等学科选取一批课程引进原版教材。另外，还有清华大学出版社和机械工业出版社引进的计算机类和其他理工类的原版教材。[①] 这只是其中较小的一部分，难以将其概述全面。我国高校在引进原版教材、开展双语教学方面与教育部的要求仍存在着较大落差，还有部分高校则处于尚未起步或处于探索阶段。成人院校较少或根本未引进原版教材和采用双语教学。

2. 翻译国内外优秀教材

对于我国学生而言，国外教材不一定具有实用价值，因为它们是与特定教育制度、经济文化发展和生产力水平直接关联，是特定国情的产物。引进到我国之后，可能会出现水土不服之症状，这种情形必然会影响双语教学的有效性。国内教育界自然产生了自己翻译教材的想法，以化解这一困境。第一种是，将国内有名的中文教材翻译成英文，供学生学习之用。目前，我国将中文教材翻译成英文教材已付诸实践，并且取得了可喜的成果。人民教育出版社翻译了一些双语教材，出版了"英语版系列教材"；科学出版社、高等教育出版社、中国人民大学出版社等出版了部分中文教材的英文翻译版本。例如，金萍的《英汉双语翻译教程——对比转换与实例评析》（中国人民大学出版社2012年版）。教材包括语言结构的对比与翻译转换、文化因素的对比与翻译转换、功能文体的对比与翻译转换、标点符号的对比与翻译转换、学生翻译实例的对比与评析。第二种是，将著名的英文版教材翻译成中文。例如，美国教授宇文所安的《中国文论：英译与评论》。尽管翻译存在着一些问题，但对教学是有所帮助的。

3. 自主编撰的双语教材

通常来说，自编教材能更好地结合本国国情，适应本国经济文化发展和生产力水平，特别是国民的文化认知心理与特点，能更加适应我国的双语教学。在特定的教育制度下，双语教学不可能游离于现实的教育体制。这要求我国自主编撰的教材要紧扣教学大纲，内容有时代感，语言表述更为通俗易懂，教材篇幅适合于我国学生的认识能力和教学需求等。对高校双语教材而言，可以分为面向重点院校和普遍院校学生的教材，两种教材

[①] 参见黄安余：《论双语教学教材建设》，《高教学术论坛》2007年第7期。

难易度和编排体例应有所区别。① 目前，国内多家出版机构先后编制出版了一系列双语教材。例如，四川人民出版社编辑出版的"中学学科英语读本"，广东培正中学编、广东教育出版社出版的"代数读本"、"物理读本"、"化学读本"等中学数理化英文读本，就是较为典型的自主编撰的双语教材。金朝武所著的《中国税法》（英文版，法律出版社2004年版）具有代表性。

采用自编教材，不但能有效地满足学生复习专业知识和应对各种考试，而且有利于传播中国文化、培养学生的民族自豪感和自信心。教育之根本就在于弘扬本民族的文化和民族精神，接受异域文化是十分重要的，但无论多么重要，其重要程度也不应当超越本民族文化的地位。双语教学既要增强英语教学中的西方文化含量，又要注重引入和加强中国传统文化教育，这些目标可以通过翻译类与自编类双语教材的途径予以解决。

上述三类双语教材的主要解决途径仍处于继续探索之中，可能会有更为合理的解决办法。在开展双语教学评价时，一要看主要课程双语教材的使用数量。如果使用的教材种类太少，不到总课程数量的三分之一或更少，那么整个双语教学活动显然是低效的。二要看双语教材的质量。也就是说，实际教学效果的好坏，如学生反映与满意度、学生专业知识掌握程度、学生考试情况等。需要注意的是，各种教材的交叉使用、各类学校的相互合作可能会逐渐加强。我国教育部规定，未来中小学的选修课，特别是高中的选修课可能要逐步增加，这些课程没有高考压力，愿意在这些课程中开展双语教学的学校也将逐步增多，从而促使双语教材品种的多元化，这种多元化是与我国的国际交往频繁有直接的关系。越来越多的学校组建了国际部、国际班，对双语教材的需求量必然与日俱增。各类学校可能要结合自身特点，如学校环境、教师水平、学生质量的差异等因素，要求有与学校特点相适应的双语教材，这也将促使双语教材多元化格局的形成。中学之间、中学与大学之间，以及大学之间的合作攻关可能在未来有所加强。

---

① 参见郑昕芾、程立新等：《高校双语教学教材的比较、编写和选用原则》，《中国成人教育》2008年第4期。

(二) 双语教学基本文件评价

凡事预则立,不预则废。一切教学活动都必须有精心的设计和准备才有可能收到良好的效果。使用母语进行专业课程教学,各种教学文件必须一应俱全,更何况使用英语进行专业课程教学,更加需要加强督导。如果没有用规范英文制成的各种教学文件,双语教学质量没有基本保障。

任何课程教学大纲都是规范教学行为的纲领性文件,是学校组织教学活动、评价教学质量的基本依据。双语课程教学更加如此。但是,高校目前的课程教学大纲是按照中文教学要求设计的,并不能适合双语教学的需要,因此高校要针对双语课程教学制定新的教学大纲。双语课程教学大纲有其独特的个性特征,特别是在教学目标和教学方式设计上存在着较大的区别,应当区分两个主要方面:一是注意双语教学目标的多元性;二是正确处理教学语言与语言教学、英语教学与专业课教学的关系,不能将双语课程变为普通英语课程的翻版。另外,制定双语教学大纲时要注意吐故纳新,不仅要使大纲符合培养目标要求,服从课程体系结构及教学计划安排的整体要求,而且要注重专业的基本理论、基础知识和基本技能的培养,将专业发展的最新动态与成果、新方法等纳入教学大纲。[①]

教学进度表是教学主管部门检查教学进度的重要依据,是教师设计教学活动的主要预置文件,旨在防止教学活动的随意性。教师讲稿是十分重要的双语教学文件,既与教材有密切联系,又不完全与教材相同,是教师的再创造劳动。所有这些教学文件都必须要用英文撰写。但是,教师不能在课堂上照本宣科地读课件,课件是将讲稿的核心内容用简洁的条文形式呈献给学生。特别是双语教学课件,可以较多地显示授课内容,不仅能显示英语标题、关键词和某些重点内容,而且有时还可以显示汉语译文。如果靠教师板书,占用课堂时间太多。多媒体课件能有效地解决这一问题。教学案例对双语教学格外重要,因为深奥的专业理论知识有时很难用准确的英文表达到位,使用案例是对教学内容的另一种诠释,对于人文社会科

---

① 参见周亚同、王宝珠、王睿、石军:《模式识别双语教学平台建设刍论》,《中国电力教育》2012年第2期。

学门类的双语教学效果会更好。通过案例的分析，学生能理解其中深刻的理论知识，因为案例一般都是记叙文，带有一定的故事情节，学生较为容易理解。供学生阅读的教学参考书目是双语课堂教学的拓展，从中完全可以看出一个教师的专业素养和在本专业领域的英文阅读量。一个在本专业领域积累不足的教师根本开不出英文书单。而通过对这些参考书目的阅读，学生既可以弥补因课堂听力不足造成的信息遗漏，又能为未来在本专业领域的后续研究奠定基础。习题库是教学文件的最后一个环节，是对专业知识的练习与巩固。通过这一环节的教学，完全可以看出学生的听课效果。对于人文社会科学而言，习题也可以是案例分析，或者由学生制作案例。这些教学行为都是用英文编撰的专业知识练习，以激发学生用英文阅读和思考专业问题。

上述双语教学基本文件和教学活动完成之后，教师还要对双语教学规律、经验教训展开探究，撰写教学研究论文，以提升教学实效和分享教学经验。一方面，教师要从教学实践中总结出双语教学的规律性或提升教学效率的方法，以丰富自己的理论修养；另一方面，教师要不断学习外国的双语教学经验与做法，诸如了解国外双语教学的背景与政策、双语教学类型、各种教学类型的利弊、各种教学类型在我国的适应性等。在理论研究的基础上，教师更要研究自己的教学对象，从中发现我国学生的个性特征并据此及时调整自己的教学设计与策略。双语同行应当加强教学交流，集体攻关，共同研究教学实际问题。

第二节 双语教学师资资源评价

一、双语师资的数量评估

从双语师资储备的角度看，我国开展双语教学的师资条件远远不如一些移民国家和前殖民地国家。移民国家开展双语教学有充裕的师资储备与供给。例如，加拿大开展英语法语双语教学，法语教师人数充足，而且他们的法语水平很高,因为加拿大国民中有大量的法语移民。美国开展英语西班牙语双语教学,两种语言的教师都十分充足,因为欧洲移民和拉丁美洲移民中精通这两种语言的人才比比皆是。前殖民地国家新加坡和印度具有代表性。新加坡曾经是英国的殖民地,长期以来英语一直是工作语言,再加上新加坡有七成左右的国民是华人移民,开展英语华语双语教学的师资条件具有得天独厚的优势。印度曾受到英国近两百年的殖民统治,印度开展印地语英语双语教学,英语教师数量多、质量高。相比之下,我国根本不具备这种师资优势,这也是制约双语教学可持续发展的最大瓶颈。

从双语师资总体需求状况看,我国高校和基础教育界双语教学师资都存在着较大需求缺口,难以满足当前双语教学发展的需要。随着双语教学的全面推行和高质量发展的需要,迫切要求双语师资数量的快速增长和质量的显著提高,以满足双语教学需要。而现实情况并非如此。根据国内一项双语教师的需求状况调查,2003年全国高校双语教师的需求量约为4万人,2006年高校双语教师需求约为7万人。上海认证了100所示范性的双语学校,但上海双语教师实际需求量大约为1万人左右,师资缺口近8000人。2006年在苏州大学召开的高校双语教学研讨会上,全国70多所高校的150位教师、学者和教育部有关专家共同就推进我国高校双语教学进行了研讨,他们一致认为双语师资短缺是制约高校推进双语教学的关键因素。双语师资的严重不足与双语教学的迅速发展形成了短期难以克服的矛盾。有鉴于此,一些高校将那些不能完全胜任的教师推到了双语教学的岗位上。部分高校双语师资存在着明显的结构性紧缺,特别是缺少学科骨干教师和高水平的双语教学名师。至于双语师资队伍的职称结构、年龄结构、学历结构等更是无从谈起。[①] 由于双语教师数量的奇缺,双语教学团队难以形成,教学主管部门也难以对此加以推动和评价。

从双语师资供给上看,由于双语教学的特殊要求,师资供给实际上出现了数量和结构的双重矛盾。从专业素质结构看,双语教师专业素质的内在结构,如知识储备、英语能力、教学技能等,并不可能在短期内就得到

---

① 参见方莹:《论高校双语教师队伍建设中的问题及对策》,《华中农业大学学报》(社会科学版)2009年第2期。

改善，因为教师的成长需要时间，是渐进的过程。从年龄结构看，高校部分专业教师队伍有明显的老化现象，青年教师补给不足。双语教学更加需要青年教师，因为青年教师反应灵敏、语言发音等条件较好。从城市内部结构看，我国城市地区双语教师供给失衡。北京、上海、广州、深圳这些特大城市的双语教师相对较多，因为这些地方工资收入较高、职业发展机遇较多，是海内外人才向往的地区，容易吸纳外部人才为我所用。这些城市的一些外国语大学本身培养了较多英语人才，同时对本地教师开展英语技能培训十分方便，这是其他很多城市所不具备的独特优势。这些城市更为适合开展双语教学，因为师资条件相对较好。中西部地区学校英语水平高的教师相对较少，这些地区工资较低、发展机遇相对较少，因而缺乏招聘更多外部人才的吸引力，内部培养双语教师的条件有限，教师出国进修的机会相对较少，这在相当程度上制约着双语教学师资的实际供给量。再从城乡地区结构看，一般来说，城市学校的双语教师供给比农村地区学校略高一筹，处于相对短缺状态。而农村地区学校双语教师则处于绝对供给短缺状态，真正能从事双语教学的教师少之又少。不用说双语教师，就是英语教师也是十分紧缺的。因为从整体上看，我国农村地区教师均处于不足状态，英语或双语教师更加短缺。一方面，农村自己培养出来的英语人才就十分稀少，教师培训经费严重不足，从而限制了双语教师的成长。另一方面，我国社会的开放程度越来越大，农村考取大学的人才基本上留在城市就业，较少愿意回到农村从事教育工作。农村缺乏吸引外部人才流入的基本条件，不仅如此，农村内部成长出来的教师也留不住，那些真正能承担双语教学任务的教师又怎么可能留在农村，他们可能选择流向城市地区。或者说，城市学校可能会以更加优惠的条件吸引他们加盟。凡此种种，我国城乡之间双语教师数量供给失衡的矛盾恐怕在短期之内难以得到根本的改变。

二、双语师资的资质评价

资源状况取决于资源存在的数量，更取决于资源存在的质量，双语教学师资资源同样如此。美国是世界上开展双语教学的先行国家之一，对双语教师的质量评价已初步形成制度，从而确保双语教师的资质优良。具体要求落实在双语教师的个人素养和学历两方面。双语教师在个人素养方面，除具备一般教师所必备的素质外，还必须具备特殊的素养：双语教师必须是双语者和双元文化者；双语教师要具备从事双语教学的综合能力和特殊的教学策略。学历方面：除具备本科学历外，还必须在大学特设的双语教师培训班修习为期两年的双语教学课程，通过考核后，获得政府部门颁发的临时性双语教师资格证书，有效期为6年。要获得永久性双语教师资格证书必须具备以下条件：已获得了双语教师临时资格证书；从事两年以上的双语教学工作；继续接受培训，修习双语教学相关的课程，并获得硕士学位；通过州教育行政部门组织的永久性双语教师资格证书的考试。加拿大法语沉浸教育计划规定：当法语作为教学语言时，由本族语为法语或法语水平相当于本族语的法语教师施教；当英语作为教学语言时，由本族语为英语或英语水平相当于本族语的英语教师施教。[①]

（一）双语教师的英语能力

语言是人类交流的工具，是人类文化的载体。我国双语教师的英语和汉语两种语言都要达到能听、说、读、写、译和流畅交流的程度。双语教师只有具备这种英语能力，才能更好地进行自我提升，在双语课堂上运用自如，更为有效地引导学生。对于教学而言，需要用准确的专业词汇和专业的表达方式，否则容易造成学生误解。目前，绝大多数双语教师的英语水平没有达到自然、准确、清晰表达的程度。这就需要教师尽快加强英语及英语教学技能培养，实现英语技能的重大突破。在达到足够高的英语水平之前，课堂上可以英汉并重，尽量采用简单易懂的英语短句。通过不断的实践和学习，教师课堂英语水平自然会得以提高。同时，教师外语发音必须准确、清晰，以便于学生模仿学习。此外，掌握两种语言的语言学方面的知识也是必须的，这样才能更好地理解和认识语言的本质及特殊使用的规律，遵循语言习惯和发展的规律，把握母语与英语的异同。[②]

[①] 参见计道宏：《双语教学师资培养方式探讨》，《河套大学学报》2011年第3期。
[②] 参见桂文泱、邹欣吟：《双语教师的素质构成研究》，《黑龙江史志》2009年第22期。

除了英语口语运用能力之外，在评价双语教师英语能力时，有两点是不容忽视的。其一，双语教师必须具备较强的英文阅读能力，并具有宽广的专业文献阅读量。因为只有语言输入才会有语言输出，没有足量的语言输入不可能有良好的语言输出。阅读能力与阅读量反过来会提升或降低教师的英语口语表达能力。对于这一点的评价并不困难，可以要求双语教师列出相关专业的英文经典文献或代表性学术论文，或者要求他们就某几部经典文献发表评论或综述，从而能够查看其阅读面。特别是自然科学门类的双语教师，一定要阅读科学最前沿的学术论文，及时掌握国际学术动态。这样的双语教学才有意义。其二，双语教师必须具有较强的英文写作能力，并在本专业领域用英文发表过专业论文。这个评价标准与上一个标准是相辅相成的。如果教师要用英文完成专业论文的写作，并达到发表水平，那么他必须要查阅和阅读大量的英文专业文献，不可能全部阅读中文文献，再用英文写作论文。通过这一指标设置，可以衡量出教师的专业修养和英文写作能力。果真能实现这一目标，前文所要求提供给学生阅读的专业英文参考书目自然毫无困难。当然，发表英文专业论文不必要有数量的设定，只有发表和没有发表的区别，以免增加教师的压力。如果双语教师具备了上述的两种外语能力，那么他们在双语教学过程中使用英语备课、布置作业、批改论文、辅导学生和组织考试就成为顺理成章的教学行为。

（二）双语教师的跨文化能力

所谓双元文化，是指两种或两种以上不同的文化。这些文化之间彼此存在着不可混淆的文化个性特征。双元文化的表现并无特定或明确的地理或政治区域限定，可以存在于一国范围内，也可以存在于同一地区之内。另一种解读是，双元文化可以指涉及两种不同文化的有关活动。双文化教育应当成为绝大多数学生一种更为丰富的体验，以拓宽学生的文化视域与眼界。值得注意的是，我国没有其他国家丰富的双元甚至多元文化资源，新加坡、美国和加拿大具有多元文化交织与融合的社会环境，其所带来的双语文化背景和语言环境是得天独厚的。我国香港特别行政区和澳门特别行政区同样具有十分丰富的多元文化环境，而我国大陆地区没有这种文化背景。这对于生活在其中的师生会产生一定的影响，使他们在开展双语教学时缺少文化背景支持。值得欣慰的是，我国在加入世界贸易组织后，国际经济文化合作活动日趋频繁，这既为我国双语教学提供了较为有利的文化背景，又对双语教学提出了更高的要求。如果没有跨文化交往的能力，国家的发展肯定会受到限制。因此，学习与研究跨文化知识，开展双语教学不仅是一个教育问题，更是一个国家战略问题。①

双语教学要求双语教师比普通教师更加精通双元文化，善于进行跨文化的交流合作与教学。这种跨文化能力主要表现为在以下四个方面：其一，精通异国的语言文字。语言文字是一种文化的载体和外在表现形式，不精通一国语言文字就谈不上精通一国的文化。双语教师要像精通母语那样精通一种外语，这是研究一种文化的基础与前提。语言学习可以在本国完成。其二，精通异国的文化习俗。笔者经常说，有知识不等于有文化。如果教师具有丰富的语言知识，如构词法、语法等，也不等于教师就精通了这种异国文化。语言承载着十分丰富的文化信息，折射出不同的文化内涵、思维方式、价值观念等。约定俗成的语言还反映了许多民间或文化习俗，也就是说，研究和学习一种语言实际上就是研究和通晓一种文化。不仅如此，双语教师还要了解一国的历史、文学，乃至现实的社会经济发展状况。通过一种语言了解一个民族或一个国家，特别是对于人文社会科学的双语教师更加如此（自然科学门类的课程可以降低要求）。例如，人文社会科学的双语教师要精通一国的民间节日、社会风俗、禁忌、饮食习惯，乃至这个国家的产业结构和政治制度与政治运作等。文化熏陶尽可能在他国完成。其三，具有高超的处理两种文化之间关系的能力。在双语教学中，不可避免地会出现不同文化碰撞现象，双语教师要帮助学生了解外国文化，把握不同的思维方式、思想精华和文化差异。教师要引导学生进入文化深层，培养文化包容心态，宽容与尊重异国文化，成为具有跨文化素质的复合型

---

① 目前，我国毕业生不足10%拥有为外企工作的技能，而印度有25%的毕业生拥有此项技能。许多中国学生所受教育没有教给他们为全球企业工作所需的实用和团队协作技能，大学所采用的是理论的、教科书式的教学方式。参见徐宪光：《双语教学与双文化教育——高校外语教师应有的思考》，《上海第二工业大学学报》2006年第4期。

人才。① 这就是毛泽东倡导的"古今中外法",是一个"不薄今人爱古人""古为今用"的过程,也是一个"中学为体,西学为用"的过程。双语教师不能将两种文化本末倒置,全盘西化或盲目排外的文化心态都是不可取的。

其四,宽阔的国际视野。双语教师具有妥善处理文化差异与冲突的能力,就有助于养成宽阔的国际视野。这种文化视野表现为主动吸收各民族的先进文化,用之为全人类的文明进步服务。教师要公正评价其他文化,注意培养学生的的世界文化观,使学生懂得文化全球化的过程是全人类共同创造、共同利用先进文化的过程,如何发掘出本民族优秀文化使之发扬光大,使之为人类文明的发展做出应有的贡献是双语教师的文化使命。②

(三)双语教师的专业能力

在信息封闭的条件下,教师往往就是知识的来源与化身,赫尔巴特所倡导的"教师中心"、"教材中心"和"课堂中心""老三中心"基本符合那个时代教师的角色担当。③ 在信息化社会中,教师角色扮演的难度明显增加,这就对教师的专业能力提出了更高要求,特别是双语教师更加如此。因为使用母语表达专业内容困难较小,而使用英语表达专业知识的难度就更大,如果在专业修业不精的情况下,是不可能保障教学质量的。

双语教师的专业素质包括专业知识、专业技能、专业态度和专业自主意识。其中,专业知识是专业素质的核心。双语教师应具备丰富的专业知识,对于本专业的名词、术语、概念能使用最简单的语言三言两语解析到位,使学生易于掌握和理解,更要注意专业术语的国际通行表达方式。这种表达方式不能是自作主张的翻译,即使翻译得十分准确到位也是不允许的,因为你的翻译和表达方式与国际通行的表达方式不一致。专业术语表达方式一定要出自专业的英文经典文献,是国际学术界普遍认同的术语表达。这就要求双语教师阅读本专业的英文文献。专业知识不仅仅是一些专业术

---

① 参见桑迪欢:《高校双语教学环境下教师能力的拓展》,《江苏高教》2011年第2期。
② 参见周雪莲:《高校双语教学中教师心态定位》,《玉溪师范学院学报》2011年第7期。
③ 参见刘春明、程耀忠:《论柯林·贝克双语教育模式对双语师资培养中英语教学与学习的启示》,《教育与职业》2012年第6期。

语，更侧重于专业理论的系统性。每一专业都有系统的专业理论，双语教师要精通这些理论，融会贯通，举一反三，能用标准的英语解释这些理论。精湛的专业知识还表现为熟悉国内外专业领域现状与发展。这对人文社会科学的双语教学格外重要，因为人文社会科学往往具有较强的文化性和地域性，国际性主要表现为地域文化的融合。不熟悉专业动态，教学可能会在低水平上重复。从这个意义上讲，即使是英语专业的毕业生、海外留学生或以英语为母语的外国人，尽管其英语听说读写能力很强，如果没有具体的专业知识，同样不能担当双语专业课的教学任务。[①] 因为双语教学不是语言教学，是专业课程教学，英语只是一种教学语言，是传播专业知识的媒介。没有某一领域精深的专业知识，双语教学就丧失了学科载体，就有可能异化为英语教学。

专业技能对于自然科学门类的双语教师更加重要。教师不但要具有精深的专业知识造诣，而且要将有些专业知识转化为专业技能，成为解决专业领域现实问题的能力。专业技能的培养很多可以在实验室内完成，这可以弥补我国一些双语教师语言表达能力的不足。教师可以直接指导学生动手做实验，如物理、化学、生物等课程。在双语教学过程中，教师所表现出来的对专业的坚定信心和热爱，成为激励学生学习专业的动力，这在一定程度上表现为专业态度。如果教师对一个专业的态度摇摆不定，缺乏事业热情和坚定性，必然会削弱学生的学习动力。因此，双语教师的专业能力是一个广义的范畴，这种广义的概念还要求双语教师不断地将专业知识与专业教学技能相结合，提升自己的专业教学实践能力，形成独特的教学技能与风格，这才是一个完整的专业能力。[②]

三、双语师资的培训评价

资源状况和可持续性还取决于对资源的培育与开发利用。世界各国政

[①] 参见曾二秀：《论本科双语教学与双语教师的培训》，《广东青年干部学院学报》2006 年第 3 期。

[②] 参见王瑾瑾：《双语教学的教师素养》，《吕梁教育学院学报》2011 年第 2 期。

府都十分重视双语教师的职业培训,美国、加拿大、德国、澳大利亚、印度等国都规定,合格的双语教师必须既要具备较高的两种语言水平,即两种语言均要达到能运用自如的程度,同时又要求合格的双语教师首先必须是一个双元或多元文化者,精通某一专业的学问。由于双语教师的资质要求很高,事实上达到这种要求的教师并不多。因此,对双语教师开展职业培训就显得十分必要。世界各国一般都坚持多层次策略,即双语教师的引进走多层次策略;多渠道原则,主要是指在双语教师的培养上需要多渠道,包括加强对专业教师的外语培训;加强对专业教师的专业知识进修;选派教师进行挂职锻炼;鼓励教师参加双语教学交流;选派外语强的教师进行专业培训;多学科原则,主要是指双语授课教师的发展应多学科。

(一)双语师资的培训与认证

高校双语教师培训需要由骨干教师、双语教研员、研究机构专家、高校双语学科教学法教师共同组成一支稳定的双语教师培训团队。[①] 我国高校师资培训体系是教育部下设的师资培训交流北京中心、武汉中心、五个大区及20多个省、直辖市高校师资培训中心,主要负责高校师资培训计划的制订和组织实施工作;承担高校师资培训的组织协调、理论研究、信息交流及社会服务工作。北京高校师资培训中心依托北京著名高校的优秀师资,双语培训取得了良好成绩,到2011年,已举办了9期北京市属高校骨干教师双语教学能力培训,派骨干教师到美国和加拿大进行为期4个月的双语教学能力培训。此外,各地院校也开展了灵活的校本培训,如南京大学、陕西师范大学、山东大学等高校成功举办了多期骨干教师英语培训班。培训的主要目的是提高教师的英语水平、科研能力和双语教学能力。

2005年8月,经教育部主管部门批准,我国引进了"国际双语教学资格证书"。目前,高校"国际双语教学资格证书"分为三类,即国际双语教学资格证书、国际双语教学文凭证书、国际双语教学高级文凭证书。拥有资格证书表明持证人具备实施双语教学的基本能力;获得文凭证书表明持证人的教学能力已达到较高水平,可以进行熟练的双语教学;而获得

---

① 参见吕青:《新疆双语教师培训的跨越式发展》,《北京教育学院学报》2012年第1期。

高级文凭证书表明持证人具备高超的专业授课技巧和课程研发能力。要获得资格证书需参加国际双语师资培训中心组织的培训，培训课程的核心是国际化的教学理念，纯正的英语表达和先进的教学技能。在高校双语教学中，采取持证上岗制度，对教学规范化和高校双语教师整体水平提高会有所促进。[①]

（二）开展双语教师职前培训

职前培训，是指双语教师在上岗前所接受的双语教学培训，其主体是各高校。培训方式是多元化的。一是开设以双语教学师资为培养目标的专业，例如，沈阳师范大学、南京师范大学、华东师范大学等多家院校招收双语师资本科生、硕士研究生和博士研究生。二是以研读双学位的方式培养双语教学师资。有些学校有双学位教育，各专业学生可以在本专业的基础上，增修英语专业第二专业。三是有相当一部分本科为英语专业的学生，继续攻读其他专业的硕士研究生，这是一种培养双语师资的另一种方式。四是通过专业主辅修的方式培养双语教学师资。

双语教学师资培训的内容主要有三个方面：其一，英语运用能力的培训。双语师资培训最重要的目标之一，就是要强化教师的课堂英语沟通能力，将课堂用语包括日常用语、组织上课用语、管理课堂用语等进行针对性培训，利用情景教学法使教师在实战模拟中掌握英语的交际技能。要求教师的语言表达符合英语的语言表达规范，做到清晰、准确、流畅，确保教学中教师能顺利与学生进行交流和互动。其二，英语与专业融合的培训。这是实现双语教师培训最为关键的环节。教师借助于特定的专业平台，重点围绕本专业中相关的专业术语以及基本理论，逐步将自己熟悉的专业知识置于英语语境之中，通过使用英语表达专业知识逐步完成从母语教学到使用英语教授专业课程的教学转变。[②]其三，双语师资培训实质是教师的

[①] 参见方莹:《论高校双语教师队伍建设中的问题及对策》，《华中农业大学学报》（社会科学版）2009 年第 2 期。

[②] 参见胡敏华:《基于素质构件的高校双语教学师资队伍的建设思路》，《江苏大学学报》（高教研究版）2006 年第 3 期。

专业发展问题,是教师主动适应职业要求、不断实现自我更新,特别是知识结构不断完善的过程。[①]这种知识结构主要包括专业领域的知识、教育学和心理学方面的知识、教学技能知识和广博的文化知识以及人文素质。[②]

(三)开展双语教师职后培训

双语教师职前培训往往是与师资的选拔相结合的,主要是解决师资资质问题,可以视为一个准入门槛设置。职后培训实际上是教师职业发展问题,两者共同构成了双语教师职业生涯发展的主要内容,是一个相辅相成、不可分割的过程。这种连贯性体现在机构培训的目标确定、教育内容选择、课程结构设置、教学方法调整等方面。双语教师职后培训的主要途径有以下三种。

第一,国内机构培训。国内机构培训包括校内培训和校外培训两种方式。这既是一种成本比较低廉的培训方式,又是十分有效的培训方式。校内培训的优势在于,一方面,校内有许多高水平的英语专家,他们长期从事英语教学与研究,很多人在国外工作生活多年,其英语运用能力很强,诸如英语口语、语音和语调等,可以组织这些专家听课,或负责一段时间的帮带,旨在提高双语教师的英语能力。另一方面,校内有各专业领域优秀的专家,对专业方面特别是专业前沿领域的研究动态与研究成果予以介绍,以提升双语教学的前沿性。利用国内其他高校的师资资源展开双语教学师资培训同样集中在两个方面:一方面,加强双语教师英语能力培训,可以选派教师去国内知名的外国语大学如北京外国语大学、上海外国语大学等进修英语;另一方面,选派双语教师去国内本专业领先的大学进修专业课程,如中国人民大学法律专业、南京大学中国近现代史专业等。

第二,国外机构培训。高校可以通过多种途径选送双语教师去英语国家进修。例如,美国等科技发达国家,既可以追踪专业发展的前沿信息,又选择了一个良好的英语学习环境。澳大利亚是地球上最古老的大陆,也

[①] 参见龙晓明、刘小荣:《我国双语教师专业发展策略》,《广西社会科学》2009年第7期。

[②] 参见申继亮、王凯荣、李琼:《教师职业及其发展》,《中小学教师培训》2003年第3期。

是最大的海岛及单一国家的大陆。① 国外进修能有效地提升双语教师的听力和口语表达能力，其学习效果是在国内很难达到的。与此同时，教师有广泛的机会接触外国社会各界人士，了解国外的文化习俗，这种感同身受的经历是在书斋中不能获取的，对未来双语教学的正面影响是巨大的。不仅如此，教师还有机会与国外同行直接交流，接触专业前沿的研究成果与学术动态。在国外期间，教师能观摩和聆听国外同行的授课，提高教学技能，并可以将外国的原版教材引进国内用于双语教学。通过出国培训，中学双语教师同样能在英语、专业、文化、人脉、教材等多方面获得收获，以便推动未来的双语教学。②

第三，团队合作培训。高校双语教师通过团队合作提升教学能力。实际上，这是一种自我培训，是一个广义范畴的培训。参与团队合作的双语教师，毫无保留地将自己的双语教学经验、方式方法、失败教训，以及专业新近成果与同行分享。这些参与者一般都是本校同专业或相近专业的同行，也可以是来自其他院校同专业的同行，像上海松江大学城高校集中的地区可以经常开展此类团队合作培训双语教师的活动，特别是要注意邀请更多的青年教师参加。这种团队合作的内容主要有：一是经验分享。每期活动指定两名双语教师介绍自己双语教学的经验和教训，如语言与专业内容的关系、语言表达与使用量、网上课堂与辅导、学生沟通等一系列问题。二是集体备课，共同制作双语教学课件。参与者可以就专业内容选择与深度，专业术语等多方面问题进行切磋。在有外籍教师参与的情况下，这种备课的水平会更高、更卓有成效，至少在语言表达方面应当可以达到较为完美的境界。由此可见，在这种团队合作中，双语教师能多角度、多层次地分享他人的成果与技能，并内化成为一种更高价值的理论体系和认知模式，进而实现超越自我。这远远比单打独斗、各自为政地实施双语教学更加富有成效。③

---

① 参见孙超平：《双语师资海外短期研修模式刍议》，《理工高教研究》2007年第4期。
② 参见丁鹭鹭：《中学双语师资培养模式及其途径研究》，《职业时空》2010年第4期。
③ 参见周小玲：《中外合作办学模式下双语教师自主发展探索》，《淮海工学院学报》（社会科学版）2011年第2期。

第三节 双语教学学生资源评价

一、学生双语学习动机评价

（一）学生学习动机对双语教学的意义

动机支配行为，行为出于动机。学生参与双语教学的动机和态度，支配着其双语学习投入与行为，并直接影响到双语教学能否达到预期的效果。因为英语学习倾向是指长期的英语学习目标，它与学习态度共同维持着学生个体的英语学习动机和行为。[①] 20 世纪 60 年代，在社会教育模式中，加德纳将外语学习倾向分为融入型倾向和工具型倾向。兰伯特认为，双语学习者的学习动机取决于他对学习第二语言的态度和倾向。学习者所表现出的对目的语群体积极的态度，融入社区的可能性或至少是与目的语群体交流的兴趣为融合型倾向，是对另一种语言群体的文化及其成员纯粹的兴趣。[②] 这类学习者一般带有移民倾向，故而对异国语言文化学习保有持久的冲动与热情，通常能取得良好的学习效果。另一种双语学习者为了追求一种新语言所带来的实际价值与优势所表现出的工具理性或功利导向，主要是指学好一门外国语能给自己带来的实际利益，诸如通过英语优势能考上硕士、博士研究生，或得到更好的就业岗位并获得职称晋升，或是通过托福考试并实现出国留学的梦想，或是通过双语教学获得更好的声誉与经济利益等。

学习动机和态度是英语学习过程中内在驱动力，决定着学生是否能在

[①] Gardner, R. C., *Social Psychology and Second Language Learning: the role of attitude and motivation*, London: Edward Arnold, 1985.

[②] Lambert, W.E., *Language, Psychology, and Culture,* Stanford, California: Stanford University Press, 1992.

英语学习上加大投入，直接影响英语学习成效。学生的双语学习动机越强，学习热情就越高，双语学习的持久性就越好，就越能克服困难并取得更好的学习效果。态度是影响个人选择行为的内部准备状态，它受到情感、认知和行动倾向等各方面的影响。如果学生对双语教学持积极的态度，这有利于双语教学的开展。随着专业知识学习的逐步深入、难度的逐渐加大，学生的态度在发生着变化。态度积极的学生面对双语教学带来的理解和运用困难，能坚持学习目标并拥有学习自信。如果学生认为双语教学课程没有必要参加，专业知识可以通过中文教材自学，学生持有这种学习态度，双语教学注定会失败。① 因为态度消极的学生可能会出现混乱，丧失学习自信心。他们要么会降低对双语学习的要求，选择不需要额外付出努力的简单的专业课程内容，要么放弃双语学习。② 态度影响英语学习水平，对外语学习持积极态度的学生容易较快提高外语水平，持消极态度的学生外语水平提高较为缓慢。半途而废的双语学生的学习态度多半是被动消极的。学生的双语学习态度与课堂行为关系密切，持积极态度的学生上课较活跃，学习效果良好。③

（二）不同高校及学生双语学习动机的差异

1. 不同大学学生的双语学习动机不同

我国高校等级划分较为明显，国家建设的重点也有所不同，资源投入相差悬殊。国家重点大学的培养目标是造就研究型人才，其资源状况与地方院校差距较大，表现在科研、师资、生源、硬件等诸多方面。由于人才培养目标的不同，国内一流大学有开展双语教学强烈的动机，态度也十分积极与坚定。因为双语教学与其人才培养目标基本吻合，其教师和学生的能力基本上能满足双语教学的要求。特别是国家重点大学的学生素质与地

---

① 参见吴祥佑：《基于 SEM 模型的保险双语教学满意度测评》，《金融教育研究》2012年第2期。
② 参见吕丰华：《双语教学中的学生自我效能感问题研究》，《教育探索》2012年第3期。
③ 参见邬澜：《二语习得理论对我国大学英语教学的启示》，《湖南农业大学学报》（社会科学版）2008年第3期。

方高校的学生素质不可同日而语。从总体上讲，重点大学的学生一般天资聪慧，自我意识强烈，有明确的理想和奋斗目标。他们当中的很多人将自己定位成未来的高级管理人才和科学研究人才，一些人可能要进入国际机构或大型跨国公司工作，其职业生涯的发展离不开对英语的熟练应用。这些学生属于优质的双语教学学生资源，其双语学习动机强烈，态度坚定，能持之以恒地坚持双语学习，同时其聪慧的天资和良好的学习基础都是双语教学的有力支撑。

与国家重点大学不同，地方高校主要是培养应用型人才，如农村基础教育的教师、劳动密集型企业所需要的操作技工，其毕业生就业的基本方向是立足农村和基层企业，因此开展双语教学的必要性和动机并不强烈，因为学生就业后较少有机会与国外同行交流，工作中同样较少使用英语。很多学生对此十分清楚，在校期间，他们更加注重对专业知识及技能学习，没有将英语置于重要位置。有了这种思想观念的学生，学习英语的动力不足，其英语水平难以提高。[1] 学生只有正确认识双语教学，充分理解开展双语教学的意义与必要性，参与双语学习面临的挑战，需要做何种准备等，才能作好较为充分的准备，他们学习双语教学课程时才不至于被动，其学习的自主性才能得到提高。[2]

2. 学生发展目标决定双语学习的动机

对于我国大学生而言，并非所有的学生都会积极参加双语教学，因为不同学生群体之间的发展目标定位存在着较大差异，其英语基础与学习动机同样相差悬殊。我国学生英语水平参差不齐，英语学习动机与态度并非整齐划一，而是呈现出多元化走向。一部分学生积极投入双语教学，目标是在毕业后能进入外资企业就业或出国留学深造，甚至带有明确的移民倾向，英语学习的融入型动机和工具型动机兼而有之。另一部分学生没有这些目标，对双语教学持可有可无的态度，参加双语学习的动力明显不足。

---

[1] 参见张云琦：《地方高校双语教学的困境和对策》，《当代教育理论与实践》2011年第4期。

[2] 参见聂光军、岳文瑾、薛正莲：《地方教学型高校如何进行双语教学改革试点》，《社科纵横》2009年第1期。

教育主管部门和不同高校对此要进行具体的分析与评价,因为这直接关系到双语教学在一些地区和学校实施的必要性。如果学生双语学习动机不强烈,学习态度不端正,就表明双语教学的学生资源存在着欠缺,双语教学也将难以获得成功。因此,要对不同学校、不同学生群体的双语学习动机与态度进行客观评价。没有必要实行一刀切政策,以避免浪费宝贵的教育资源。

3. 不同年级学生的双语学习动机不同

高校低年级学生对双语教学态度差异较大。一般来说,学生在进入大学后前两年中,大多数同学并没有认真思考大学毕业后是深造还是直接就业,因而一部分学生出现了学习动机不明确,学习态度不稳定,学习动力不足。再加上学生的英语水平参差不齐,导致了一部分同学对双语教学持抵触态度。如果强行推进低年级学生的双语教学,而学生不配合进行课前预习、课后复习和积极翻阅英文资料,教学效果将受到较大影响。就低年级学生而言,由于在基础英语的掌握、对双语教学的了解和认识程度、对专业知识的学习能力、理解能力和接受能力等方面与高年级存在一定差距,不能采用与高年级学生相同的双语教学方式,甚至不在低年级学生中开展双语教学。

4. 不同地区学生的双语学习动机不同

城市学生与农村学生成长与教育环境不同。城市学校的英语教学资源充足,英语学习条件较好,许多学生把学习英语视为一种时尚,在高校就读期间,会更加重视英语学习,学生会更加乐于接受双语教学。但是,城市学生克服困难的毅力不如农村学生。农村学校英语教学资源匮乏,学生英语基础相对较差。多数学生认为,英语与其未来并无直接联系,能通过英语四级考试已属不易,英语学习动机不够强烈。在进入高校后,农村学生只要发扬刻苦钻研的精神,完全能弥补基础不足,在双语学习上赶上乃至超过城市学生。[①]

[①] 参见魏琴:《高校双语教学管理中学生的性质与类型》,《贵州民族学院学报》(哲学社会科学版) 2011 年第 3 期。

5．不同性别学生的双语学习动机不同

学生性别差异会影响双语教学效果。男生大脑右半球发达，对英语学习兴趣不大，有畏难情绪和厌倦心理，英语口语表达能力不强。但对专业学习的兴趣浓厚、知识较为渊博，阅读领域较为宽泛。教师可以通过增加一些对学生阅读量进行检验的竞赛活动，培养男生对英语的兴趣，从而增强他们用英语学习的内驱力，提高双语教学的学习效果。女生大脑左半球发达，语言思维有优势。女生在以英语为教学语言的学习中，感知力、注意力、思维力等能力突出。但女生自信力较低，对失败的恐惧心理较强。因此，必须考虑到学生性别差异，注意双语教学中的因材施教。

综上，地方高校开展双语教学的学生资源明显不及国家重点大学。这就提供了一种政策导向，并不是全部学校都有必要开展双语教学，并不是全部学生都能接受双语教学。双语教学的学生资源存在着较大差异，要因地制宜、因人而异地开展双语教学，绝对不能不计成本趋之若鹜地实施双语教学。

二、学生双语学习能力评价

（一）学生英语能力的现实困境

在实施双语教学之前，对学生的双语学习能力进行评价是至关重要的。如果学生不具备接受双语教学的能力，靠行政命令强行推行双语教学也将难以取得良好的教学效果。20世纪90年代，我国香港中学生双语教学实践就是一个颇为典型的案例。由于学生英语运用能力有限，香港绝大多数中学生在接受双语教学时，将过多的注意力放在英语形式上，是一种语言学习，因而学生难以面对复杂的学科知识，根本无法系统掌握学科知识，使得香港非语言类学科的教学质量受到了教学语言的消极影响，专业知识传授质量因双语教学而有所降低。这种事实表明，如果用两种语言同时给出相同或类似的信息，学生倾向选择听得懂的母语学习，而排斥听不懂的第二语言。① 这种规律性的行为以及香港中学双语教学的经验教训也是内地高校双语教学的前车之鉴，值得教育界深思。

我国学生学习英语的动机更多表现为工具理性。中学生学习英语是为了在高考中取得好的分数，考入一所名牌大学；大学生学习英语是为了通过英语等级考试，或考取研究生，或出国留学。由于工具理性的驱使，再加上我国长期以来应试教育的推动，造成学生英语应试能力较强，语言运用能力较差的尴尬局面。遗憾的是，我国大学继续延续了中学阶段应试教育的行为，特别是在大学英语教学中得以淋漓尽致地体现，英语等级考试成为大学英语教学的一根指挥棒，师生兴趣中心都是围绕着英语等级考试。可悲的是，尽管绝大多数学生能通过英语等级考试，但英语实际运用能力却十分有限，具体表现为运用英语从事专业课程学习的能力较差。大学生对专业英文文献的检索、阅读、翻译的能力较弱，原因在于学生的英文专业词汇较少。因为大学英语教学是以基础英语为主导的，对专业英语词汇涉及较少，学生不能学习和掌握更多的专业英文词汇。没有专业英文词汇基础，再加上对专业英文写作原则和修辞技巧缺乏了解，大多数学生不能用英文完成专业课程作业或写出专业论文摘要、实验报告等规范的专业文件。至于学生的英语听说能力，问题则更为严重。多数学生不能用英语听懂专业学术报告，进行专业交流发言，以及与国外同行进行专业切磋讨论。这种英语能力出现在双语教学课堂，情形可想而知。双语教学必然要涉及大量陌生的专业词汇，而且不遵循常规的拼写规律，学生朗读、理解和记忆都较为困难。② 如果教师要求学生用英语提出专业问题、回答问题和进行课堂讨论，那又会出现怎样的情景呢？冷场，或专业教学目标难以实现，或挫伤学生的自尊心和自信心，并加重了学生学习负担呢？综上，不评价学生双语学习能力，双语教学就存在较大的盲目性。

---

① Fillmore, L.M., *Language Learning through Bilingual Instruction*, Berkeley: University of California, 1980.
② 参见顾维萍、谢瑜、胡滨：《英语教学与医学课双语教学的衔接问题研究》，《首都医科大学学报》（社会科学版增刊）2009年。

（二）学生英语能力与态度的年级差异

评价双语学生资源不能不考虑学生年级的差异性。本科一年级学生的英文词汇量较少，专业英文词汇量更是无从谈起。如果选择他们作为双语教学对象，教学语言一定存在着较大的障碍，教师很可能要在专业课上使用大量的时间以解释语言难点，将专业课程变成英语课程，使课程教学目标本末倒置。如前所述，本科一年级学生对未来发展目标缺乏明确的认知，心理状态也不是十分稳定，他们甚至缺少对本专业的认同或认知（一些学生积极谋求转专业就是例证），又怎能适应双语教学呢？

本科二年级学生是处于大学公共英语教学的关键阶段，基础英语是专业英语和全英语教学的先修课程，先修课程没有完成学习，贸然进行专业课程双语教学，会导致基础英语和专业英语之间的衔接问题。更何况本科二年级学生尚未开设专业英语课程，没有英语专业词汇基础。这时，绝大多数学生正积极准备英语四级考试，心理状态也不适合双语教学。相当一部分学生辅修了第二专业，表明他们有求知欲望和对未来竞争的不确定感。本科四年级学生的英语能力应当是处于大学阶段的顶峰，很多学生为了报考研究生或出国深造，英语学习从未中断。但是，这时学生的心理压力和状态根本不适合开展双语教学。[①]

我国大学基础英语教学为期两年，在本科三年级，绝大部分学生已通过大学英语四级考试，学生普遍具备了较好的英语基础。一些高校在本科三年级开设了专业英语，将学生的基础英语学习转变为专业英语学习，学生接触了大量的专业英文词汇。专业英语是大学基础英语到双语教学过渡的桥梁，对专业词汇量的扩大、英文科技文献的阅读与翻译、英文摘要的写作等有着不可替代的作用。本科三年级学生在完成专业英语学习后，再进入双语课程的学习，语言障碍会明显减少。在学习专业知识的同时，学生也延续了英语学习，这基本符合大学英语学习四年不间断的指导思想。[②]

[①] 参见黄安余：《双语教学理论与实践研究》，上海人民出版社2011年版，第204页。
[②] 参见田致、田野、陈甡、徐丽英、杨玉菊：《高等学校开展双语教学的思考》，《北京大学学报》（哲学社会科学版）2007年第5期。

（三）学生双语学习能力评价要素

从世界范围看，双语教学对象可以分为四类，即出生在双语家庭的学生；少数民族或移民家庭学生；以两种语言为官方语言国家的学生；母语占绝对统治地位国家的学生。我国双语教学肯定是第四种类型，也是实施双语教学效果最差和难度较大的一种类型。[1]我国学生英语能力与双语教学实际效果之间存在着紧密的关联，学生英语水平越高，他们在双语教学中所受情感因素影响越小，他们在英语水平提高和专业知识掌握上收效越大；反之，学生英语水平越低，他们的心理压力就越大，双语学习的收效就越小。[2]"只有学习者的语言水平达到足够熟练的程度，才能把主要注意力放在学科知识的学习上，也才能达到双语教学的真正目的。"否则只能适得其反、得不偿失。[3]有鉴于此，必须对学生双语学习能力进行评价，评价的要素构成主要包括学生的英语词汇量（特别是专业英语词汇量）、听力与口语表达能力、阅读理解能力、写作翻译等书面表达能力。

专业英文词汇与学科知识的掌握之间存在着显著的相关性，学生专业英语水平的高低能显著影响他们在双语教学中对学科知识的获得。由于专业英语中有大量的专业词汇和一些特定的表达方式，学生不熟悉这些表达法，造成学生课堂上的听力困难和表达困难。大多数学生对于全英语的专业课程教学只能听懂授课内容，不能用英语自由提出问题、回答问题和进行课堂讨论。因为学生专业词汇的辨认及提取时间过长，以至于他们在提问和讨论时反应速度缓慢。双语教学是英语学习的高层次英语思维和逻辑的体现。在双语教学课堂上，学生根本不可能同时使用母语和英语进行思维，更不能在两种语言间进行自由切换。[4]如果专业英文词汇滞后造成了思维障碍，必然会影响双语教学质量。可见，我国双语教学学生准入机制

---

[1] 参见王文燕：《新加坡双语教育对我国高职教学的启示》，《求实》2004年第6期。
[2] 参见冯发明：《学生外语水平与双语教学实际效果关联性实证研究》，《长江大学学报》（社会科学版）2008年第3期。
[3] 参见刘庆龄：《高校双语教学相关问题研究》，《市场周刊》2009年第5期。
[4] 参见陈敏：《应用型本科院校国贸专业双语教学困境及对策》，《职教研究》2011年第2期。

的构建,既要考虑学生的基础英语水平,又要重视学生的专业英语水平,特别是学生对专业英语词汇的认知和掌握。①

听力与口语表达能力,是指学生能听懂日常英语谈话和一般性题材讲座,能基本听懂英语国家慢速英语节目,能掌握要点。能运用基本的听力技巧帮助理解。学生能就日常话题和英语国家的人士进行交谈,能就所熟悉的话题经准备后作简短发言,表达比较清楚,语音和语调基本正确,能在交谈中使用基本的会话策略。阅读理解能力,是指学生能基本读懂国内英文报刊,掌握中心意思,理解主要事实和有关细节。能读懂工作、生活中常见的应用文体的材料。②书面表达能力,是指学生用英语记笔记、写日记,就某一题材的文章写出英文摘要,总结主体思想,能描述个人经历、事件、观感、情感等。学生要能用英语完成作业或写出论文摘要、实验报告等规范的专业文件。③学生译文基本流畅,能在翻译时使用适当的翻译技巧。

第四节 双语教学管理资源评价

一、双语教学管理的内涵

双语教学管理,是指适应双语教学的特色和要求,用英语或双语进行的具有人性化、科学化、信息化和国际化的教学管理。对双语教学进行教学管理的目的在于规范教学环节和提高教学质量。通常而论,目前我国高校双语教学管理主要涵盖以下内容。

第一,双语教学标准和双语教学覆盖面的管理。双语教学标准不同于

---

① 参见李霞、叶大鹏、孙蓝:《我国高校双语教学学生准入机制再探讨——中国科大软件需求工程双语课个案研究报告》,《教育与现代化》2009年第2期。
② 参见霍颜艳:《大学生英语综合应用能力培养探讨》,《中国电力教育》2011年第34期。
③ 参见刘道影:《大学英语教学与双语教学的衔接研究》,《西北医学教育》2011年第6期。

普通课程的教学标准，其教学目标与要求显然不同，因而对双语教学管理必须要与其他课程的管理加以严格区分，实行分类管理。高校教学管理部门以及各院系要专门为双语教学制定出符合其特性的相应标准，并确保这些标准在每个教学环节中可以贯彻执行，从而确保双语教学目标的实现和双语教学质量的提高。如果高校双语教学管理部门不能提出明确的双语教学标准，教学管理可能会无的放矢，并可能会陷入混乱状态，因为没有明确标准管理就无从谈起。

与双语教学标准相关的问题是，依据标准确定双语教学覆盖面：一是学校的覆盖面。政府教育行政主管部门主导，以对有关双语教学资源评价为依据，确定有资质开设双语课程的学校。二是双语教师的覆盖面。学校依据一定的资质标准，按照规定的程序对双语教师进行公开选拔。三是双语学生的覆盖面。根据一定评价标准，挑选适合接受双语教学的学生。四是双语课程的覆盖面，就是双语教学课程在总课程中比例。提升双语教学的课程比例不能盲目、片面地追求量的提高，而忽视了质的保障，要将提高双语课程比例与保证课程质量有机地结合。对此，教育部已有明确的指导思想和原则。但是，具体到各高校和院系，情况会有较大变化，主要的变量因素是师资力量不同。开展双语教学要根据各院系课程和师资的现实条件，确定不同的双语教学目标定位，给予不同力度的支持，或将某个教学环节达不到教学标准和要求的课程不作为双语教学课程。在保障双语教学课程质量的基础上，循序渐进地推进双语教学，不要单纯地为一些指标所局限。

第二，双语教学质量管理（教学质量评价指标体系）。双语教学是一种全新的教学方式，高校教学管理部门要加强教学质量管理，研究制定出专门的双语教学质量评价指标体系，以推动双语教学向纵深发展。目前，我国高校普遍缺乏双语教学质量评价指标体系，以及没有将双语教学评价规范化和制度化，甚至根本没有严格的教学质量评价，只是能开出课程并基本运转，最后简单考核了事。这种双语教学的质量是令人担忧的。这一管理关键在于：一是要有完善科学的质量评价指标；二是要建立专业评价机构和一支过硬的评价专家队伍。高校双语教学评价专家队伍与普通学科评价专家既可以重合，又必须分立。因为教学评价有许多共性，又要突出双语教学的个性。这支队伍的组成人员应该具有先进的教学理念，具有国外学习和从事研究的经历，专业知识丰富，科研能力及语言交流能力较强，懂得教学管理的规律。三是要将双语教学评价规范化和制度化，将指标体系内容贯穿于整个双语教学评价的过程之中。

第三，双语师资选拔、淘汰与培训管理。双语教学对师资的要求相当高，师资质量高是双语教学成功的关键。有鉴于此，高校双语教学管理必须加强对双语师资的管理，表现为对师资的选拔、淘汰与培训。在师资选拔上，要有统一严格的选拔标准和选拔制度，并将这些选拔标准告知教师，真正实现以制度选人，而不是以人选人。也就是说，要用严格的制度把好双语师资准入的门槛，杜绝那些资质平平的教师从事双语教学活动，以免误人子弟。双语教师身份并非一成不变，要实行动态的岗位管理机制，而非身份管理制度。已被教学实践证明不能胜任双语教学的教师必须要被清理出双语师资队伍，以维护双语教学的声誉。对于在任双语教师要定期进行培训。

第四，双语教学改革管理。任何教学活动都要适应时代和环境的变化，没有一成不变的教学模式、教学方法和教学内容。只有顺应环境的变化，不断开展教学研究与教学改革，双语教学才能富有生命力。高校双语教学管理重要内涵之一就是双语教学改革管理。首先，高校要积极倡导并支持教师从事双语教学方法改革，以增强双语教学的互动性与有效性。[1]其次，高校应设置一些双语教学改革与发展的研究项目，鼓励双语师资申报和研究。再次，将改革成功的范例予以推广，供大家学习借鉴。综上，高校教学管理部门要对上述几个主要方面展开管理与监督，从而确保双语教学质量与有效性。要持之以恒，逐步形成一种双语教学管理模式和管理文化。

综上，在双语教学管理过程中，管理部门应当注意加强双语教学的目标管理，将双语教学列入年度教育目标责任考核体系，健全双语教学的信息管理网络系统，开展教学研究，建立多种类型的课堂教学模式，从课程教材到教学评价，为从事双语教学的教师提供指导和交流平台。

---

[1] 参见李华玉：《高校双语教学管理模式之研究》，华南理工大学硕士论文，2010年。

二、政府对双语教学管理

从发达国家双语教学的实践看，政府对双语教学管理既是十分重要的，又是必不可少的。这种管理贯穿于整个双语教学过程之中，表现为政府对双语教学宏观层面的管理，而不是干预具体的双语教学事务。例如，政府根据社会经济文化发展的方向调控双语教学，优化制度环境；政府从宏观上把握双语学校的准入资格，避免学校的重复建设和资源浪费；政府教育行政主管部门对双语学校的运作过程、办学标准、办学质量给予宏观指导、监督和定期评价等。我国政府对双语教学的管理尚不完善，甚至出现政府职能缺位的现象。笔者认为，政府对双语教学管理评价的指标主要体现在以下几个方面。

（一）政府对双语教学制度建设是否完善与到位

评价这一问题并不困难，只要考察我国政府有没有双语教学立法或部门法规，以及相关双语教学政策的完善程度即可。例如，双语学校资格准入管理，只有政府部门才有权威和能力管理学校的准入和退出，其他任何部门和组织没有资格涉及这一问题。我国双语学校要获得良好的发展环境，就必须要有国家层面的法律和政策保护，只有如此，才能保护合格双语学校的可持续发展，有效杜绝不合格双语学校的出现，以免浪费教育资源和误人子弟。在评价时，要看政府是否制定政策规范双语学校的准入和退出。事实上，我国国家层面的制度建设是缺位的，只有东部沿海城市的教育主管部门进行了双语教学制度建设，主要是出于本地区经济持续发展的考虑。这些地方双语教学制度对双语学校和双语教学的规范化发展产生了积极作用。如果没有立法或部门法规，双语教学的制度环境较差。

（二）政府教育主管部门是否成立双语管理机构

双语教学有其教学质量标准、师资资质标准、课程选拔标准、教学研究与改革标准等诸多不同于普通教学的标准和要求，因而政府教育行政主管部门必须要成立双语教学领导小组或工作小组，明确直接的分管领导和具体的处室职能,以履行政府的管理职能。各地方政府教育行政主管部门应加强机构建设,完善管理体制,建立相应的双语教学管理机构,使之成为双语教学领导核心和工作常设机构。从领导配备上看,各省、自治区、直辖市或计划单列市,应成立由教育委员会主任担任组长、副主任和教师进修学院或师范大学副校长担任副组长的双语教学领导小组;各地级市应成立由教育局局长为组长、副局长和教师进修学院副院长为副组长的双语教学领导小组。① 我国一些省、自治区已率先成立了双语教学领导机构。2002年初,辽宁省双语教学领导小组成立,省教育委员会主任担任组长,副主任、省基础教育教研培训中心主任担任副组长。

除了建立较为完善的双语教学管理机构之外,机构内部组织协调必须得当。从现实情况看,有些教育行政主管部门与双语教学研究中心和教研部门协调沟通不够,导致双语教学研究中心和教研部门不能参与双语教学管理的局面。这种情形已造成一些双语教学研究中心和教研部门对双语教学管理缺乏主动性,不愿主动向教育行政主管部门汇报情况。事实上,教育行政主管部门应负责双语教学的组织、协调、政策把握和行政管理,双语教学研究中心和教研部门负责研究与业务指导、教师培训和日常业务管理,双方要通力合作。②

(三)政府部门是否给双语学校适当的财政拨款

双语学校的发展不只是学校自身的事务,也是地方教育乃至整个国民教育发展的有机组成部分,制约或促进一国教育发展的整体水平。先发国家的双语学校无不得到政府的专门财政拨款。特别是美国政府对双语学校的拨款不仅数量大,而且用途十分明确,规定款项只能用于双语学校购置教学设备、双语教学研究、双语师资培训等项目,旨在支持双语学校的建设和发展。我国双语学校的资源颇为有限,更加需要政府给予财政投入。这些经费可以用于双语课程建设、双语教学研究、外籍教师聘用、本国教

---

① 参见赵慧:《双语教学纵横谈》,天津教育出版社2006年版,第216页。
② 周朝华:《探索中的辽宁双语教学》,见王斌华主编:《双语教学的回眸与前瞻——国际视野 本土实验》,上海教育出版社2008年版,第190—191页。

师培训、教材教参开发、教学设备及配套资源建设、师生积极性的激励等方面。目前，我国国家层面没有投向双语学校的大额财政拨款，只有相关的政府部门对双语教学课程的单项资助。例如，《教育部、财政部关于批准2007年度双语教学示范课程建设项目的通知》中明确规定对国家双语教学示范课程建设项目每门课程资助经费10万元，并要求有关高校应为双语教学示范课程提供配套经费，重点做好双语师资的培养，资金管理按《高等学校本科教学质量与教学改革工程专项资金管理暂行办法》执行。但是，这种财政资助力度是远远不够的，更没有形成制度化的财政拨款机制，双语学校根本没有资金来源的可靠保障与预期。事实上，我国双语学校目前投资主要限于学校筹资和地方拨款。在得不到政府大额财政拨款的情况下，双语学校也只能依靠自身多渠道的筹集资金，改善教学环境和提高教学质量。①

（四）政府教育主管部门是否加强双语监督评估

政府教育行政主管部门可以委托双语教学领导小组或双语教学研究中心开展双语教学质量等方面监督与评估。这是体现政府管理职能的行为，也是重要的评价指标之一。如果没有这一层面的政府行为，基本上能认定政府管理行为不规范。监督与评估的内容侧重于宏观层面，主要包括学校确定开展双语教学的专业是否符合该校的优势；双语教学课程设置及内容是否经过了市场需求调研，定位是否符合社会经济发展的实际状况和趋势；该校师资是否能满足有效完成教学内容的要求；是否建立了双语教学师资开发和使用的激励机制；是否建立了社会经济需求与双语教学主体之间顺畅的经常性沟通机制。应从考察学校运用市场经济思维开展双语教学的情况为着眼点，主要检查评估高校在开展双语教学中为适应、满足和开发社会需求而自主发展的意识、机制和效果。②

---

① 参见王春艳：《基础教育阶段新型双语学校的管理研究》，广西师范大学硕士论文，2004年。

② 参见赵海燕：《论中国国情下高校双语教学的基本特点》，《黑龙江高教研究》2008年第10期。

三、学校对双语教学管理

相对于政府双语教学管理而言，学校双语教学管理主要体现在微观层面，因为学校是双语教学的实施者，要从具体问题对双语教学展开管理。因此，评价学校双语教学管理水平的指标同样更加具体，主要由以下几个方面所构成。

（一）学校双语教学管理目标是否明确

衡量一个学校双语教学管理水平的重要指标之一就是，管理目标是否明确。如果没有明确的管理目标，管理就有可能处于一种无序状态。如前所述，双语教学管理内涵主要包括双语教学标准和覆盖面、双语教学质量管理、双语师资选拔、双语教学改革管理等。可以通过很多具体的目标支撑这些内涵，也就是学校双语教学管理的主要指向。它们是：学校双语教学发展的长远规划；双语教学专业和双语课程的选择标准，以及开设双语课程的数量、课程标准与课时数量；明确的双语教学质量目标，诸如英语语言目标、专业知识目标、英语思维目标、跨文化沟通目标；建立提升双语教学质量与发展的研究机构，诸如研究双语教学方法与改革、双语教学理论与现实课题立项研究、双语教材与教参的编撰；保障双语教学可持续发展的师资队伍建设，诸如双语师资选拔、培训、奖励和退出；保障双语教学顺利开展的设施设备基础；构建促进双语教学发展的校园文化氛围。确立了明确的管理目标，管理就会有的放矢。评价管理有效性和管理水平，是通过监测和评估这些目标的实现程度。如果绝大部分目标都未能达成，那么这种双语教学管理是无效的。

（二）学校双语教学管理机构是否完善

双语教学管理目标确立后，机构就是落实这些管理目标的有效保证。如果没有一个有效的机构及其运行，管理目标也将落空。学校要设置双语教学领导小组，由校长担任组长、分管教学的副校长担任副组长，负责双语教学的规划、筹备、实施与评价工作。在这个领导小组之下，主要包括由教务处和相关二级学院所组成的领导系统和执行系统两大部分。领导系统，是指由分管教学的副校长和教务处处长等所组成的有较高权威领导机构。其主要任务是确定学校双语教学质量管理目标、双语教学质量标准，协调学校内部各种双语教学质量管理环节的关系，制定有关双语教学活动的政策和措施，总结学校有关双语教学管理活动的经验和理论，建立规范化、科学化的双语教学质量管理的运行机制。领导、组织校内重大双语教学质量活动，检查监督各级组织贯彻执行学校质量政策的情况。教务处和相关二级学院还与双语教学管理人员、督导人员等组成双语教学质量保障体系的执行系统，落实和执行学校制定的各项质量政策，检查和督导双语教学质量。①

（三）学校双语教学物质保障是否到位

无论是通过政府财政、学校自筹、社会捐赠等何种途径获取资金，双语教学都要有大量的经费保障，这些经费将转化为学校双语教学的各种物质保障。它们主要体现在以下三个方面：一是双语学校建设和教学硬件设施。出于开展双语教学的需要，学校校舍的扩建和教学设备的更新换代，诸如教学大楼建设、双语语音室、双语图书阅览室、双语广播站、双语闭路电视、双语网站、双语活动角，以及双语标志牌、双语板报、双语宣传橱窗等，使学生时刻都置身于浓厚的双语文化环境之中。② 二是足够的经费保障双语活动的开展。这些活动主要是学校有计划开展的双语活动，诸如各种双语仪式、双语文体竞赛、双语科技活动、双语节、双语郊游、与外国学生交笔友等活动。通过多种形式的双语活动，使学生有足够的机会将双语教学成果运用于实践，以增强他们的自信心。学校要将这些活动经费列入年度教学预算之中。三是奖励双语教学师生的各种奖励经费。如果双语教师取得突出的教学业绩，学校要给予必要的奖励；如果双语学生取

---

① 参见赵小晶、章丽萍：《普通高校双语教学质量保障体系探讨》，《吉林省教育学院学报》2011年第5期。

② 参见姜宏德：《"浸润式"双语教学模式的建构与实践》，《教育发展研究》2004年第6期。

得了良好的学习业绩,学校同样要给予一定的奖励,以鼓励师生在未来双语教学中有更好的表现。

(四)学校双语教学督导是否持之以恒

学校双语教学督导是否持之以恒,应当成为学校双语教学管理规范化和管理质量的评价指标之一。即使有了明确的双语教学管理目标、完善的管理机构和强大的财力支撑,如果没有将双语教学的日常督导工作常态化,这种管理也是低效的。学校日常双语教学督导的主要对象是双语师生和学校管理者。对于双语教师而言,主要是督导他们教学的规范化程度和教学质量。督导方式可以是同行教师听课、向双语学生问卷调查反馈。督导的观察点是各种教学要件是否完备,授课的英语言表达是否标准流利,专业知识传授是否系统完整,学生是否听懂教师的讲授,以及课堂教学互动等。对于双语学生来说,主要督导他们双语学习参与过程的主动性与活动效果,教学最终目标的实现程度,以及他们对双语教学的满意度。对于学校管理者来说,主要是监督他们落实各项双语教学政策的程度,诸如双语教学经费是否被克扣或挪用、教材征订与提供、师资培训与奖励、教学改革立项数量、课程建设立项数量、课时费加倍支付等多方面,从中可以看出学校领导是否真正重视和保障双语教学。

第五节 双语教学社会资源评价

双语教学社会资源评价,主要是对双语教学所处的社会大环境进行评价,衡量这种社会宏观环境是否有利于双语教学的开展,以及它们对学校双语教学可能产生正面或负面的影响。双语教学的社会资源较为复杂,这里主要分析语言文化、社会政治、制度政策、家长合作等几个方面。笔者将我国双语教学的社会资源与主要双语教学国家进行比较,旨在使读者对我国双语教学的社会资源与环境有一个初步的了解,进而能清醒地看到我国双语教学所面临的困难与挑战。

一、双语教学社会宏观资源

(一) 社会民族构成与语言构成

我国是一个拥有 56 个民族的国家,其中汉族人口最多,占全国总人口的 92% 左右,其他 55 个民族总人口约占全国总人口的 8%,故被称为少数民族。在少数民族中,壮族人口最多,超过 1500 万;珞巴族人口不足 3000 人。长期以来,我国各民族相互交往,形成了大杂居、小聚居、交错居住的格局。汉族地区有少数民族聚居,少数民族地区有汉族居住。我国少数民族人口少,却分布广泛,主要分布在内蒙古、新疆、宁夏、广西、西藏、云南、贵州、四川、青海等省区。云南省有 52 个民族,是我国民族种类最多的省。

我国实行民族平等和民族团结政策,政府对全国各民族的现状、历史、语言文字进行多次普查。一个民族一种语言的比较多,有的民族说两种或两种以上的民族语言。我国少数民族语言的数目可能超过 80 种。在全部少数民族中,使用本民族文字的有 40 个。我国境内各民族语言主要分属汉藏语系、阿尔泰语系、南亚语系、南岛语系和印欧语系。汉、回、满通用汉文(满族曾用满语)。蒙古、藏、维吾尔、哈萨克、柯尔克孜、朝鲜、彝、傣、拉祜、景颇、锡伯等民族有其文字。

我国有丰富的宗教文化,主要有佛教、道教、伊斯兰教、天主教、基督教等。汉族信仰儒家思想、道教和佛教。近代以来,西学东渐,民众功利主义思想上升,我国传统文化与宗教受到冲击,部分民众信仰基督教、天主教等西方宗教,在回族聚居地区,以及与穆斯林通婚的情形下,也有汉族人信仰伊斯兰教。我国政府根据《中华人民共和国宪法》关于公民有宗教信仰自由的规定,制定了具体政策,尊重和保护少数民族的宗教信仰自由,保障少数民族公民一切正常的宗教活动。

我国民族构成与语言文化的上述特征决定了开展双语教学有两种基本类型:第一种类型是民族语言的双语教学。这种双语教学不是使用英语作为教学语言,而是使用我国境内的民族语言作为教学语言,诸如少数民族集聚地区学校使用汉语和民族语言进行教学,旨在使少数民族学生既能学好祖国的主流语言文字,又能保留少数民族语言文字。① 目前,我国这类双语教学师资资源相对充裕,因为我国民族处于一种杂居状态,并未形成泾渭分明的聚居地,从而为双语师资供给提供了充足的来源;同时,民族杂居也为民族语言学习提供有利的社会环境。特别是十多年来内地兴办的新疆班,更加促进了这种双语教学的发展。

第二种类型是用英语作为教学语言的双语教学。这与其他诸国推行的双语教学是基本相同的。不同之处在于,其他诸国推行双语教学是出于缓和民族矛盾与民族冲突、稳定国内政局的考虑,而我国双语教学的初衷根本不在于此,没有多元文化融合与冲突、民族矛盾与政局稳定问题。我国推行双语教学是通过使用英语作为教学语言,开展专业课程教学,使学生具备熟练运用英语的基本能力,使其英语和母语能得以协调发展,培养大量的双语劳动者,弥补长期以来英语教学的低效率,满足国家、地方和学生未来发展的需要。由于英语是一种境外异族的语言,我国双语教学将长期处于高素质师资资源短缺的困难境地,因为英语水平高、精通专业的优质师资少之又少,外籍教师中真正精通汉语的教师较少,师资供给来源成为难题;同时,参与英语汉语双语教学的学生,其英语学习的社会环境不佳,更谈不上英语习得。当然,近年来兴起的留学热潮可能在相当程度上有利于双语教学。

(二)社会政治环境与政局稳定

从世界范围看,加拿大选择双语教学,主要是从国家的政治环境与政局稳定出发,旨在增强民族团结和确保国内政局稳定。在很大程度上讲,就是防止魁北克省民族分离倾向和民族主义运动的加剧,是顺应民意的必然选择。美国也是出于缓和民族矛盾和提升国家综合竞争力的考虑,逐步重视双语教学。

20世纪50年代,美国迎来了新的移民热潮,各种移民的语言、文化

---

① 参见黄安余:《双语教学理论与实践研究》,上海人民出版社2011年版,第7—8页。

和种族都存在较大差异，这使得美国人口结构和文化构成更加多元化。20世纪末，少数民族学生比例增加至近四成。美国曾对移民学生的教育置之不理，致使移民子女处于孤立无援之境，学生没有机会接受双语教学，只能接受全英语教学，迫使一些移民学生因语言障碍不得不辍学。即使移民学生在学校就读，教学质量也相当差。如何才能使少数民族移民后裔尽快掌握英语，并迅速融入美国主流社会，成为美国社会各界所关注的焦点之一。[①] 美国双语教学兴起的背景与其国家战略密切相关。特别是美国在战后与苏联争夺世界霸权的冷战中，苏联一度取得了明显的竞争优势。美国舆论认为，美国学校对移民学生的教学质量更差，从而导致美国国民素质和科技水平落后于苏联。因此，美国政府要实施双语教学，提高移民后代的英语能力。

（三）国家双语教学制度与政策

双语教学先行国家普遍重视双语教学立法工作，从制度层面保障双语教学资源，以得力推进双语教学开展。20世纪60年代中后期，加拿大政府建立了两种官方语言和双元文化委员会，负责调查法语和英语教学成效。在特鲁多时代，加拿大通过了《官方语言法》，确定了英语、法语同为官方语言，在政府和社会中享有平等地位。政府提出国家公务员必须掌握英、法两种语言，熟练应用双语者享有进入政府就业优先权。作为强制性教育任务，学校实施双语教学的力度较大，已成为教师和家长的自觉行动，并从初始民间行为逐步上升为政府行为。20世纪80年代，政府将《加拿大人的权利和自由宪章》纳入加拿大宪法中，规定无论是英语，还是法语的少数族裔，只要学生达到一定数量，各省和地区就必须在辖区内为他们专门开设使用母语讲授的课程。随后，新版《多语制法》提出了建立双语社会构想，支持少数族裔社区发展。政府希望以此缓解与魁北克省的分歧与矛盾，推广法语并巩固法语语言文化，以便增进两大民族之间的相互包容，进而实现国家和平。

[①] 参见彭伟强：《美国浸入式教学实践及其启示》，《比较教育研究》2001年第8期。

与这些先发国家相比,我国双语教学的制度和政策资源显得十分单薄,没有一部国家层面的双语教学立法或部门法规,更多的地方政策成为制度的主体,而且还是处于一种零散状态。这也正是我国学术界出现双语教学必要性争议的真正原因,因为根本没有立法和制度保障这一事业。官方的这种态度会影响民间对双语教学的重视和投入,制约了办学主体的资源获取依据与能力,也降低了民众对双语教学的认同度。这种双语教学制度资源的差距是显而易见的。因此,我国有必要加强双语教学制度建设。未来立法和政策的主要内容应涵盖以下几个方面:一是双语教学的重要性、目标与功能定位、对象与规模确定、科目与课时界定,以及双语教学在国民教育中的法律地位,明确双语教学对国家新一轮发展和综合竞争力的影响。通过双语教学立法,旨在确立其不可动摇的地位,甚至成为一种基本国策。二是各级政府教育主管部门推动双语教学的责任,特别是领导的重视程度和采取切实可行的措施推进双语教学,并使之成为教育主管部门领导考评的指标之一。通过这一法律条文,旨在确立中央政府和各级地方政府的责任,特别是财政分担和投入责任,以建立有效的双语教学的财政支撑制度,明确双语教学的财政款项占教育总投入的比例,并对具体拨款数额、分配方案予以条文化,以便确保专款专用或者各级地方政府与教育主管部门在教育投资方面给予政策性照顾。三是双语教学师资选拔、培训与淘汰制度。应当执行双语教学师资资格证书制度、规范的双语教师培训制度和淘汰制度。通过建立这一规范的职业资格制度,以确保师资质量并提高职业的吸引力。特别是给予优秀的双语教师在职称评定、工资待遇等方面特殊待遇,并将考评不合格的双语教师予以淘汰,以建立一种动态的管理机制。四是双语教学在升学考试中的逐步渗透,规定双语考试试题在部分学科(特别是自然科学)中的必须占有一定比例等。因为一旦形成教育立法和政策,教育主体就有能力寻求政府的有效支持。因此,进行双语教学立法是保障其长足发展的关键所在,我国应考虑尽快将双语教学从民间行为转变为政府行为和法律行为。①

---

① 参见黄安余:《国外双语教学立法与借鉴》,《中国教育科研》2008年第5期。

二、双语教学社会微观资源

(一)家长对双语教学的认同度

语言是满足交际需求,如果丧失这种需求,那么学习这种语言的动力会减少。语言能力的发展需要在交际应用中维持和提高,如果语言不在学生实际生活中应用,这种语言能力就难以维持与发展。由于缺乏接触,语言能力逐步丧失。语言流失的内因是态度、动机和认同感;其外因是语言接触、教育和时间。我国英语是外语而非第二语言。第二语言和外语的学习环境和学习动力不同。从学生双语发展的角度看,学习英语的动机不同于母语或二语,母语学习过程是一个社会化过程,第二语言学习也有社会化的动机,学生学习第二语言目的是融入当地社会,然而,我国英语是外语教学,学生学习英语没有第二语言目的、动机和条件。英语学习低效是缺乏实际应用需求和社会化动机。[①] 既然没有这种社会化动机,学生家长自然就没有强烈要求开展双语教学的认同度。我国双语教学的社会基础不如加拿大,民间并没有开展双语教学的强烈需求和呼声,它是一种自上而下的政府行为。一些省市政府颁布双语教学政策,强制实施双语教学;国家出版机构出版了部分双语教材;国家出版了一些双语杂志和双语报纸;国立高校开设了本科和研究生双语教学课程。在所有这些行为中,研究者难以看到民间资本的有效加盟。

(二)家庭环境与双语学习关联

我国学生学习英语困难,原因在于:一是缺乏语言习得环境。母语无处不在,学生对母语产生依赖,而语言环境是语言习得的必要条件。我国主流语言是汉语,要进行以英语习得为主的双语教学,师生双方都感到困难。从语言学习角度看,缺乏社会和家庭的语言环境。在我国香港特别行

[①] 参见韦美璇:《双语视角下的大学英语教学目标和语言环境构建》,《肇庆学院学报》2011年第6期。

政区，具有两文三语的社会环境和家庭环境，加拿大英语和法语同时使用，新加坡英语、华语和马来语在社会和家庭中使用，在上述地区和国家英语是一种第二语言，社会和家庭中讲这种语言的人比比皆是。放学之后，学生在家中能与长辈进行语言交流。我国绝大部分学生只有在学校英语课堂才能得到训练英语的机会。不少学生学英语是花高价购买语言环境，利用周末及寒暑假长年补习英语。因为学生英语学习不是在社会、家庭环境中进行的，[①]这就造成了英语输入量不足。在课堂之外，学生与家人、同学、朋友交流使用母语。二是语言交际能力不足。由于不同语言、文化、思维方式，以及学生在英语学习中母语的负面影响，因而需要一个良好的语言学习环境。语言环境不仅表现为形式与内容的多元化，而且它往往是以一个完整状态呈现给学生，使他们更好地适应双语文化，学生在环境中学到可能比在课堂上所学到的更加实用。因此，语言环境教学既是课堂教学的基础与补充，又是课堂教学的提升。[②]

家庭环境的客观因素可以从以下几个方面考察：一是学生父母的年龄。一般而言，年轻父母更加倾向于使用第二语言，可能是追求新颖和时尚，母语使用频率比年长者低。二是学生父母的职业。高端职业的父母明显热衷于使用第二语言，特别是那些外资机构的高管和"白领"工作人员在职业活动中经常使用第二语言，而较少使用母语，自然而然养成了在家庭中使用第二语言的习惯。三是学生父母的学历。多数高学历的学生父母通常掌握了两种以上的语言，拥有较好的职业和收入，他们能够使用第二语言，即使没有在家庭中使用第二语言的习惯，也有能够辅导孩子学习第二语言。上述情形的共同特征是家庭具有目标语习得的良好环境。对于那些刚刚开始双语学习的学生来说，这种家庭语言环境促进了他们的双语学习。

家庭环境的主观因素是指父母对孩子学习双语的重视程度和支持力度，这是关系到学生双语学习成效的又一关键因素。如果父母对双语教学

---

① 参见崔淑丽、蔡满园：《"二语习得"与"双语教学"》，《中国成人教育》2008年第4期。

② 参见崔静：《社会环境与双语教学的相关性浅探》，《新疆社科论坛》2008年第6期。

十分重视，他们会鼓励孩子认真学习英语，并可能主动与学校联系，了解孩子在校双语学习的情况。有些经济实力雄厚的家庭会选择聘请外教辅导孩子，旨在改善家庭语言环境；或者将孩子送往一些暑期英语补习机构进行英语口语训练。为了能让孩子将来在一些外资机构就业，有些家长甚至将孩子送往国外进行短期交流或数年留学，力求增强他们的英语运用能力。由此可见，家长的主观意向与强力支持是目标语言成功学习和习得不可缺少的条件。

第五章 双语教学过程评价

双语教学过程评价,旨在评价课堂教学设计的合理性与师生行为表现,是以形成性评价理论为分析工具。首先,双语课堂教学结构设计是否达到最优化,教学思路是否清晰,是否符合学生的认知过程,各个教学环节之间的衔接是否自然等。因为过程能否得到优化,各种资源能否被充分利用,各种主体能否积极参与并获得满足感,是双语教学成败与否的重要衡量标准。双语教学过程评价包括教学环节设计的完整性、教学的组织形式、英语使用量和流利程度、专业知识讲授的系统性、教学手段现代化程度、教学方法的合理使用等多方面。其次,师生行为表现。在双语教学过程中,教师是否充分发挥其主导作用,师生间交流的有效程度,教学过程是否体现了学生的主体地位。[①] 师生间交流互动,是双语教学过程的本质属性。这要求师生是教学过程的共同主体,教学不仅仅是教师主讲,还要实现与学生有效交流。

---

① 参见禹晓成:《双语教学的评价》,《文史资料》2007年第2期。

第一节 双语教学环节的设计

任何教学活动都要重视各个教学环节的设计、监管与评价。这些教学环节包括备课、授课、作业布置与批改、课外辅导、学业成绩检查与评定。双语教学评价当然要重视对这些基本教学环节的有效考查与评价，以便确保其有效性。因为双语教学既有普通教学的共性，又会在教学过程中体现出个性特征。

一、双语教学备课与授课

（一）双语教学的备课环节

任何教学活动都是始于备课，这是确保授课质量的前提和基础。如果没有备课或者备课质量不高，将会直接影响授课质量。特别是双语教学就更加如此，因为双语教学使用英语作为教学语言传授专业知识，其难度远远超过使用母语教学。因而双语教学的备课环节就显得格外重要，备课不仅要涉及教学内容，如专业知识的讲授和英语语言的表达，而且备课还要涉及到教学对象，特别要考虑到教学对象的英语听力和表达能力。

首先，精心选择与准备双语教学内容。双语教师要对即将授课的专业内容有一个精深的研究，十分娴熟地掌握专业知识，准确把握专业教学内容与教学要求。在备课时，教师要熟悉教材和教学参考资料，精准把握教学中的重点与难点内容，结合实际课时数量制订出学期授课计划、章节授课计划和课堂授课计划，力求统揽教学全局与合理规划。在此基础上，教师要专心研究教法，正确处理教材与授课的关系，设计科学有效的教学活动和教学内容，实现有效教学。教师要充分合理地使用现代化多媒体技术，突破教学重点与难点，激发学生学习兴趣，拓宽学生视野，训练学生英语思维能力。教学课件力求实现观点式呈现、线索式呈现、表格式呈现、图解式呈现、提纲式呈现等,或者将几种范式相结合。特别是自然科学课程,教师撰写教案必须要注明上课所需教具和实验器材等。对双语教师而言,语言素材的精选恐怕是十分关键而又颇费思虑的问题。与母语课程教学不同,使用英语作为教学语言,备课难度肯定要大大增加。有些双语教师甚至将要讲授的专业内容翻译成英语,课前朗读或背熟之后再开始上课,语言的再生能力非常弱。如果英语水平高的学生用英语提出问题,教师可能会无所适从,这样的教师实际上不具备双语教学能力。教师要通过阅读大量的英文文献资料,选择合适的内容与语言素材,提高自己的语言再生能力。有些教师甚至要预先演练授课,计算与把握课堂教学时间与授课内容的关系。因为双语教学并非教师能控制课堂进度并完成教学任务的,有时既要使用母语又要使用英语会直接降低课堂效率,影响专业课程的教学进度,这是教师在备课时必须考虑并力求解决的问题。教学管理部门评价双语教师备课质量可以检查其英文教案、课件、教学计划与进度表等教学文件。

其次,认真思考教学对象的实际情况,力求实现因材施教。任何教学活动都要考虑教学对象的知识储备与接受能力,不考虑教学对象的备课是盲目的备课。因为同样的教学内容面对不同的教学对象可能会产生截然不同的教学效果。使用母语进行教学需要考虑教学对象问题,双语教学就更加需要考虑教学对象问题。因为母语教学只有一个知识障碍问题,双语教学有两个障碍,即知识障碍和英语障碍。双语教师要充分了解学生的专业知识储备、学习态度和习惯、学习方法和兴趣、个性特点、英语听力和口语表达能力等。特别是学生的英语能力成为制约双语教学的最大瓶颈,也有可能成为学生专业学习的心理障碍。双语教学要提前了解学生的情况,力求达到因材施教,诸如学生的英语词汇量、听力水平、英语口语表达能力等。如果学生这些方面存在着明显的不足,教师必须要根据实际调整双语教学计划,实在不能达到双语教学要求,绝对不能强制推行。

(二)双语教学的授课环节

在双语教学开始之前,教师可以事先提供给学生一份尽可能完整的英文课程提纲,主要包括课程目标、课程教材、参考书目、预习知识、教学内容、教学进度、课程作业、考核方式、评分标准等。在课堂教学过程中，双语教师要使用流利标准的英语将专业内容的分析与讲解，重点和难点要用课件展示给学生，以帮助他们理解。课堂教学是否有效果，关键要看师生的互动程度。如果只有教师一个人讲解，没有学生的主动参与，双语教学的有效性可能不大。教师进行提问，是一种被动参与的方式，学生普遍反感这种方式，如果教师的英语不准或学生的听力不佳，就会浪费课堂时间。教师可以讲有关问题展示在课件上，将学生分成小组开展讨论，它有助于学生之间的互相启发和培养团队合作精神。当然，这种讨论是建立在学生对专业知识基本理解、而且英语表达又较为流畅的基础之上的，如果学生英语表达能力较差，这种讨论是难以开展的，教师也难以看出学生个体的表现。另一种课堂交流的形式就是学生自己拟定专业选题，然后在课堂发表演讲。这是一种专业知识和英语表达紧密结合的一种方式，是双语教学中课堂参与的良好形式。这种方式可以督促学生进行充分的课下准备，同时又尊重学生个人的题目选择。在课前，教师应该对学生演讲的题目和内容，以及学生原有的学习基础有所了解，以便在成绩评定时把握标准。这种学生积极参与教学的方式是欧美国家高等教育中普遍采取的方式。我国高校双语教学可以使用这种方式，有助于实现真正的与国际接轨。[①]

评价双语教师授课效率与有效性的一个重要观察点是，双语教师是否有拖堂行为。如果教师存在拖堂行为，表明双语课堂教学效率可能是低下的。因为教师不能用英语在规定时间内有效传授专业知识，可能是学生不能听懂授课，导致教师汉语英语穿插过多，这种穿插通常就是一种翻译，专业知识是重复的，信息量比较低。如果教师没有拖堂行为，基本上说明了双语课堂教学富有效率，学生能听懂英语授课。因此，教师在备课环节要精心设计，在授课环节要抓紧点滴时间，力求使课堂教学紧凑有序，避免拖堂行为的发生。如果经常出现拖堂现象，既可能造成该双语教师不能完成教学任务，需要增加课时数量，又会影响了其他课程教学并打乱正常教学秩序。

---

① 参见郑红：《论高等学校双语教学的课堂参与环节》，《华章》2012年第4期。

二、双语教学作业与辅导

（一）双语教学的作业环节

双语教学作业应当从广义范畴加以理解，既包括课后练习、阅读等巩固环节，又延伸至课前的预习、准备环节，两者是相辅相成的。从实际教学效果看，预习会提高听课效率和成效，使学生有能力更加高效率地完成课后作业，而课后作业完成好又会促进和提高下一次听课的效率，从而形成良性循环。因为这种学习行为都是在课堂之外完成的，因此将之定义为作业环节，以区别于授课环节。作业环节的重要性是不言而喻的，既能强化和巩固听课的内容，又是下次听课的准备活动，有利于提高听课的针对性和效率。特别是双语教学的课后作业就显得更加重要，学生通常要花费大量的时间消化和弥补听课内容的遗漏，同时又要为下次听课进行精心的准备，如预先阅读课文并消除生词和专业术语等语言障碍。这一点并不难理解，因为使用母语教学都要求学生课前预习课文，更何况使用英语作为教学语言的双语教学活动。

与普通的课程教学相同，教师在每次双语授课结束之后，都必须布置一些课外作业，要求学生按质按量地完成这些作业。作业的内容是十分广泛和多样的，并不完全是传统意义上的题海和解题技能。诸如，使用英文完成一定量的习题，以便进一步运用和巩固课堂教学的知识点，文科学生可以翻译一定数量的英文背景材料；朗读和背诵一定数量的生词和专业术语，这一点母语教学就基本不存在；利用现代教学手段延伸教学行为，要求学生登录网上课堂，可以在线与教师交流；教师推荐与本章节教学内容密切相关的英文参考文献供学生课外阅读，或者提供一些英文网站地址供学生课后查阅资料，使他们了解更多的背景知识或专业前沿动态，以弥补课堂讲授信息量的不足；要求文科学生课后深入社区了解社风民情，用英文撰写调研报告或教学案例。可见，课外作业可以采取形式多样的方式布置。但其共同点在于紧密联系授课内容，学以致用，理论学习与实际操作相结合，即学生在运用课堂知识的基础上，必须通过社会调查、查询资料、观察研究、实际操作行为等方法获取课程中所需要的部分资料，通过完成课外作业，既能巩固专业课程知识，又锻炼了学生与他人交流、与他人合作、获取信息等能力。① 特别是人文社会科学类课程的双语教学就更应当如此，因为人文社会科学不仅仅是死读书、读死书，更重要的是了解国外的社风民情和文化习俗，融入一种异域文化，提升跨文化理解与沟通能力，而不是单纯地储备知识或积累学问。

这种课外作业模式与传统教学有较大的区别，也对双语教师提出了更大的挑战。这就要求双语教师在布置课外作业之前，进行精心的作业设计，既要紧扣本次或本章节教学的知识点和理论原理，使学生通过课堂教学掌握重要的分析工具，又要突出运用性、现实性、创新性和学生的个性特征，更要克服语言障碍和文化差异来完成作业。有人可能会质疑，人文社会科学类课程的双语教学作业没有可能让学生深入社区，因为根本没有国外的社区环境和实践载体。当然，可以通过其他途径解决这一难题。例如，在学习国外历史课程时，双语教师当然不可能将学生派往他国，即使去了他国，也无法回到当时的历史情境之中，教师可以播放异国那一时期的电影，学生通过观看英语电影，既提高了英语听力和理解力，又能深刻理解他国的历史文化，而且这种学习方式显得轻松快乐，不会造成学生的厌学情绪。观看电影之后，双语教师要求学生使用英文撰写影评或体会，既学习了他国文化，又锤炼了学生的英文表达能力，实现了双语教学的目标。综上，如果没有上述这些课外作业，双语教学可能会流于形式。

评价双语教学的另一个重要环节就是课前预习环节。要确保课前预习的存在和实际效果，一方面要告知学生课前预习的重要性，培养学生课前预习的良好习惯；另一方面，双语教师要给予学生一定的指导，可以在授课结束之时告知学生下次授课的要点，要求他们课后预习，也可以通过网上课堂清晰地列出预习的要点和难点。双语教师还要将新的英语专业术语告知学生，要求学生事先背诵，以防止出现听课时的茫然。如果教师能在授课之前将本章节课程的整体设计、教学内容的重点、难点告知学生，使

---

① 参见马惜平、高玉峰：《高校双语教学探析》，《科技信息》2012 年第 1 期。

学生在预习时有的放矢,可能会产生更好的预习效果。教师还可以通过网上课堂开列与教学内容紧密相关的英文学习资料和参考书,以供学生预习之需。①

(二)双语教学的辅导环节

双语教学的作业和预习环节都离不开双语教师的课后辅导。课后辅导的基本形式有两种,即面对面的辅导和网络在线辅导。课后辅导的内容主要包括学习方法辅导和专业内容辅导两个板块。就学习方法辅导而论,教师可以针对不同的专业课程具体展开,因为文科和理科的学习方法可能有所不同,双语课程学习与普通课程学习方法不同,学习方法不能够整齐划一。对于文科课程而言,可能更加强调广泛阅读,只有这样才能扩大词汇量和阅读理解能力,并在阅读过程中增强对知识或理论的理解深度,用后面的书籍解释前面的书籍,自然而然地加深对专业知识的理解。如果只是局限于教科书的信息量,不可能深入学习一个专业领域,特别是对大学生来讲格外重要。除了阅读之外,文科就是要写作。母语教学重视写作能力培养,双语教学语言目标的实现更加离不开写作,可以说没有写作能力的提升,在很大程度上讲文科的教学就是失败的。文科学生要运用双语教学的成果展开跨文化的交流与传播活动,所有这些都离不开英文书面表达能力的提升。就学习内容而言,双语教师在课后辅导过程中一方面要解决学生不懂的问题,也就是解疑答惑;另一方面,教师要辅导学生学会跟踪社会发展的热点问题,学会运用专业理论分析社会热点问题,也可以用社会热点问题作为教学案例,加深对专业理论的理解。对多数文科专业学生来讲,脱离社会现实进行教学都是不可思议的。对理科学生来说,要密切关注科学发展的前沿问题和动态。当然,这也是普通课程教学辅导的重要内容,双语教学则更加强调专业术语表达的准确性,以及与国际同行的专业沟通能力。对双语教师辅导环节的评价可以通过技术手段加以监督,如网

---

① 参见陈玲敏:《高职院校双语教学的目标定位及教学模式探析》,《黑龙江教育学院学报》2012年第3期。

上课程交互的次数或回复的文字量等。

三、双语教学考核与评定

（一）不同考核与评定方式的利弊

双语教学的最后一个环节就是检查与评定教学成果。通常而论，考试是检查与评定教师教学效果和学生学习效果的有效手段之一。我国传统的考试内容是，着重考查学生对专业知识的记忆，一般采用闭卷考试形式。这种考试因为采用一份试卷作为最终的考核结果，往往不能客观、全面、准确地反映出学生的真实水平，而且其命题、评分标准答案有僵硬死板之嫌，而国外文科考核一般没有标准答案，甚至出现答案因人而异，教师同样给予正评价，只要能自圆其说。事实上，人文社会科学类课程设置了标准答案（而很多问题并不存在标准答案），分点评定细分，严重阻碍了学生创新思维能力，这种考试显然存在着一定的弊端。相比之下，开卷考试允许学生带参考书、笔记、资料等，考题一般较为灵活，难度有所加大，但命题不容易掌握分寸。开卷考试可以考查学生对知识的理解，并具有一定的灵活性，但在网络时代开卷考试的可行性同样会受到质疑。目前，我国高校的课程多、涉及面广，学生的考试负担较重，要求他们将很多门课程的知识点都熟记的确存在困难，从而造成学生学习行为的功利主义和实用主义导向，并对学生的学习方式产生了较大影响。因为不同的考试方式将导致学生采取不同的学习方式，闭卷考试使学生被动地接受知识，加以机械记忆；开卷考试使学生真正理解学习内容，把所学到的思想观点与自己以前的知识与经验相结合，融会贯通。我国传统的评价方法对学习过程考虑较少，着重评价学习的结果，这种评价对教学的导向作用是学生的机械式学习得到强化，而灵活式学习在一定程度上受到压抑，致使学生为应付考试而学习，最终丧失了求知兴趣。考试不仅表现为一种手段，而且要反映出学习过程中学生的进步情况。对于学生而言，可以在考试中根据某种导向调整自己原有的学习方式和思维方式；对于教师来说，一方面可以从学生的答题情况扩展自己的思路；另一方面依据考试反映出的问题不断调整、完善以后的教学。教师与学生的单向沟通转化为双向沟通，达到教学相长的效果，因此考核的过程应从重视学习结果的"终结性评价"向重视学习过程的"形成性评价"和"终结性评价"并重转变。①

（二）双语教学的多元化评定方式

双语教学课程考核应当采用多元化的评定方式，但必须全部使用英文答题。一元化的考核评定方式和评价标准不符合学生的实际情况，难以体现出学生的个性特征，所有学生回答问题的答案基本相同，一个教师教出来的学生思想观点完全一致，加上考试方式的种种局限性，往往忽略了对高层次认知能力的考评。因此，在双语考核评定方式上要采用多元化形式，除了闭卷考试之外，还可以通过平时作业、口试、研究报告、译作等形式进行双语课程评定与考核。

双语学生的学习过程与学习态度是十分重要的，其关键性评价指标之一就是完成平时作业的质量。双语教师应当建立一个完整的学生平时作业档案，以此作为课程评定的重要依据之一。在学习内容总结方面，新的章节结束之后，要求学生将本章节的知识结构体系用树图或目录的方式归纳总结出来。总结知识体系是非常有效的学习手段，学生从开始只是将专业术语进行总结，到最后将各知识点的关联性总结出来，对知识的掌握也有所加强。这种方式充分挖掘了学生学习的主观能动性，同时有效地避免了抄袭作业的现象。在作业题目的选取上，学生可以在章节后的作业题中自由选择，也可以在教师出题中选择，还可以自己拟定作业选题，这往往更加具有创新性。自由选择作业题既有效地扩大了学生的阅读面，又能促进学生对专业问题的分析深度。事实上，绝大多数学生倾向于选择富有挑战性的作业选题。教师可以根据学生作业内容的深度和卷面的整洁程度，以及提交作业的次数综合考虑评定成绩。毋庸置疑，多次作业肯定能反映出

---

① 参见阔永红、石光明：《双语教学考核方法的研究》，《电气电子教学学报》2007年第2期。

学生的学习质量与专业水平。

对于双语教学而言，口试是必须采用的考核评定方式之一。因为双语教学不同于母语教学，母语教学不存在着语言表达问题，绝大多数学生可以使用母语自由地表达自己的思想观点，而能否自由地使用英语表达自己的思想就是一个较大的问题，这直接关系到双语教学目标能否实现和教学行为的有效性。不采用口试的评定方式，评价者又如何得知学生的英语口语表达能力是否过关。口试可以采取随机抽取选题的办法进行，学生在抽取选题之后，在较短的时间内使用英语表达自己对于选题的认知，教师从中可以看出学生的知识面、逻辑思维能力、分析与推理能力、驾驭语言的技巧，以及学生的语音、语调和语速表达与流利程度等多方面的能力。这种考核体现了学生的个性特征，直观真实，不存在作弊问题；同时，取几位教师评定成绩的平均值也是科学和公平的。

20世纪90年代后期，我国教育界出现了一股研究性学习的热潮。笔者认为，研究性学习无论对于文科、理科学生来说都是有积极意义的学习方式。特别是在双语教学过程中，应当提倡研究性学习，因为这是一种独立自主的、探究式的学习。作为这种学习的最终成果，学生必须要提交一份研究报告。新学期伊始，双语教师可以将研究性学习任务布置给学生，使他们有所准备并在与课程有关的领域中自由选题。教师可以集中向学生传授选题技巧和注意事项、资料收集方法、整理资料与撰写研究报告的方法，并对基本的学术规范进行讲解。[1] 在此基础上，学生独立开展自己的学习和专业研究，并在学期结束时提交专业研究报告。这是考查学生研究能力、运用专业理论分析现实问题的能力，以及英文的书面表达能力的有效方式，其有效性可能远远超过一份所谓的标准化试卷。

对于人文社会科学的学生来说，译作考核是一种有效的考核方式。翻译并不完全是逐字逐句地文字转换，而是一个再创造与加工的过程。学生要完成一篇较好的译作，不但要精通英语语言，熟练地掌握这种语言的语

---

[1] 参见朱江淼、江捷：《双语教学课程的考核方式初探》，《中北大学学报》（社会科学版）2011年第2期。

法、句式、词汇等,而且还要精通英语语言所承载的特定文化。这正是实施双语教学的宗旨所在。因而,通过评价学生的译作,可以较好地看出双语教学的成果。这种考核当然应当是随机的,让学生随机抽取一个需要翻译的段落,包括英文翻译成中文和中文翻译成英文。考察学生的英文翻译成中文译作,要看译文是否准确、是否忠实于原文;表达是否通顺流畅、符合中文的表达习惯,甚至没有翻译的痕迹;文字是否简洁、优雅。考察学生的中文翻译成英文译作,要看译文是否是纯正地道的英文,有没有文法和表达错误。这是一种综合的、全方面的考核,其有效性和评价的准确性远远超过一份试卷,而且学生的考题完全不同,没有舞弊的可能性。综上,这几种双语教学考核与评定方式的共性在于,考察学生的学习能力,杜绝了死记硬背的学习方式。当然,双语教学评定方式也是不断变化与发展的,是一个值得长期研究的选题。

第二节 双语教学的组织形式

一、教学组织形式与分类

(一)教学组织形式概念与功能

教学组织形式,是按照教学思想、教学目的、教学内容以及教学主客观条件组织安排教学活动的方式,是师生共同活动在人员、程序、时空上的组合方式。① 教学组织形式是随着社会发展而不断更新的动态行为,曾

---

① 有学者提出,所谓教学组织形式,是如何组织教学活动,合理高效地控制和利用教学的时间和空间之问题。有学者认为,教学组织形式就是由既定的作息制度和规章制度规定的师生之间的相互作用。还有学者认为,任何教学活动都有空间形态和时间流程。对空间形态的建构要表现在教学活动的形式上,对时间流程的控制主要表现在对教学过程各个组成部分的安排排列上,它们在现实的教学活动中是不可分割的组成部分。只有把横向的和纵向的、空间的和时间的各种关系根据一定的需要加以科学地组织,教学才能取得较好的效果。

出现的教学组织形式主要有：个别教学、班级授课、导生制、分组教学、开放教学、协作教学、现场教学、复式教学等。

选择恰当的教学组织形式具有三方面功能：其一，教学组织形式影响教学效率、教学规模和教学质量。不同教学组织形式对教学效率、规模和质量产生不同的影响。与个别教学相比，班级授课对教学效率和教学规模的扩大是无可争辩的。美国进步教育运动，反对班级授课制，代之以活动教学、现场教学和分组教学，否定了系统的文化科学知识和技能传授，导致了教学质量明显下降。可见，选择教学组织形式，可以充分利用国家投入的教育资源，最大限度地提高学生的学习质量。其二，教学组织形式影响学生个性的发展。毋庸置疑，不同学科教学适合采用不同的教学组织形式来进行。例如，化学实验教学，可能更加适合采用小组教学的形式。双语教学也适合采用小班教学形式。教学过程是一个社会化的过程，是一个学生形成个性的过程。在此过程中，学生的个性和情感得到逐步发展。教学组织形式如果设计得好，师生交往、生生交往能得以正常维持，学生的个性健康发展才能成为可能。其三，教学组织形式影响教师教学方式。教师有机会选择不同的教学组织形式，可以根据教学内容机动地采用全班、小组等不同教学组织形式。这些变化都是在班级授课前提下的选择，这已在相当程度上影响了教师的教学方式和教学风格。值得注意的是，教师不能墨守成规，思想僵化，要敢于突破教条，灵活地运用并创新教学组织形式。

（二）我国主要的教学组织形式

我国教学组织形式主要有以下三种：第一，班级授课。它是按年龄或文化程度将学生编成有固定人数的班级，由教师按课程计划统一规定的内容和时数，并按课程表进行教学的教学组织形式。班级授课有全班上课、班内小组教学、班内个别教学以及复式教学。复式教学是把两个或两个以上年级的学生编成一个班，由一名教师使用不同教材，在同一节课内对各年级学生进行教学的组织形式。第二,个别化学习。①它是为满足每个学生的需要、兴趣和能力而设计的一种教学组织形式。因为学习是一种内部操作,必须由学生自己来完成。学生学习就是自己亲自去做,在课堂上,教师的任务是帮助、建议和指导,而学生才是学习的主体,因此,学生必须参与课堂活动并通过做这些活动来学习。②当学生按照自己的进度学习,积极主动完成学习任务,就能获得最大的学习成果。当前,个别化学习主要在远程教育中使用,并以网络为重要支撑。第三,分组教学。它是介于上述两种教学形式之间的一种教学组织形式。从分组依据看,有能力分组和作业分组。从分组范围看,分组教学包括内部分组和外部分组。前者是在按年龄编班的前提下,根据学生能力或学习成绩变化的情况,对学生进行分组,实行分组教学。后者是打破年龄编班,而按照学生的能力或学习成绩分组。

除了以上三种主要的教学组织形式之外,作为教学的辅助形式,个别教学和现场教学也受到重视。在班级授课的基础上,个别教学是教师针对不同学生的情况进行个别辅导的教学组织形式。个别教学弥补了班级授课的不足,其教学针对性强,促进个体的充分发展,并提高学生学习积极性和主动性。除了课堂教学之外,学校还让学生通过自然或社会实践获得必要的直接经验,促进理论与实践相结合,借以开阔眼界,培养独立工作能力。这种在自然和社会实践中进行教学的组织形式,就是现场教学。现场教学有利于学生获得直接经验,深刻理解理论知识,使教学丰富多彩,提高学生解决实际问题的能力。班级授课与个别教学、分组教学相结合,课

---

① 个别化学习种类繁多,其中影响较大者有:1.程序教学。1954年,心理学家斯金纳发表了《学习的科学与教学的艺术》,提出了程序教学,其主要原则是:教材分为小步子;学生对所学内容作积极反应;反应后有即刻反馈;尽量降低错误率;教学应自定步调。2.凯勒计划。它作为一种典型的个别化学习组织形式,产生于20世纪60年代,由美国心理学家依据行为主义学习原理首创。它是一种由学生自己掌握自己学习进度的教学组织形式。3.掌握学习。20世纪60年代末,布卢姆提出的一种带有个别化学习特征的教学组织形式和方法体系。他认为,绝大多数学生都能对所学课程达到掌握水平。学生的差异应视为学习速度快慢的差异,即学习时间多少的差异,只要给予足够的学习时间,几乎每个学生都能达到优良水平。

② Jordan R.R., *English for Academic Purposes*, Cambridge University Press, 1998.

堂教学与课外教学相结合，已成为目前发达国家教学组织形式的新特点。近年来，我国上海、江苏、浙江等地进行了"分层递进教学"，适应了学生个别差异，是教学组织形式的新探索。

二、双语教学的组织形式

（一）不同双语教学组织形式的利弊

一般来说，双语课程更加适合小班化教学。小班教学的明显优势在于：其一，师生关系更加融洽与和谐。在精英教育时代，通常采取小班化方式授课，师生之间交流方便，沟通效果良好。班级规模较小，教师更加容易记住每位同学的姓名，师生关系亲近感增加。事实证明，教师能记住学生姓名和不能记住学生姓名所产生的效果完全不同。教师记住学生的姓名，学生有一种被尊重的感觉，自然有亲师倾向，师生关系融洽。这些学生出于情面考虑，逃课率较低，上课听讲比较认真。相反，教师不能记住学生姓名，学生感到教师对自己没有足够的重视，师生关系比较淡薄。正是由于教师不认识学生，学生也就无所畏惧，大胆逃课，教学效果可想而知。其二，课堂教学互动性明显增强。小班教学使师生互动机会大大增加，因为班级学生数量较少，在单位时间内赋予每个人发言的机会就增多了。不仅如此，学生之间交流与互动的机会同样增加。这是大班双语教学无法比拟的优势。其三，教学的针对性和有效性明显增强。

大班授课完全不符合双语教学的特点，应控制班级规模。班级学生人数不能过多，通常不能超过四十人。双语课程大班教学存在着各种局限，这使得教师的课堂教学难度增加。大班教学的弊端主要表现为：其一，教学协调难度较大。如果班级学生人数过多，学生之间的英语水平落差较大，教学内容和进度将难以协调。如果教学内容难度过大或进度较快，水平较差的学生将难以适应；如果教学内容简易或进度缓慢，水平较高的学生将感到索然无味。世界各国都在适当缩小班级规模，以加强人际情感交流。1998年，美国规定在全国范围内将班级人数控制为18人。法国规定每班学生不得超过25人。我国双语教学班级学生数在二十人左右是比较合理的。其二，师生教学互动性较差。班级学生人数直接影响到课堂上教师与学生之间的教学互动，而教学互动是影响双语教学效果的重要变量。在某种程度上说，没有课堂教学互动将难以取得良好的教学效果。只有实现充分的课堂教学互动，学生的主体精神与积极性才能最大程度地发挥，才能出现较好的教学效果。其三，学生的心理因素影响教学质量。在规模较大的班集体中，一些学生的消极心理因素容易造成整个群体的心因效应。只有学生基本消除了对双语学习的心理障碍，才能真正投入双语教学活动之中。事实表明，在双语教学的初始阶段，真正不愿参与双语教学的学生是极个别人。随着时间的推移，逃避双语教学的学生数量明显增加。相反，在规模较小的班级里，这种负面影响较小。那些学习较好的学生对学习有困难的学生反而产生了正面的影响，帮助他们克服了学习的畏难情绪。由此可见，高校应根据学生的英语水平编制小班，如此一来，英语能力较差的学生就不会感到学习负担过重，可以采取全过程中英文穿插的双语教学模式。双语教学只是一种教学方式，专业知识教学质量不能因英语教学语言的使用而有所降低。[①] 而英语水平较高的学生，可以在他们逐步适应过渡型双语教学模式后，过渡到全英语教学之中。

（二）对大班双语教学不足的弥补

双语教学组织形式的改变对师资的数量要求必然会增加，学校办学硬件和教学管理能力也必须随之提升。在办学条件难以满足小班化教学的情况下，学校可以采取一些方法弥补大班教学的不足。例如，要求教师坚持使用英文板书或英文多媒体课件教学，而对重点及难点内容使用中文加以解释，学生作业、论文或考试可以使用英文或中文完成。教师应当给学生布置较多的课后练习，旨在督促他们课后进行复习和预习，特别是要通过课堂讨论、师生互动和作业批改以掌握他们的学习状况。[②] 再如，加强网上课堂教学，这客观上增加了教师的工作负担，需要教师具有更高的职业

[①] 参见张云琦：《地方高校双语教学的困境和对策》，《当代教育理论与实践》2011年第4期。

[②] 参见成晓毅：《我国高校双语教学模式初探》，《西安外国语学院学报》2005年第3期。

奉献精神。教师可以将有关背景知识或学生难以理解的教学内容置于网上课堂，供学生进行讨论和后续学习。教师也能通过网上课堂解答学生的疑问，布置有关练习题和论文等。由于双语教学存在语言障碍，很多无法从语言上理解的内容只能在学习过程中掌握，通过学习新知识解决旧疑问。教师课外的精心准备也能弥补课内的互动不足。[①] 除了这两种途径之外，教师还可以事先预计好双语教学过程中遇到的问题，或者给学生足够的演示机会。

第三节 英语用量与流利程度

一、双语教师英语的作用

在某种程度上讲，双语教师课堂英语的用量与质量决定着双语教学的成败。克拉申的输入假说是语言习得理论的核心内容。从中可以看出，只有当学生接触到可理解性的英语输入时，即略高于他们现有语言技能水平的第二语言输入，而又能将注意力集中于对内容或信息的理解而不是对形式的理解时，才有可能出现英语习得。随着学习时间的推移，通过接触大量的可理解性英语输入后，英语习得才能自然形成。[②] 克拉申的输入假说理论为双语教学中教师英语话语的作用提供了理论依据。科林·贝克双语教学模式中的输入变量同样涉及师生两方面因素。在我国双语教学中，学生英语语言输入缺少家庭环境和社会环境，主要是依赖课堂教学输入，高效的课堂教学无疑是学生提高英语水平的重要途径之一。有效的英语输入不仅要依靠教学材料和课程设置，更要依靠教师的课堂英语话语，大量准确地提供能被学生理解的英语语言输入。

---

① 参见王肖虹：《大班制下的双语教学模式》，《计算机教育》2012年第3期。

② Krashen, S., *Second Language Acquisition and Second Language Learning*, Oxford: Pergamon, 1981.

双语教师英语话语或称课堂用语，是指教师在课堂上传授知识和组织教学所使用的英语。双语教师作为课堂教学的管理者、示范者、监控者、辅导者、信息提供者和促进者，其课堂英语不仅是教师向学生传达信息的主要语言媒介，同时也是教师调控学生课堂行为的重要手段。双语教师英语话语主要是指教师的英语使用量；教师的英语语言风格，诸如词汇量、句式结构、语音和语调；教师提问，包括教师课堂提问的数量与提问方式；教学反馈方式。双语教师英语是语言输入的重要途径，对英语习得有着至关重要的作用。课堂英语是一种课堂教学环境中的话语，它可以为学生提供足够的可理解性英语语言输入。在双语课堂中，教师要竭尽所能将教材与教材外的语言材料的使用相结合，主要是因为教材是相对静态的，其内容和语言材料通常是落后于时代的发展。[1]双语教师话语要涉及专业背景知识和东西方两种语言文化的差异，并尊重文化的多元性。[2]如果教师能合理运用课堂英语，对学生提供可理解性英语输入，学生在经过吸收后就可能进行理解性英语输出，从而在语言选择上有足够的练习英语的空间。[3]

在科林·贝克双语教学模式中，"过程变量说"和"交互假说"都强调双向交际对英语习得的促进作用，认为单纯依靠可理解性语言输入并不能使学生获得语言应用能力。而在交互过程中，双方为了交际顺利进行，通过澄清、核实等方式进行交互语言调整，包括意义协商和语言风格与形式的调整，这种交互过程能引起学生的选择性注意，获得更多的可理解性语言输入，进而促进语言习得。事实表明，我国绝大多数双语教师的英语水平难以真正满足双语教学的要求。对部分高校双语教师英语能力调查分析资料显示，当前多数专业教师英语口语表达能力较弱，基本上能使用英语向学生表达清楚课前精心准备的授课内容，但是却难以在课堂上与学生进行即时的交流，影响了双语教学的互动效果。在双语教学中，经常会出现专业教师英语发音不够准确，英语表达能力达不到自然流畅的境界，我

---

[1] Harmer J., *The Practice of English Language Teaching*, London: Longman, 1993.

[2] 参见周小玲：《中外合作办学模式下双语教师自主发展探索》，《淮海工学院学报》（社会科学版）2011年第2期。

[3] 参见王维平：《从教师话语调整角度研究高职双语课堂的外语输入》，《中国成人教育》2009年第1期。

国双语教师的课堂英语话语能力有待提高。

二、双语课堂英语的质量

（一）双语交替使用的主要理论

从国外的双语教学实践看，沉浸式双语教学准许学生在课堂上使用少量母语。如果教师过多地使用翻译或母语，学生就会形成对母语的过度依赖，可能会挫伤他们使用第二语言的动机，并降低对目的语的习得速度。因而，掌握母语和英语的使用比例是双语教学一开始就面临的问题。克莱普认为，母语的使用并非绝对被禁止，在以下几种情形下可以适当地使用母语：有必要建立相对应的第一语言时（特别是专业术语）；当完全使用英语教学可能导致学生理解的不准确时（专业难点问题）；当没有必要花费过多时间用英语解释，而为了节省时间时；当检测学生对学科知识的理解或掌握时；当教师非正式检验某一小组是否理解教师用英语讲授的某一知识点时；当学生正在进行和情感因素有关的话题时；当学生希望对某一问题作出即兴反应时。因此，在大学双语教学过程中，英语和母语的使用量应当根据课堂的具体情况来决定。无论如何，在教师使用学生母语之前，应当给学生一些时间对教师的问题或解释作出反应。如果绝大多数学生听懂教师的问题或解释时，使用母语是徒劳无益的。[1]

杰克贝森指出，要有针对性地使用两种语言，应当平均分配使用两种语言的时间，双语教师应当有意识地从一种语言过渡到另一种语言。在以下情形下，双语教师可引起从一种语言转换至另一种语言，或者说可以使用母语。这些情形是：强化专业概念理解时；复习旧知识时；吸引学生的注意力时；表扬或批评学生时；转换话题时；谋求与学生改善关系时；学生疲劳时等。在大学双语课程中，每一种语言被分配使用的时间数量是非

---

[1] Klapper, J., *Foreign - Language Learning through Immersion Germany's Bilingual-Wing Schools*, Lampeter: the Edwen Mellen press, 1996.

常重要的。需要适当保持使用两种语言的平衡,但更为重要的是分配使用每种语言的目的与活动,旨在培养两种语言的综合运用技能。重视一种语言的语言表达能力,以及另一种语言的读写能力可能导致双语发展的不平衡。这些观点可能对我国高校双语教学课堂英语话语的使用具有指导作用,但要结合我国国情。

(二)双语课堂英语的使用量

双语教师课堂英语的运用是否恰当,直接影响学生对专业知识的接受和教学效果。课堂双语教学是以两种语言为教学语言,其比例选择就成为一个现实难题。目前,我国对此并没有统一的评价标准,绝大部分高校因地制宜,结合本校实际制定相关的评价标准。双语教师课堂英语使用量应当根据教学实际情况而定,灵活掌握双语使用比例,但是应当符合基本要求。海南大学明确规定,双语课程在课堂讲授和讨论中,英语和汉语并用;以英语为主要语言,其中英语授课课时应达到该课程总课时50%以上;学生课后作业和考试试卷英文使用量应达到50%以上。江西农业大学规定,教师课堂英语口语使用频率达到50%以上。[1]

我国双语教学并不要求教师自始至终使用英语授课,专业知识的准确传授是至关重要的,教师通常会在讲授重点和难点时使用汉语。事实上,普通高校的双语教学不可能一步到位,应当从双语教学实际出发,采取分层次、分阶段、由易到难的教学形式,即从讲授专业术语、定义、定理、用英文板书标题和小结,到授课内容部分用英文、辅之以中文解释,逐步过渡到全英语教学。[2] 调查显示,我国双语教师在课堂上所使用教学语言比例呈现出参差不齐的状况。双语教师授课分别为用英文教材,以中文讲授,专业术语用英语讲解;中英语兼用,50%用汉语,50%用英语;全英语授课,少量用汉语。即使采用全英语授课方式,在其他方面也有不同

---

[1] 参见徐宪光:《双语教学与双文化教育——高校外语教师应有的思考》,《上海第二工业大学学报》2006年第4期。

[2] 参见王海艳:《高校专业基础课的双语教学实践与思考》,《广西青年干部学院学报》2008年第1期。

做法,全英语授课,用中文完成作业、考试、答疑;全英语授课,用英文完成作业、考试,中文答疑;全英语授课,用英语授课、作业、考试、答疑。由于我国高校双语教学具有明显的添加性特征,教师两种语言使用的比例并不是核心,关键在于,教师根据什么来确定采取汉语或英语教学语言的比例。①

专业课程双语教学中英语使用的比例应遵循循序渐进的原则,在不同的教学阶段采用不同的英语使用策略。初始阶段可以使用英语板书,包括教材中的大小标题、关键词及专业术语,重点和难点知识用汉语讲解,课堂组织用语及学生熟悉的内容和通俗易懂的专业性不强的知识用英语讲解。②各专业课程双语教学经过这一阶段后,学生逐渐习惯和接受双语教学的模式。当学生适应了双语教学时,英语使用比例随之提升。在不影响专业教学效果的前提下,教师应该尽量使用英语授课,提问也要求学生用英语和汉语两种方式回答。当学生有了一定的专业词汇量和专业表达积累后,教师就可以加大英语的使用比例。与教学初始阶段相反,教师在此阶段授课是以英语为主,只有非常难的知识点用汉语解释,师生互动也都以英语的形式进行。在最后阶段,英语使用比例体现这个教学单元专业双语教学水平。从局部观察,英语比例的分配还应当根据具体的教学环节和教学内容来具体衡量。如果某个知识点比较浅显易懂,或者某个教学过程比较容易掌握,就可以大量使用英语。相反,如果某个知识点是难点重点,十分繁琐不易理解,就可以更多地使用汉语讲解。对于不同的学生,要注意因材施教,使用英语比例有所调整。③

英语的使用量不仅体现在双语教师的课堂话语之中,而且还要通过阅读等书面语言输入量的增加来实现。因为阅读不仅是母语也是英语习得最重要的输入方式,是培养其他语言能力的前提和基础。用于双语教学的英文版专业科教材,除了阅读量增加,内容也不再是语言知识的单调重复,

---

① 参见郑大湖:《大学双语教学需求分析的模块构建》,《外国语文》2011年第1期。
② 参见郭震:《高校本科双语教学改革探析》,《人才资源开发》2011年第3期。
③ 参见喻小继、王芳:《浅谈双语在课堂教学中的应用》,《中国劳动关系学院学报》2011年第1期。

学生的阅读兴趣也得以提高。语言输入的一个极为重要的标志就是词汇量大小,它决定着学生的阅读水平,而阅读水平反过来又能促进词汇量的进一步扩大,这是因为学生在阅读中可以附带习得英文词汇。而附带习得过程也就是学生实现概念知识、认知能力、学习策略等众多母语和母语专业知识和能力正迁移的过程。因此,双语教师在要求学生阅读原版教材的同时,可以要求学生根据相关主题查阅有关资料,如词典、网络资料、其他参考书籍等。专业教材系统性较强,同时相同领域中有关概念、词汇会在阅读材料中反复出现,不断加深学生的理解和记忆,增加一定量的词汇在自然阅读中的复现的概率,能促使其进入长期记忆。同时,学生可以根据已有的专业知识和学科认知能力提高自己的词义推测能力和英语词汇附带习得能力,相应地提高阅读能力。[①]总之,通过书面阅读获得的英语语言输入和使用量同课堂话语具有同等的重要性,两者共同构成双语教学中英语使用的总量。

  要确保双语教学课堂英语的使用达到一定的数量,高校要加强双语教学督导,采取有效措施保证英语使用比例的底线,这是双语教学效果得以实现的关键。如果英语所占比例相对于学生英语水平过低,这种课堂教学就不能被称为双语教学。完整意义上的双语教学,不能注重课堂教学英语的使用量。当然,不同高校、不同专业双语授课比例不能整齐划一,执行统一标准。具体来说,使用母语理解专业知识比英语更容易,因此当使用母语理解专业知识更好时,要尽可能使用母语表达,促使学生能快速地掌握专业知识,对于使用英语来理解更恰当的知识点,要使用英语表达。但笔者认为,至少英语使用量要占到教学语言的五成以上,即主体内容使用英语传授,只有难点或确实难以表达的部分使用母语讲解,以防止学生出现理解偏差。[②]

---

  ① 参见胡慧玲:《基于双语教学手段的英语附带习得的实践策略研究》,《学位与研究生教育》2011年第7期。
  ② 参见黄安余:《双语教学理论与实践研究》,上海人民出版社2011年版,第227页。

（三）英语流利和准确程度

英语流利和准确程度实际上是语言输入的质量，它包括英语的语速、连贯性、语音、语调等。双语教师的英语流利和准确程度是他们组织和从事双语教学的前提和基础，其质量对双语教学效果产生最直接的影响。教师应当通过改善英语表达以刺激学生的学习注意力，实现最佳的语言输入效果。教师课堂英语的表达应当注意以下几点：其一，适当的语速与语言停顿。如果语速过快，既可能出现语言不准确（因为教师毕竟不是本族语言者），又可能造成学生的听力困难和理解错误；如果语速过慢，则难以培养学生的英语听力和语言理解及应用能力，降低双语教学的实效性；同时也难以在有限的课时之内顺利完成专业教学目标。可见，语速是语言表达的关键环节之一，必须引起双语教师的重视。双语课堂教学语速的调整与停顿的目的在于，引起学生注意力，有助于提高学生关注重点知识与核心概念。其二，清晰准确的发音。英语往往存在英国英语与美国英语发音的差别，教师应当注意根据自己的发音特点与擅长，选择其中的一种发音并加以固化，一般不要在两者之间反复变换。与法语不同，英语重音与轻音有明显的分别，语调也较为讲究。语音语调是口语的基础，决定学生英语口语能力。语调、重读、连读和失去爆破等规律需要在朗读中不断进行练习与摸索。通过不断地朗读，既可以形成正确的发音和语调，又可以培养良好的语感。作为双语教师，职业的性质要求他们应该具有较强的示范性。因此，训练学生标准的语音语调是非常必要的。[1] 这些都属于语言基本功，教师必须要准确把握，以增强语言的准确性和美感。其三，使用简单的英语词汇。语言表达以言简意赅为最高境界，因为简单的词汇与句式直接降低了听者的负担，为学生提供可理解的目标语言输入，降低了他们通过目标语学习专业知识的难度，有利于促进语言习得和再生，以免学生产生畏难情绪和逆反心理。[2] 而我国学生之所以无法自由地运用已有英语

---

[1] 参见杜小琳：《论高职教育学前双语师资培养》，《英才高职论坛》2009年第4期。
[2] 参见詹晓云、司华友：《影响"双语教学"的主观因素分析及对策》，《理论观察》2006年第4期。

词汇表达思想,是因为课堂上所学内容没有与实际生活相联系,没有与他们所学专业相联系;同时也缺少语言环境,从而限制了语言习得与再生能力。其四,使用英语简单句。一般而言,教师要通过清晰的发音与陈述句的使用,以增强教学语言的准确性和指令性。因为规范的英语表达与明确的教学指令性语言有助于消除理解错误。教师应当尽可能少地使用主从复合句。① 这种评价容易操作,只要聘请外国语大学的教授或外籍专家听课便一目了然。这两项评价指标在整个双语教学评价中占据极为重要的地位,直接关系到语言目标能否实现。②

第四节 专业知识传授系统性

一、目标争议与现实的困境

理查德和罗杰斯一致认为,双语教师使用英语进行专业课程教学,旨在培养和提高学生运用英语的能力;同时,专业课程是实施双语教学的载体,获得专业知识是双语教学极为重要的目标。这种将专业知识和语言教学紧密结合的教学手段,可以有效弥补学生在英语能力和英语实际应用技巧之间存在的差异,它与传统的英语教学最大的不同之处就是,"通过学习题材内容,而不是单纯学习语言来获得语言能力"③。我国教育界并未就双语教学目标达成共识,反而出现了明显的分歧。有些学者认为,双语教学的根本宗旨在于提升学生的英语语言能力,而所讲授的专业知识只是手段。在进行双语教学时,持这种观点的教师表现出的主要特征是,重点

---

① 参见毕政:《注意理论对双语教学的启示》,《常州工学院学报》(社科版) 2012 年第 1 期。

② 参见黄安余:《高校双语教学绩效评价》,《高教研究》2008 年第 1 期。

③ Richards, J. & T. Rodgers, *Approaches and Methods in Language Teaching*, Cambridge University Press, 2001.

放在对英文单词、词汇的解释上；对英文原版课文中的重要章节逐行对照翻译；考核的重点放在专业英文词汇的掌握上。事实上，他们已将双语教学课程与专业英语课程混为一谈。而另一部分学者认为，双语教学的首要目标是学科专业知识的传授，使学生理解与掌握专业知识，英语只是代替母语的一种教学语言，通过双语教学使学生有机会学习用英语的思维方式去理解专业课程知识。学科专业知识是第一位的，英语习得是第二位的。全英语教学本身是不会导致学生学不好专业知识的，通过全英语教学，学生在专业知识方面会有所增强。① 在进行双语教学时，持这种观点的教师表现出的主要特征是，重点放在对专业知识的解释上；根据学生的反应适当地用母语做进一步的讲解；选择适当的中文教材做辅助教材或参考书；更加倾向于确保学生对专业知识的理解而过多地使用母语授课。②

语言目标论者过分强调英语的作用，而忽视了专业知识与能力的培养。而学科目标论者则认为，应围绕专业知识目标来开展双语教学，必要时可以牺牲英语目标。因为使用英语不能准确传授专业知识或学生听不懂教师讲课时，再坚持使用英语教学不但毫无意义，而且可能会适得其反，使学生出现逆反心理，从此失去学习英语和专业知识的兴趣。但是，过分忽视语言必将导致学生避重就轻，倾向于选择中文版教材学习，而摒弃英文原版教材，教师也倾向于多使用汉语少用英语的教学方式迁就学生，双语教学可能会流于形式，教学效果可能要大打折扣，出现学生专业知识没有提高、英语水平也没有进步的尴尬局面。③

在课程双语教学中，很多教师没有注意到该课程双语教学与专业英语教学的异同，往往用英语阐释完一些基本概念和定义后，又用汉语对其中的难点做进一步的解释，重复性教学导致课时相对缩水，对某些知识点无形中延长的教学时间牺牲了必要的教学内容，导致学生接受知识体系的不

---

① 参见万爱莲：《大学生对全英语教学的适应性研究》，华中科技大学硕士论文，2007年。
② 参见邓惠君：《试论高校双语教学中存在的矛盾及其解决方法》，《教育与职业》2006年第30期。
③ 参见计道宏、江金波：《双语教学的目标定位》，《郧阳师范高等专科学校学报》2009年第2期。

完善，影响学生对该课程基础知识的掌握。学生因为英语语言障碍，课堂上一知半解，课前课后没有投入足够的时间和精力预习与复习，不懂的内容逐渐累积，严重挫伤学生学习积极性和自信心。①20世纪60年代以后，香港推行普及教育，增设了一些新学校，它们都使用英语作为教学语言，导致了香港教育质量有所下降。因为要求教师使用英语讲授专业课程，诸如教授数学或文学，师生都感到颇为困难。学生既没有学好各种专业课程内容，又没有学好英语。②这种结果对后来的双语教学产生极大的消极影响，使部分师生对此深感束手无策。

双语教学不但要提高学生的英语能力，而且要确保他们对专业核心知识和核心理论的理解，旨在使学生准确理解本专业的核心和前沿。两种目标都得到提高才是双语教学的最终目的。英语作为教学的主要媒介，传递着该语言背后所承载的文化；另一方面，英语本身也是学习对象，学生只有熟练掌握了这门语言，才能更好地理解学科专业知识。不能过分夸大双语教学的语言目标忽略其专业目标，使双语教学失去其本来的意义；同时也不能过分夸大双语教学的专业目标，而不注重英语能力的提升，使双语教学长期处于低水平徘徊的状况，这两种做法都背离了双语教学的初衷。③

二、专业知识讲解的系统性

双语教学一定要以专业知识学习为主。如果脱离了专业知识教学，双语课就可能演变成为英语课，就失去了其教学意义，不能影响专业课程的学习效果，也不能盲目追求英语的使用量。④因此，在教学过程中，教师

---

① 参见陈敏：《应用型本科院校国贸专业双语教学困境及对策》，《职教研究》2011年第2期。

② 参见康立新：《从中加两国比较看我国实施"双语教学"的不可行性》，《安阳师范学院学报》2005年第3期。

③ 参见张丕芳：《全球化背景下的高校双语教学：困境与策略》，《天津市教科院学报》2009年第3期。

④ 参见宁春玉：《关于高校专业课程双语教学的实践研究》，《长春大学学报》2009年第4期。

不能过分重视对词汇和语法的教学（应当是没有任何英语语言解释），双语教学是通过学习专业知识来达到掌握英语语言的目的。无论是传授知识，还是解答问题，目的都是为了向学生提供专业方面的语言信息。使学生在无意识中接触他们所要学习的目的语，这样更容易让学生产生学习的动机和兴趣。①

非语言类专业课程讲授的系统性和有效性，一直成为双语教学受到质疑的焦点。事实上，使用母语进行专业课程教学同样存在这个问题，使用英语作为教学语言，专业知识教学有效性就更加难以保障。因为以低层次的英语讲解建立在高级语言能力上的抽象思维参与程度较大的专业知识，会限制教学的难度和深度。由于学生没有掌握一定的英语词汇，教师无法用英语与学生进行有效的知识讲解上的深层交流，而只能进行最浅层次的单词学习。②如果教师的英语不过关，致使学生接受困难，或者学生没有专业英语词汇的累积，也缺乏分析专业教材复杂句子的能力，双语教师需要花大量的时间讲解单词和句子，花大量的时间翻译课文，将过多的时间用于语言教学。由于双语课教师不是专业的语言教师，即使将大量的时间用于英语教学，也难以取得英语教师在专业英语课上能取得的教学效果。③如此一来，在双语课堂单位时间内的专业知识讲授必然受到削弱，其系统性和深度肯定难以保障。

国外十分重视对双语教学专业知识传授效果的评价，并将学生对专业知识的掌握作为衡量双语教学是否成功的重要因素之一。因为双语教学实质是专业内容的教学，必须完成教学大纲所规定的内容。这与用母语讲授专业课程的要求相同，是双语教学不可偏离的主线。双语课程的内容又是各学科的专业知识，对学生来说这些内容往往都是新知识，使用母语作为教学语言对学生来说都是一种挑战。④因此，评价双语教学的第一步就是

---

① 参见周孟亮、李明贤：《高校双语教学应该明确的几个问题》，《湖南农业大学学报》（社会科学版）2008 年第 5 期。

② 参见周新丽：《学生因素对双语教学的影响》，《国际关系学院学报》2006 年第 5 期。

③ 参见李宁：《使用原版教材进行双语教学的词汇量研究》，《陇东学院学报》2011 年第 2 期。

④ 参见张宗让：《双语教学中若干关系的处理》，《西安外国语学院学报》2006 年第 2 期。

考查学生对专业知识的掌握，不仅要考查学生用汉语掌握专业知识的情况，更要考查学生用英语掌握专业知识的程度。对其评价可与汉语教学的学生的学科成绩进行比较，评价指标设计应当一致。也就是两类学生参加同样的针对使用汉语教学设计的考卷，将两者的成绩进行比较。成功的双语教学的指标是，参与双语教学的学生的成绩只能与非双语教学的学生的成绩相当，或者成绩更高。如果前者的成绩低于后者的成绩，则说明双语教学不成功。①

第五节 教学手段及其现代化

一、双语课堂多媒体的运用

（一）双语课堂多媒体的优势

现代多媒体技术对提高课堂教学效率的贡献是无可争议的，特别是对高校双语教学则更加如此，因为学生接受双语教学存在着或多或少的英语障碍，更需要多媒体提供信息帮助理解。2011年9月，我国教育部出台了《关于加强高等学校本科教学工作提高教学质量的若干意见》，明确要求高校应当实现现代化教学技术，建立电子图书馆和校园网，提高教学水平和质量，并规定了多媒体授课课时比例应达到15%以上，更直观、更形象、更快捷地使学生理解抽象的概念和掌握课程的难点，而且更容易形成记忆。②

教学手段直接影响着课堂教学的信息总量与信息接受效果。现代多媒体技术改变了纸质媒介、板书教学的传统方式。多媒体技术是以计算机为

---

① 参见王德斌、孟国碧：《论高校双语教学终结性评价体系的构建》，《成都大学学报》（教育科学版）2007年第12期。

② 参见张志颖、李忠、余丹：《高校双语教学的问题与对策》，《黑龙江教育》2012年第3期。

核心，将图形、图像、文字、动画和声音等多种载体加以结合，并通过计算机进行综合处理和控制，能支持完成一系列交互式操作的一种信息技术。多媒体应用于双语教学能节省板书时间，使教师从大量繁琐的板书中解脱出来，将更多精力用于教学过程优化；能摆脱单一呆板的文字格式，以声音、图像和视频等媒体进行教学，可以活跃课堂气氛，改善教学效果；能将抽象、复杂的问题具体化、简单化，形象地表达常规语言难以描述的重点难点，降低学习双语难度。多媒体教学以其独有的形象化、直观化、高度信息化等优点，在信息时代更加显示其作用，对提高教学效率有着传统教学手段不可替代的作用，日渐成为教学的主导辅助手段。如果能运用多媒体技术改进双语课堂教学方式，并将之与互联网运用相结合，则可以在一定的课时内完成更多的教学内容，还能将书本知识化静为动、化虚为实、化抽象为具体，同时提高学生学习兴趣和教师讲课效果，从而促进双语教学质量的提高。①

我国高校学生英语能力弱，主要表现为听说能力较差。如果使用传统教学方法进行双语教学，无疑会加深学生对专业知识领会的难度。如果教师频繁地使用汉语、英语进行专业词汇解释，必将削弱对核心理论及其应用的讲解。而运用直观的多媒体教学，可以有效节省板书时间，并使授课内容变得生动、丰富。由于学生听力或教师发音问题造成部分内容学生听不懂的现象，可以借助课件将核心内容清晰地予以显示，通过视觉帮助或弥补学生听觉的不足。课堂教学中使用多媒体课件，既增大了课堂的信息量，同时又加快了授课节奏，从而有效保证了教学进度。②研究表明，部分学生经常反映难以跟上教学进度。他们记笔记和听教师英语授课有困难，上课时脑子里经常闪现的是孤立的单词，而不是连贯的专业知识。如果采用多媒体教学，将课堂教学的内容用英汉对照的形式制成课件，使学生了解上课内容，降低理解难度，并配以适当的图文资料，使课堂教学内容形象化。特别是对难以解释的专业术语，除了使用汉语解释外，还要配以英

---

① 参见田秀淑、王建雷：《多媒体技术在双语教学中的应用》，《吉林教育》2009年第3期。

② 参见黄安余：《高校双语教学绩效评价》，《高教研究》2008年第1期。

文词汇表，以方便学生理解授课内容，而这些是不可能在单位时间内通过教师板书来完成。

（二）双语课堂多媒体的弊端

依赖多媒体开展双语教学也存在着一些弊端。从教师角度看，在讲课时，教师要分散部分注意力用于操作计算机，特别是技术不娴熟的教师更加如此。如果出现操作失误或计算机病毒，则可能扰乱教师的心境和既定的教学计划。由于教师长时间在计算机上逐页变换幻灯片，难以准确判断学生的心理和行为，不能根据课堂教学的实际及时调整教学过程、内容和方法，教师的一些突发灵感和创造性受到压制，因为多媒体课件已经将课堂教学内容纲要加以定格。教师临时调整教学内容的余地较小，调整教学内容也不一定能获得学生的认同，从而使课堂教学过于格式化和呆板。

从学生角度看，学生可能将注意力集中于屏幕上，而分散了对教师的注意力，这正是双语教学的大忌。屏幕上密密麻麻的文字使学生难以抓住要害内容，学生普遍反映教学信息量过大，节奏太快难以适应。而传统板书间歇实际上为学生提供思考的余地，有利于消化教学内容。单调乏味的教学过程，长时间地面对屏幕比黑板教学更容易使人出现疲劳感，降低了学生的主观能动性和积极参与愿望。更有甚者，有些学生反而不认真听课甚至逃课，课后拷贝教师的课件，死记硬背，应付考试了事。

从师生交流与互动角度看，教师在课堂应通过肢体语言与学生交流教学信息，充分调动课堂气氛，努力实现师生的双边互动和交流。多媒体教学节省了板书时间，也减少了教师与学生面对面的时间，无形中拉大了师生之间的距离。英语教学活动本来就需要教师和学生之间的沟通和交流，而很多教师仅仅把所要讲授的内容事先编写在课件中，然后在课堂上自始至终地播放，教师坐在一边用扩音器讲述，中间没有必要的停顿，完全忽视了学生的理解和接受能力，不注意学生的反应，不给学生以思考和交流的机会。如果学生不能及时理解教师讲授的内容，脑子里也就不会产生问题，就谈不上与教师共同探讨切磋。虽然采用多媒体教学，一堂课的内容增多了，但如果缺乏足够的师生交流，学习效率和教学质量反而会因此降低。英语教学不应只是学生听讲和做笔记的过程，即便是多媒体辅助教学，也必须让学生积极参与，运用英语来实现目标、达成愿望、体验成果、感受快乐。

综上，多媒体教学是值得倡导的新兴教学技术，是帮助学生掌握知识的辅助手段，而非主要的教学方式。它克服了传统教学模式的弊端，但却不能完全取代传统教学方式，而应该两者结合，相得益彰。在使用多媒体教学过程中，不要过多依赖多媒体教学，对那些逻辑性较强的课程更加如此。教师应讲究教学实效，屏幕上只能出现必要的课程内容，重点难点，围绕中心激发学生的创新意识和自主学习能力。在多媒体教室讲课时，教师临场发挥需要板书，特别是在双语教学的讲解过程中，板书仍有着不可替代的作用。① 多媒体技术不能替代教师的人格魅力，不能忽视师生对话和情绪交流。多媒体只是一种工具，不能夸大其作用而忽视教师的引导和学生的能动作用。②

二、网上课堂辅助双语教学

网上课堂或网络教学是新兴的教学方式，它对于双语教学是十分必要的，其主要优势表现在以下几个方面。

第一，资料充裕，更新及时。近年来，我国高校教材更新速度加快，尽管如此，教材存在固有的相对滞后性，难以及时反映学科的前沿动态，一些教材缺少必要的研究性内容。借助学科研究文献，国外原版教材中的精华及网络资源，有反映学科最新动态或最新趋势的英文资料，学生可及时了解到学科最新信息，使教学内容尽可能接近学术前沿。这不仅对学生的思维创新具有启示作用，而且对培养学生的全球化视野具有重要意义。虽然学生对学科的前沿性或研究性内容难以深刻理解，但能激发自主学习的兴趣。③ 网络上提供了大量的英文原版教材、教学参考资料以及国外实

---

① 参见田秀淑、王建雷、杨丹：《多媒体技术在双语教学中的应用》，《吉林教育》2009年第3期。

② 参见万爱莲：《大学生对全英语教学的适应性研究》，华中科技大学硕士论文，2007年。

③ 参见李晓梅、刘振天、宋敏、蔡明德、刘玉彬：《应重视语码转换在双语教学中的运用》，《中国高教研究》2008年第2期。

践教学经验，学生能根据其兴趣、能力和掌握程度等选择不同的学习材料，自主选择性大，从而实现个性化学习。不仅如此，网络资料既能有效弥补国内教材陈旧的不足，拓宽学生专业视野，又能较好地实现课堂教学与社会、家庭的密切结合，满足学生学习多样化的需求。网络的开放性不仅是指教学资源上的共享，而且是指学生学习时间、空间上的自由度较大。在双语教学的过程中，师生充分利用网上课堂，根据学习需要和自身的兴趣特长，获得了大量最新的学习素材。在某种程度上讲，这是网络教学的最大优势。

第二，人格独立，交互自由。双语课堂教学肯定会增加那些英语表达能力差的学生的心理负担，使他们瞻前顾后，甚至丧失对双语学习的自信心并产生自卑感。但是，网络虚拟世界完全不同，它能创造出宽松的学习氛围，减轻师生、生生之间的英语对话压力。在网络交流中，师生、生生根本不必要显示其真实身份，任何学习者都可以大胆地用英语自由表达其思想，特别是英语表达能力较差的学生，他们可以不必顾虑表达错误，更没有必要担心被他人取笑。教师可以随时以平等身份介入讨论，或完全可以隐藏教师身份。这对激发学生学习冲动是非常有益的。通过电子邮件、聊天室使得教师为学生答疑解惑更加快捷，教师和学生、学生和学生之间可以随时进行交流和互动，彼此能及时得到对方信息，便于教师对教学效果进行客观评估。

第三，形式多元，学生本位。网络教学突破了班级授课单一的教学组织形式，使个别化学习、合作学习、课堂教学、远程网络教学等多种形式并存，使教学组织形式多元化，提高了教学质量和教学效益。网络教学有利于培养学生合作与活动的能力、分析与解决问题及创新能力。教师根据学生英语基础，师生互动，引导学生在网上收集了英文学习资料，学生消化吸收之后，再以照片、文字、图表的形式对所得的资料进行二次加工，制作出自己演讲提纲，然后指导学生在课堂真实的情景中运用英语对其他同学发表演讲，并向同学介绍自己学习的方法。教师通过借助于网上资源，充分调动学生双语学习的积极性，让学生以主人翁的姿态投入学习，使他们能真正体会到学习的乐趣，在活动中培养学生的创新精神与实践能力等，并帮助学生在对资料的选择、处理中形成科学的治学态度。[①]

第六节 教学方法的合理运用

一、教学方法的基本分类

所谓教学方法,是由教师的教授方法和学生的学习方法两方面所构成,是两者的辩证统一。教学方法必须要服务于教学目的和教学任务的要求。在教学过程中,教师和教法是处于主导地位的。教学方法有别于教学方式,后者是构成教学方法的要素,是运用各种教学方法的技术。任何一种教学方法都是由一系列的教学方式所组成的,可以分解为多种教学方式;另一方面,教学方法能独立完成一种教学任务,而教学方式只被运用于教学方法中,并为促成教学方法所要完成的教学任务服务,教学方式不能完成一种教学任务。

一般来说,教学方法主要包括课堂讲授教学法、问题探究教学法、实践训练教学法等多种方法。第一大类是,课堂讲授教学法。它是指教师运用语言表达,系统地向学生讲授专业知识,传播思想观念,发展学生的思维能力与智力。通过教师清楚的课堂讲授,使学生基本掌握一门课程的知识和理论体系,并用之解决现实问题。课堂讲授教学法要求教师科学地组织教学内容,语言清晰、准确,善于选择典型的案例或例证将理论问题讲解透彻。课堂讲授教学法的优点在于,教师较为容易控制教学进程,能使学生在较短的时间内获得大量系统的专业知识。如果这种教学方法运用不当,学生学习的主动性、积极性就难以发挥,就会出现教师"一言堂"或"满堂灌",以及学生被动接受的局面。这种教学方法主要包括讲解教学方法、谈话教学方法、讨论教学方法、讲读教学方法、讲演教学方法。

[①] 参见郭爽:《浅析在双语教学中信息化手段的运用》,《信息通信》2012 年第 1 期。

第二大类是，问题探究教学法。它是指教师提出问题或教师引导学生提出问题，通过学生比较独立的探究和研究行为，探求问题的答案而获得知识的教学方法。教师要创设有利于学生进行探究发现的良好教学情境，确定探究发现的问题，有序组织教学。这种教学方法主要包括以下几种类型：其一，问题教学法。它是以提出问题、分析问题、解决问题为线索，将它们贯穿整个教学过程。教师首先提出问题，学生带着问题自学教材，理解问题、讨论问题，最后教师根据讨论情况，有针对性地讲解，准确地引导学生解决问题。这种教学法体现了学生主体地位，能有效地激发学生自主学习的主动性和积极性。其二，探究教学法。它是指在教师引导下，学生主动参与到发现问题，寻找答案的过程中，以培养学生解决问题能力的教学活动。在教学过程中，教师根据教学目标，寻找与教学内容密切相关的，可以激发学生兴趣的材料，向学生提出将要调查研究的领域。学生则发现并提出问题。根据已确认的问题，由学生共同讨论如何解决，最后对问题形成一个合理的解释，得出结论或规律等。其三，发现教学法。它是在教师的启发下，使学生自觉地、主动地探索科学知识和解决问题的方法及步骤，从中找出规律，形成自己的概念。教师扮演学习促进者的角色，引导学生对这种情境发问并自己收集证据，使学生从中有所发现。

第三大类是，实践训练教学法。它是通过课内外练习、实验、实习、社会实践、研究性学习等以学生为主体的实践教学方法，使他们巩固、丰富和完善所学知识，培养他们解决实际问题的能力和多方面的实践能力。这种教学方法主要包括以下几种类型：其一，示范教学法。教师通过示范操作和讲解使学生获得知识和某些技能。在示范教学中，教师对实践操作内容进行现场演示，操作和讲解同步进行，强调关键步骤和注意事项，使学生理论与技能并重，较好地实现了师生互动，提高了学生的学习兴趣和学习效率。其二，模拟教学法。模拟教学法通常在学生具备了一定的专业理论知识后，实践操作之前进行。其三，项目教学法。通过师生共同完成教学项目而使学生获知识的教学方法。这种教学法强调学生在学习过程中的主体地位，主张以学生学习为主，教师指导为辅，学生通过完成教学项目，能有效调动学习的积极性，既掌握实践技能，又掌握相关理论知识，既学习了课程，又学习了工作方法，能充分发掘学生的创造潜能，提高学生解决实际问题的综合能力。

二、双语教学方法的选择

（一）传统英语教学方法的惯性与影响

长期以来，我国传统的英语教学方法具有较强的惯性和消极影响，在开展双语教学过程中要尽量消除这些负面影响。传统的英语教学方法基本上采用课堂讲授教学法，即以教师讲解为主，学生参与为辅，甚至根本没有学生的课堂参与。教师充其量示范朗读课文一次，再带领学生诵读生词和课文两次，然后就全部由教师课堂讲授。教师对全篇课文逐字逐句地分析与精讲，称之为精读。教师对句子结构进行精细的分析与讲解，是简单句还是复合句，是简单句就要分析句子成分和各种词性，是复合句就要剖析出主句和从句，从句属于何种从句，各种关联词的区别与使用，有时还会出现从句中带有从句的现象，在此基础上，讲解主句和从句的句子成分和各种词性。如果这个句子中出现了十分重要的动词或其他类别重要的单词，教师还会进行同义词的比较与辨别，讲出同义词之间的细微区别，要求学生记忆。在这些精细的分析和讲解之后，教师会将这个句子翻译成为中文。每一次讲课或每一单元，教师基本上都会详细地讲解英语语法，诸如各种构词法、时态、语态、语气、非谓语动词等。英语课的知识性很强，知识信息量同样十分丰富，要求学生背诵的内容相当多，除了常见的单词之外，还有课文和大量的词法、句法和英文文法方面的知识，以及同义词之间的区别。如果学生没有超强的记忆力，学好英语是无法想象的，与笔者同时代的同学没有多少能学好英语，特别是农村学校的学生英语水平更差。

在英语课堂，学生主要是听讲和记录。课后，学生既要背诵英语单词，又要花费大量的时间记忆教师讲解的各种语法规则和语言知识，并完成教师布置的抄写作业或翻译练习，特别是翻译是十分受到重视的。就翻译句子或短文的内容而论，完全是我国社会政治运动或社会生活中的时尚语句，很少涉及外国的文化传统和风俗习惯。就翻译练习来说，教师对学生译作的语法、句式、用词要求相当高，从而迫使学生在英语学习中将大量的精力用于研究和学习这些语言知识，对死板的语言十分看重，对灵活运用的语言却熟视无睹。当然，对这种教学方法也不能加以全盘否定，它在建构学生系统的英语语言知识和奠定扎实的英语基本功方面是有所帮助的。但是，这种教学方法使相当多的学生对英语学习丧失了兴趣，也造成了我国英语教学的低效率。因为它忽略了英语的交际性和运用性，违背了听说领先的原则，不利于学生融入课堂教学。这种教学方法只重视英语的输入，而忽略了英语的输出。教师没有结合听说材料运用听说法和交际法，使学生的英语听说技能和运用语言能力得到提高。久而久之，我国英语教学培养出的学生语言运用能力较差，虽然考试成绩可能很好，但却不能运用英语进行交际和学习，是一种聋子和哑巴英语。在农村地区学校，这种聋子和哑巴英语成为一种普遍现象。除了教学方法问题之外，还有师资力量和教学设备等方面的原因。这种教学成果对我国双语教学将会产生十分不利的影响。因为双语教学需要的正是学生英语运用能力，主要表现为英语听力和口语表达能力，而不是句子结构和语法规则。由此可见，我国传统英语教学方法的惯性和消极影响需要克服，双语教学方法需要新的突破。

（二）双语教学方法的多元选择

我国高校双语教学的共同特征是教学方法过于单调。双语教学主要是以教师讲解为主，有些教师只注意自己的英语表达是否达到数量要求或英语表达是否流畅，全然不顾学生是否能够接受这种教学。有些教师使用的专业术语并不是国际通用的术语，而是自己翻译的专业术语，没有与国际通用的专业术语保持一致。在教学过程中，有些教师甚至不能用英语清楚地讲解专业知识，将学生的主要注意力引导在语言上而不是专业知识上，学生听课之后对专业内容修习不到位，降低了对专业知识的教学要求。例如，有些学校教师反映双语教学课时紧张就是典型的例证。高校双语教学方法单调陈旧，如果听任其发展，甚至可能使高校双语教学流于形式，浪费宝贵的教育资源。综上，改善双语教学的教学方法是我国高校双语教学成败的关键性问题之一。① 因而，在未来双语教学中，教师要突出学生的主体地位，使他们积极参与到双语教学活动之中，建议采用以下教学方法可能收到更好的效果：

1. 开展互动式双语教学

没有学生主动参与交往的双语课堂，就不能称之为互动式双语教学。教师既要为学生创造参与交往的课堂氛围，又要为其参与提供活动内容，同时还要保证其参与时间与空间。这可以从以下几个方面进行评价：一是师生之间、学生之间是否相互尊重与平等；二是学生对学习是否有兴趣，因为良好的兴趣能转化为学习的动力；三是双语课堂是否有适合于学生参与教学活动的合作氛围，有能充分调动多种感觉器官的适合学生发展的活动内容；四是学生是否踊跃参与各项学习活动；五是学生是否有主动合作意识；六是是否有学生还能参与教的活动。

互动式双语教学主要有以下几种可供参考的方法：第一，案例互动教学。对于人文社会科学类的课程，开展案例教学可能会收到良好的教学效果。例如，新闻传播专业课程可以进行模拟采访和播报，国际贸易专业学生的模拟谈判，法学专业学生的模拟开庭等。在这些令人耳目一新的教学活动中，学生用双语开展活动，同时对案例进行分析与评判，并在教师的引导下，发现问题并总结原则和规律，得出正确结论。再如，外国文学、艺术和美术作品欣赏等课程，采用视频播放会给学生带来视觉、听觉享受和轻松愉悦的学习氛围。有些理论问题和教学难点能化难为易，可以减轻双语教师负担。这种教学方法要求教师呈现案例，学生利用已有知识提出解决方案，教师点评并引入理论原理。其优势是印象深刻，不足在于理论深度有待于加强。

第二，主题研讨互动教学。这种教学方法通常用于阶段性总结教学，它强调发挥学生的主动性，能充分体现师生之间的互动。教师必须提供相关教学主题，诸如研讨理论概念、应用范围、发展前景、最新成果等专业方面的问题。学生必须提前收集信息、准备问题、撰写研讨材料，并在研

---

① 参见李莹莹：《高校双语教学的瓶颈及其突破途径》，《合肥工业大学学报》（社会科学版）2006 年第 6 期。

讨上阐述或展示自己的思路和观点。通过师生之间用双语进行问答式交流或争论、探讨，拓宽学生的专业视野，提高学生的外语口语水平，提升学生的学习能力和专业素养。

教学互动能否顺利开展，教师要立足教学内容，精心设计互动各个环节。一方面，教师要善于抓住教学中的热点问题、重点问题和疑点问题，进行教学互动设计；另一方面，学生是教学互动设计不容忽视的因素，离开了学生的积极参与，一切教学互动只能流于形式或成为空谈。这种教学方法需要学生的参与度，如参与广度、深度和自觉程度。参与广度是指班级有多少学生参与研讨活动，提出问题或回答问题；参与深度取决于师生提出问题或回答问题的深刻程度；参与自觉程度，主要是分析学生参与的目的性，是积极主动参与，还是消极应付参与。[1]

2. 开展启发式双语教学

双语教学要尽可能采用启发式教学方法，引导学生主动集中思维，积极参与双语教学过程。启发式教学方法的最大优点在于能培养学生独立分析问题和解决问题的能力。[2] 一个优秀的双语教师要善于调动学生学习的积极性和主动性，使学生作为课堂的主体，体验思考和参与互动的乐趣，并采取措施减少双语教学中英语语言障碍。例如，采用场景模拟教学，教师在课前做好充分准备营造逼真场景，然后课堂上让学生就场景中的角色进行演练，分析所用到的管理学知识和方法，教师进行总结。[3] 在双语教学过程中，教师开展以任务为中心的教学活动，利用启发式等教学方法，激发学生的学习动机，最大限度地让学生参与学习的全过程。[4] 这种教学方法既要强调教师的指导作用，又要强调学生的主体性作用的发挥，从而调动学生的学习积极性。只有使师生相互联系、相互促进才能达到专业课双语教学的预期目标。这种教学方法通常包括课堂回答、案例讨论、每节

---

[1] 参见王生华：《发展性课堂教学评价研究》，《宁夏教育科研》2005年第3期。
[2] 参见周显青：《启发互动教学方式在双语教学中的应用研究》，《河南工业大学学报》（社会科学版）2009年第3期。
[3] 参见沈莉：《高校管理学课程双语教学模式研究——以上海理工大学双语教学为例》，《教育学术月刊》2011年第11期。
[4] 参见张晓红：《比较文学双语教学模式的导向和探索》，《理论观察》2012年第1期。

课的陈述和课后的作业等。而作业可以和课堂陈述相结合，教师布置的作业可以是一个专题，要求学生课后查阅资料，用自己的语言组织成篇在课堂上陈述。

3. 开展讨论式双语教学

双语课堂教学可以围绕学生感兴趣的话题组织课堂讨论，引导学生积极发表见解，有利于促进学生对教学内容的深入思考，深刻理解教学目标，并运用所学基础知识分析和理解问题。① 双语教师可以将学生分成若干个讨论小组，要求他们在规定时间内使用英语进行专业问题讨论，使学生之间开展充分的交流。在讨论结束之后，每组选派代表向全班讲述讨论结果。教师可以在学生汇报后提供反馈意见。② 教师可以在专业阅读、文学欣赏、模拟国际会议、模拟商务谈判、模拟法庭等课程中进行讨论式教学。③ 开展讨论式双语教学，学生成为课堂真正的主讲，从而克服学生下课抄笔记，不主动学习与思考的不良习惯。通过讨论式教学，学生由被动变成主动，学习兴趣得到了增强。④ 因为在讨论过程中，学生有一种团体竞赛的感觉和冲动，有利于激发参与热情，促进师生互动。

---

① 参见张怀印：《"知识产权国际保护"双语教学初探》，《高教研究》2011年第2期。
② 参见洪萍、朱小晶：《高校文科专业双语课堂教学的优化》，《教育学术月刊》2009年第11期。
③ 参见童长涛：《双语教学与大学英语教学》，《赣南师范学院学报》2005年第5期。
④ 参见苑延华、姚君：《关于高等院校双语教学模式的创新》，《中国电力教育》2011年第10期。

第六章　双语教学绩效评价

高校实施双语教学绩效评价的最终目标是，提高双语教学的质量与有效性，促进双语课程的开发和建设，进而提高人才培养质量。因此，双语教学评价机制应具有良好的判断、反馈、沟通、激励、督促功能，表现为促进教师提高双语教学水平，帮助学生树立对双语课程学习信心和兴趣，并促进双语课程不断发展。教学质量的提高离不开教学评价。加强教学质量考核、监控和评价，科学、客观、公正、全面地评价双语教学是提高双语教学质量和效率的保障。双语教学质量评价是对双语教学活动及其效果以及相关因素的评价。双语教学评价应根据双语课程目标的要求，实施对双语教学全过程和结果的有效监控。

双语教学绩效评价，实际上是一种终结性评价或结果评价。本研究抓住了双语教学的本质特征和终极目标，对这个问题展开研究。事实上，双语教学资源和过程评价是为双语教学的实施准备条件，而双语教学绩效才是双语教学的归宿与终极目标。双语教学绩效评价问题涉及对双语教师教学效果的评价和对双语学生学习效果的评价两大方面，特别是学生的双语学习效果成为双语教学评价不可或缺的组成。课题研究着重探讨双语教学对学生英语水平的提升效果、专业知识的传授效果、跨文化交际能力的培养效果。如果双语学生在上述三个主要方面都获得明显的提升，那么双语教学的绩效基本上得到了保障。

第一节 双语教学基本目标

教学目标是学校教育目标的具体化，是教学活动要达到的预期效果，是教师对学生发展变化的期望，是通过有组织、有计划、有目的的师生共同活动达成的，不是学生自然成熟的结果。一般来说，可以将学校教育目标划分为三个层次，即学校培养目标，这是宏观的、抽象的、学校力求实现的总目标；课程目标，是特定门课程的教学发展目标，考虑到不同的学习领域和学生的发展状况，以行为目标的形式将宽泛的培养目标分解得更为具体，作为课程标准。教学目标即课堂教学目标或学习目标，描述的范围是一个单元或一节课，是教师在课堂教学中确定将要完成的具体目标，是目标系统中最微观和可操作的部分。教学目标具有导向功能、指导教学效果的测量与评价，以及指导教学策略的选择与运用等功能。我国高校双语教学效果并不理想，原因在于缺乏对双语教学目标的正确认识，许多高校将其目标仅定位为提高大学生的英语运用能力，片面强调其语言目标，从而忽视了其他关键性目标。双语教学目标应当是多元化的，只有确定双语教学的基本目标，双语教学绩效评价才有可能有效展开。换言之，双语教学绩效评价主要是围绕着双语教学的基本目标而进行的，是衡量双语教学目标的实现程度。

一、双语教学的英语目标

语言目标论者认为，双语教学的最终目标是使学生通过英语教学语言的运用来达到掌握英语语言的目标。双语教学课程是除语言课程以外的其他学科课程。卢丹怀认为，双语教学指的是使用两种教学语言作为教学媒介语，从而使学生通过教学语言的运用来达到掌握两种语言的最终目标。双语教学用两种语言作为教学媒介语，通过学习学科知识来达到掌握该语言的目的。也就是说，双语教学并非通过语言课程来实现语言教学的目标，而是通过学校教育中其他的学科课程来达到帮助学习者掌握两种语言的目的。双语教学的基本原则是教师坚持使用学生的目的语。无论是传授专业知识,还是解答问题,教师都要使用目的语进行交流。①这只是双语教学的重要目标之一,也是绩效评价的基本依据之一。

在绝大多数情况下,语言目标主要是指英语语言目标的实现,其他外语可能不作为重点语言,我国高校甚至根本不使用其他外语作为教学语言。高校双语教学的语言目标是使学生熟练地使用英语,从而具备双语交流能力。如何衡量与评价这种双语交流能力,王德斌和孟国碧认为,可以将这种语言能力划分为三个不同的等级。

第一评价等级,学生的英语语言表达能达到与其汉语相当的水平,不仅具有语言的使用能力,而且具有语言的再生能力或语言的创造能力。这种语言目标要求可能过高,对我国高校双语教学目标来讲可能不切实际,因为在校大学生最多只能接受两至三年的系统的双语教学,学习时间过短,又缺少良好的语言使用环境。只有那些长期在英语国家学习和工作的留学人员才能基本具备这种语言能力(当然,一部分人可能也不具备这种语言能力)。从我国劳动力市场人才需求实际看,具备在非外语场合习惯地使用外语就能满足市场对人才的基本需求。笔者倾向认为,不能用这种标准要求和评价我国高校的双语教学,如果以此标准进行评价,可能只有极少数学生能达到这种目标,因而评价指标根本没有普适性。

第二评价等级,通过双语教学的培养,学生基本能习惯地使用英语交流,这种评价标准和观点得到了较多教师和机构的认同。根据我国劳动力市场对双语人才的需求和我国现实的双语教学条件和水平,这一等级的评价标准基本符合我国国情。如果绝大多数大学毕业生都能习惯地使用英语进行日常交流,则表明高校双语教学具有一定的绩效和有效性,能有效地保证毕业生从事与英语密切相关的职业,甚至在境外机构实现就业。

第三评价等级,通过双语教学,学生基本能使用英语语言的词语表达出一个较为完整的意思。普遍的现象和规律是,英语语言的使用达不到流

---

① 参见袁长青、范正华:《对我国高校推行双语教学模式阶段性成果述评》,《广东外语外贸大学学报》2007年第5期。

利程度，这是双语教学和双语使用的特性之一。① 如果高校毕业生的英语能力处于这一水平等级，则表明我国高校双语教学的绩效较为低下，其有效性受到质疑，应当对此采取有效对策加以改进。

依据以上双语能力三个不同等级的划分，笔者认为可以从学生英语听、说、读、写和译的五种基本语言能力入手，使用这五个微观指标进一步评价双语学生的英语语言目标的实现程度。第一，听、说、同声传译可以作为一个指标进行评价。俗话说，十聋九哑。没有语言的输入，就不可能有语言的输出。机械的考评是，通过一段英语语言的试听，要求学生根据试听材料回答相关的问题，以判断其听力的准确性，也就是我国英语专业和大学入学考试的听力测试题。另一种测试是，英语口语表达能力，给学生一段书面材料或话题，要求学生使用英语对此发表评论，从中可以测试学生的口语准确性与流利程度。这是通常采用的评价方法。笔者认为，根本没有必要如此大费周章，只需要进行同声传译测试就完全可以得出评价结论和等级。因为同声传译是英语学习的最难和最高境界。同声传译没有多少回旋余地，要求译者在瞬间之内完成语言翻译任务。译者首先要能听懂外国人的话语，如果连外国人的话语都听不懂，就不可能进行翻译，也就是说，这是有效的听力测试；听懂外国人的话语，然后翻译成标准的母语，再将母语话语表达者的讲话内容在最短的时间内翻译成英语，而且要使外国人完全能听懂，这就是测试译者英语说的能力，其语音、语调和语言的遣词造句及对文化习俗的了解等可以一览无遗。

第二，读、写、书面翻译可以作为一个指标进行评价。机械的考评是，通过一段英文书面文字的阅读，要求学生根据所阅读的材料回答相关的问题，以判断其阅读理解能力及其准确性，也就是我国大学入学考试和研究生入学考试必考的阅读理解测试题。另一种测试方法是，评价学生的英语书面表达能力或写作水平，给学生一段书面材料或话题，要求学生使用英语撰写文章，从中可以测试学生的英语书面表达能力。笔者认为，同样没有必要如此煞费苦心，只需要进行书面翻译测试就完全可以得出评价结论

---

① 参见王德斌、孟国碧：《论高校双语教学终结性评价体系的构建》，《成都大学学报》（教育科学版）2007年第12期。

和等级。因为书面翻译是英语学习的另一座高峰。翻译者首先要能读懂英文书面文字，这实际上就是测试阅读能力，再将英文翻译成母语书面语，或将母语书面语翻译成英文，都将面对阅读能力、理解能力、写作能力和文化差异等多重测试，是双语能力的交叉演练，是一种全方位的综合评价。当然，这些书面翻译材料的选取一定要与双语课程教学内容紧密相关，主要是专业材料的翻译。

相对于同声传译来说，书面翻译必须在有监督之下在规定的时间和地点完成。只有这样才能作出科学、公正的评价。因为同声传译具有瞬时特征，而书面翻译却没有这一特征，这就给翻译者以较大的回旋余地。翻译者可以借助于词典、翻译软件、求教于人、共同合作等方式完成译作。换言之，译作不完全是甚至完全不是署名者的作品。在进行双语教学绩效评价时，评价者对此要严加甄别。

二、双语教学的知识目标

要使师生双方都明白的是，双语教学的根本宗旨与归宿在于教授专业学科知识，而不仅仅是学习英语，在要求学生使用英文原版教材学习专业知识的同时，力求使学生的英语能力得到提升，是使用英语媒介学习各种专业理论与专业知识的过程。如果没有专业知识的系统传授与掌握，双语教学必将走向异化之路，同样也是不值得提倡的。从唯物论的角度看，双语教学的知识目标是第一性的，英语语言目标是第二性的，知识目标决定语言目标，离开了知识目标的实现，双语教学就丧失了初衷与本意。这正是双语教学与纯英语语言教学的根本区别所在。因为双语教学终究不是语言教学，不能简单地等同于学习英语，更不应是为了满足日常英语口语训练。其目标是使用两种语言作为信息媒介，对学生进行传道、授业和解惑，使他们在学习专业知识的同时，既完成了专业学习，又提高了英语语言的运用能力。其根本的归宿应是实现知识目标，而不仅仅是英语语言目标。①

---

① 参见陈淑霞：《当前高校双语教学应正确处理好四大关系》，《福建医科大学学报》（社会科学版）2005年第1期。

英语语言目标和专业知识目标的共同载体就是教材。英语语言目标是十分重要的，否则，直接使用母语教学会使教学效率更高，使用中文版教材也使学生更加容易阅读和理解。专业知识和专业术语表达方式能更好地与国际学术界尽早对接，有利于学生未来发展和竞争力的增强。从这个意义上讲，不能机械地将知识目标与英语目标相隔离甚至予以对立。双语教师绝对不能忽视专业知识的传授及其科学性，但难点和重点在于如何更好地使用纯正流利的英语加以表述，从而实现两种目标的有机统一。

在双语教学过程中，专业知识的系统传授主要涵盖以下四个方面：其一，专业的内容知识，涵盖各专业有关的基本概念、定义、原理、理论；其二，专业的实质知识，也就是有关某一专业领域的主要知识架构与概念架构与体系；其三，专业的章法知识，包括一个专业领域研究者探究知识的标准或思考方式；其四，有关专业的信念和专业发展的前沿动态。[1] 如果双语教学降低了学生对专业课程的学习效果，那么这种教学就没有绩效可言。双语学生专业能力的评价，主要包括专业知识掌握的系统性、专业理论深度和专业理论应用与分析问题的能力，以及对本专业前沿和发展动态的了解程度。专业知识掌握的系统性，着重评价学生对一个专业的术语、概念和基本知识的了解和学习程度，通过双语课程教学之后，学生掌握了一个专业系统的基本知识。专业理论深度，评价学生对一个专业主要的理论、原理、或学派思想、方法的理解深度。专业理论应用与分析问题的能力，旨在评价学生通过双语课程学习之后，在理解理论和原理的基础上应用这些理论分析和解决实际问题的能力，以及建立在专业理论基础之上的实际操作能力。对一个专业前沿和发展动态的了解程度，是专业修养的另一个重要方面，必须要将大学生的这种能力纳入评价指标之中。对双语学生上述三个方面的评价不能单独进行，一定要有一个参照系，即要将双语学生与非双语学生的专业能力加以比较评价。如果双语学生的专业能力低于非双语学生，就足以说明使用英语作为教学语言传授专业知识的效率是

---

[1] 参见龙晓明、刘小荣：《我国双语教师专业发展策略》，《广西社会科学》2009年第7期。

低下的，不能取得与非双语学生同等的专业学习效果。通过一段时间的双语教学后，双语学生和非双语学生的专业能力基本相等，那么双语教学是富有绩效的，因为除了专业课程学习之外，双语教学还获得了一个副产品，那就是英语能力的增强。

三、双语教学的思维目标

思维方式是指观察世界的方式方法。不同文化背景的人思维方式不同。它是文化心理特征的集中体现，又对文化心理产生制约，体现在物质文化、制度文化、行为文化、精神文化和交际文化上。思维方式差异是造成文化差异的原因之一。语言是思维的工具，思维方式与语言联系紧密，是语言生成和发展的深层机制，语言又促使思维方式的形成与发展。中国人的辩证思维包含了变化论、矛盾论及中和论，认为世界永远处于变化之中，没有永恒的对与错。西方人思维是一种逻辑思维，强调世界的同一性、非矛盾性和排中性。中国文化基于农业社会，强调等级与和谐，思维取向是人际式的。而西方文明不完全依赖于农业，某些产业对个人特征的要求更高，西方人思维取向是个人式的。

毋庸置疑，中西方两种不同的文化差异较大，这是双语教学首先必须面对的问题，特别是这种文化差异表现在思维方式和习惯上的不同。中国文化和西方文化的思维方式差异有时甚至会引发文化的激烈冲突。中华民族是一个长期崇尚统一的民族，集体主义受到推崇。中国人更多地偏向综合思维，注重思维的整体效果，其思维方式是整体优先的思维方式。中国人书写时间和地址正是这种思维方式的体现，时间书写顺序是年、月、日，地址的书写顺序是从大到小。中国人认为，家族重于个人，姓名通常将家族的姓氏置于前面，个人的名字放在家族姓氏的后面。恰恰相反，由于受到西方哲学思想体系的影响，英语民族更多地偏向抽象思维，喜欢使用概念抽象的词汇，也更多地偏爱部分优先式的分析思维。西方文化是以个人主义为主流的文化价值，其思维方式也同样如此。这些必然要体现在英语语言的表达习惯上，表现为时间的书写习惯顺序是日、月、年，地址的书写顺序是从小到大。西方人的姓名总是个人名字在前面，家族姓氏在后面。

这是因为他们通常认为，个人比家族更为重要。在双语教学中，教师要使学生了解两种民族思维方式的差异。在英语语言的学习上，一定要注意从整体上把握中西方文化的差异，是一种文化的研习和思维方式的转换，而不是简单的字句对译和望文生义。[①]

四、双语教学跨文化目标

跨文化沟通，是指不同文化背景人的信息、知识和情感传递、交流和理解行为。缺乏共感是跨文化沟通的障碍之一。一方面，不同文化的人通常站在各自立场认识和评价事物，没有换位思维，特别是对方持有优越感的沟通态度，认为自己的行为或管理方式比较先进，双方就更难取得共感。另一方面，缺乏对异质文化的学习与了解，容易误解他人的行为。随着信息科学技术的发展，地球变得越来越小，各民族之间的交往日趋频繁与紧密，不同文化之间的交流与碰撞司空见惯。在这一大势之下，我国高等教育国际化程度正在逐渐提高，这是时代发展的必然结果。反过来讲，全球化时代的高等教育必须肩负起促进国际理解与合作的职能。因为在全球化逐步加快的背景下，生产要素流动的国际空间与速度同时加大，从而无法避免地造成不同文化、不同意识形态、不同价值观念之间的相互交流、碰撞与矛盾，而这些也将随着信息技术革命的发展得到进一步强化。但是，必须注意的是，合作不等于融合，合作仍然保持自我，融合可能会丧失自我。就高等教育而论，它的民族文化特征是十分明显的，其国际化和其民族化是对立统一的关系。国际化是在民族化的基础上形成和发展的，必须保持本民族文化的特征，脱离本民族文化以追求高等教育国际化发展是一种舍本求末之举。只有保持民族文化的特点，才能更好地融入国际化大势。[②]

双语教学培养学生跨文化目标，要求学生具有对异族文化的知识和基本了解，进而能在一国内部各种文化成分之间和世界各国不同文化之间建

[①] 参见李向红：《略论双语教学中的文化导入》，《教育发展研究》2006年第2期。
[②] 参见徐颖：《浅析新加坡高等教育的国际化发展战略》，《浙江师范大学学报》（社会科学版）2003年第3期。

立积极的交流与相互合作的关系。开展跨文化教育是要促进对文化多样性的尊重和相互理解,其目的应当是从理解自己民族的文化发展到鉴赏其他民族的文化,并最终鉴赏世界性文化。语言是文化的载体,一种语言就是一种文化,而一种文化便是一种生活方式与思维方式。双语教学可以使学生在更加宽广的课程领域接受两种文化的熏陶,既能继承本民族的优秀传统文化,又能吸纳丰富多彩的世界文化。两种不同文化的融合与优势互补,有助于开阔学生的视野,使他们摆脱传统狭隘观念的束缚,以开放的心态和跨文化的素养迎接全球化社会所带来的诸多挑战。跨文化教育日益成为培养国际竞争人才不容忽视的问题,双语教学则是跨文化教育的有效载体。这种先进的理念突出了语言的文化性,赋予了语言教育应有的文化内涵和双语教学的跨文化教育功能。

第二节 教师教学绩效评价

一、学生双语教学满意度

双语学生对承担双语教学教师的满意程度,将直接决定他们对双语教学的满意与参与程度,因此评价双语教师教学效果的重要前提就是学生对教师教学的满意度。如果没有学生对双语教师教学的满意度,双语教学绩效将难以达到保障。

第一,学生对双语教师英语能力的满意度。这实际上是一个教师的资质问题。双语教学对教师的英语综合能力有很多高标准的要求,承担双语教学的教师英语能力要达到十分娴熟和高超的水平,英语听力很强,既要能听懂外国人的英语,又要能听懂学生的各种口音和并不标准的英语,回答他们的提问。双语教师口语表达十分流利,基本上具备英语同声传译的水平,而且语音和语调标准优美,对学生产生较强的吸引力,使学生听起来悦耳和舒适,从而激发他们积极参与双语学习。双语教师要有十分广泛的英文阅读量,具有大量的英语词汇量,对英语国家的文化习俗了如指掌,基础英语能达到与母语同样自然运用的程度。不仅如此，双语教师的英语能力和词汇量更表现在特定的专业领域内，能熟练地使用英语准确表达专业知识，解释专业英语词汇。由此可见，双语教师英语水平的高低，将直接影响双语教学的效果和学生参与双语教学的积极性。在评价双语教师教学效果时，这是一个极为重要的指标和前提，失去这一前提，双语教学就无从谈起。

第二，学生对双语教师专业能力的满意度。无论英语多么重要，它也只能是一种语言媒介，而专业则是双语教学的载体。不能保证专业课程教学质量的双语教学是本末倒置的。这就要求双语教师具有精湛的专业理论知识与专业技能，从确保专业课程的教学质量。双语教师必须深入研究本专业的基本理论和知识，把握专业前沿的发展与动态，并在专业的某些方面具有较高的学术造诣和学术贡献。只有在扎实的专业基础上，英语语言的娴熟运用才有载体，才能将英语与专业有机结合，才能保证双语教学的成功。学生可以从以下几个主要方面衡量双语教师的专业能力：一是专业知识的娴熟与系统性。教师对于本专业知识的掌握达到十分娴熟的程度，可以信手拈来，脱稿授课，并能系统地讲授专业的相关概念、理论、原理等内容。二是专业知识的深度与广度。教师对专业理论的讲授要有一定的深度，能够举一反三、融会贯通，并具有对专业边缘学科渊博的知识储备。三是专业创新能力。教师在专业教学中要善于发现问题，指导学生对新问题展开研究，并提出新思路和新观点。

第三，学生对双语教师教学能力的满意度。双语教师教学能力体现在多个方面：一是双语教师的教学态度是端正的。与普通专业课程教学不同，双语教学的难度较高，教师要耗费更多的时间备课，才能保证双语教学的质量。这能从教师的基本教学要件得到证明，如讲稿撰写细致严谨，讲课内容充实。双语教师应该具有信息获取、整理与利用三位一体的综合集成能力，及时充实专业教学的背景资料和参考文献，使教学内容更具有时代性、创新性和多样性。课件制作内容切中要害，英文专业术语标准，课件表现形式精美，使教学内容更加直观，提高学生的学习兴趣。双语教师讲课有激情，精神饱满，能感染学生，调动其学习积极性。二是双语教师教学方法的多样性。教师首先要尊重教学规律，深入了解学生的双语学习心理，合理安排组织教学的各个环节，循序渐进，动态调整双语教学的推进步骤，难易程度把握恰当。双语教师积极探索案例教学法、互动教学法等教学方法，利用多层次、多样化的教学方式方法，营造出学生易于接受的学习氛围，以期达到最好的教学效果。[①]三是双语教学过程的互动性。双语教学有没有互动性不仅会直接影响教学效果，而且更是教师专业能力的反映。没有高超教学艺术和精湛专业知识的教师一般不敢开展教学互动，通常是"满堂灌"。因为这种教学方式没有学生的参与，或者说学生根本没有机会对教师教学内容提出质疑，只有教师单独自说自话，教师就牢牢地掌握了课堂教学的主动权，完全可能根据自己的意志避重就轻地授课，不会受制于学生，也不会出现教师回答学生问题不透彻甚至不能回答学生提问的窘境。例如，研究生双语教学课程，教学互动对教师的要求相当高。从表面上看，课堂大部分时间由学生讨论完成，教师静坐在课堂听讲比自己费力讲解更加轻松，其实不然。因为教师要面对学生提出的各种问题，许多问题可能是事先没有预料到的，也就是说，课堂教学内容是不可控的，教师会面临更多的挑战与风险。如果教师没有对本专业精深的研究，就不可能驾驭和控制课堂，也不可能做出十分精湛的点评，并引出新的研究问题供学生进一步研究，从而使学生对教师产生佩服心理并增强对专业学习的兴趣。

　　对于双语教学而言，课堂互动和交流就显得格外重要，因为双语教学具有英语目标的要求，非双语教学没有英语目标要求，学生使用母语学习缺少语言交流绝对不会影响其母语语言表达能力，而双语教学过程中英语语言交流机会在很大程度上有赖于课堂教学互动的开展，而事实上有效的双语课堂教学活动的重点应当是课堂交流。纯粹英语语言教学的课堂交流只能停留在语言层面上，没有足够的专业话题，缺少专业知识载体使这种交流受到了某种限制，从而使英语学习成为无源之水、无本之木，也降低了学生的学习兴趣，特别是我国传统的专业英语教学的这一特征十分明显。因为这种课堂交流使学生掌握了很多专业英语术语，却不能自如地运用专

---

① 参见吴祥佑：《基于 SEM 模型的保险双语教学满意度测评》，《金融教育研究》2012年第 2 期。

业英语进行沟通。原因之一可能是英语专业术语是分裂的、不系统的,没有出现在恰当的专业语境之中,加上教师使用汉语解释英语专业术语,主要是以翻译的模式开展教学,没有学生的英语语言交流与表达。而双语教学是以交际为导向、建立在具体专业内容基础之上的英语教学语言被大量使用,其宗旨就在于培养学生使用英语的主动性、创造性和能动性,使用规范的专业英语术语进行学科内容交流,这种交流有了坚实的载体。师生之间、同学之间应当有很多话题可供讨论,从而将英语语言学习和专业学习完美地予以结合。

建构主义重视社会性相互在学习中的作用,合作学习和交互式教学是这种社会性相互作用的主要体现形式。双语教学中师生双重积极性应同时并重。师生的相互交流与影响,不只是认知信息方面的,还有情感信息的交流与互动,来提高学生知识建构的质量。生生之间的相互交流使每个学生都有语言实践的机会,小组成员相互沟通,相互合作,以完成对知识的建构。这种轻松愉快、生动活泼、合作竞争的教学环境,有助于学生健全人格的培养和塑造,充分发挥了学生进行双语学习的积极性和主动性。[①]

二、教师的教学绩效评价

(一)双语教师教学行为评价

一个教师的教学行为直接关系到课程教学的最终效果,因而在评价教师教学绩效时,必须要关注对教师教学行为的评价,这也是一种形成性评价,是对整个教学过程的关注。教师教学行为评价的主体有多方面,而国际社会似乎更加重视教师自我评定。这是教师采取自我分析、自我反思的方法对自身教学活动进行评定,是教学评定的重要途径之一。

在美国保留性双语教学中,教师教学行为评价主要途径是教师的自我评定。教育主管部门关注的是评定模式的科学性,所以美国教育评价机构

---

① 参见李严亮:《试论建构主义理论对体育双语教学的启示》,《长春理工大学学报》(高教版)2009年第8期。

及时更新教师评价系统。以美国俄克拉荷马州教育机构为例,教师自我评价的主要指标有:发展与社区关系,课程开发,教学水平提高,教学前备课,教学设施利用,教学气氛创造,评定学生学业成绩,对学生提出合理建议,对教学工具、设备、仪器和材料的管理,支持学生活动,保证课程有效性,参与教师有关的活动。上述内容分为若干个等级:低等,即我意识到这个方面问题,但很少应用;中低等,即我基本理解这个问题,有时会应用;中等,即我理解这个问题并有规律地应用;高等,即我完全理解这个问题,每天都在应用。各个等级都有相应的分值,将实际的分值相加以后,教师就可以对自己的工作进行评价。美国保留性双语教学的教师教学行为评定主要采取教师自我评定模式,学生对教师评定也占一定比例。多数学校将两个方面的评价结果相结合,得出教师教学行为评价结论。[①] 当然,这种评价涉及到教师教学前、教学中和教学后整个教学过程的行为,因而是一个广义的评价范畴;同时,这种评价适合全部教师,是一种普适性的评价尺度,反映了美国教育主管机构对教师教学评价的理念。这里,需要澄清两个基本问题:一是美国的教师教学行为评价尺度是否适用于中国教师;二是普适性评价尺度是共性,我国双语教学是个性,那就是如何凸显双语教师教学行为评价的个性特征,从而提高评价的针对性。

1. 双语教师教学态度评价

在很大程度上讲,教学态度决定着教学行为与效果,教学行为反映了教学态度,两者是紧密相关的。如果双语教师没有一个端正敬业的教学态度,那么就不可能取得良好的教学绩效。教学态度体现在教学行为的各个方面。主要观察点有:一是严守教学纪律。教师在教学过程中没有上课迟到、早下课、拖堂,或者随意取消上课、调课、请人代课等不良现象。二是研究教学内容和方法。教师不备课肯定是教学态度不端正,而双语教师课前认真备课就显得格外重要,体现在各种教学要件高质量的英文编写,还要研究双语学生并根据学生实际选择恰当的教学方法。三是关注学生发展。教师要关注学生的发展,诸如双语学习效果、能力养成、人格品性锻造等,

---

[①] 参见梁芸:《美国保留性双语教育研究》,广西师范大学硕士论文,2007年。

双语教师要善于处理师生关系，指导学生改善学习方法以及发展规划。四是积极开展教学研究，并提高自己的职业能力。

2．双语教师课程开发评价

教学态度是一个十分宏观和包罗万象的范畴，积极开发双语课程当然归因于良好的教学态度，而课程开发更是研究教学内容的高层次备课行为。理科双语课程开发可能要联系企业生产实际进行，文科双语课程开发要更多地结合当地社会经济发展而展开，无论何者都涉及到发展与社区的关系，将社区有效的资源转化为双语教学资源。这就需要双语教师具有一定的社会交际能力，积极发展与所在社区的友善关系。一方面，双语教师可能要利用节假日深入社区开展调研，挖掘社区内有价值的教学资源，从而提高双语教学的针对性，使学生的培养更加符合社会对人才的需求；另一反面，双语教师要认真撰写调研报告，或编写双语教学讲义，或开发校本教材，或撰写双语专业课程的教学案例。这些鲜活的教学素材比教学参考资料更加具有针对性；反过来讲，有能力开发双语课程的教师，其备课必然是充分的，其双语教学水平也更高。

3．双语教师设备利用评价

美国教师自我评价，较为关注教师对学校教学设备利用的评价，这是构成教师教学行为的一个重要方面。如果教师没有较强的设备利用意识，就不可能更有效地利用外部资源促进教学，特别是双语教学更加如此。因为双语教学对资源的依赖程度可能要远远超过普通的教学，诸如对环境和图书资料的支撑需求等。教师对学校现有教学工具、设备、仪器、材料的利用程度和管理规范，成为衡量教师教学行为的观察点。对于我国双语教师来说，理科教师侧重评价他们对有关实验室设备、仪器、材料的使用与管理规范程度；文科教师评价他们使用现代化教学工具如多媒体设备的频率。更为重要的是，文科双语教师要能够对学校图书馆本专业的英文藏书了如指掌，从而有的放矢地指导学生在课余时间阅读英文专业文献。这样既能有效地利用现有的双语教学资源，又能将双语教学延伸至课堂之外。

4．双语教师指导学生评价

双语教师指导学生主要体现在两个方面：一是指导学生开展双语课外活动。教师要对学生课外活动给予积极支持，并提出合理化建议与指导。

诸如，学生参加英语角活动，以及其他双语活动；学生深入社区进行调查研究；学生暑期去国外参加合作办学活动，甚至是学生有意向留学，教师指导他们选择国外高校与专业等。二是指导学生改善学习策略，特别是英语学习策略。教师指导学生在英语语境中学习单词，即通过广泛的阅读学习单词，或采用联想和构词法学习英语单词等，而不是机械地背诵英文词典。学生可根据兴趣独立选择专业研究课题，教师要指导和鼓励学生研究所选择的课题。双语教师要在课余时间引导学生改善学习策略，将英语学习与专业知识、专业语境紧密结合。

5. 双语教师参与教研评价

教研活动反映了教师对教学工作、专业建设和学科建设的重视程度。双语教师参与教研室教学研究活动成为评价其教学行为的重要指标构成。通常可以从四个方面进行观察：一是双语教师参与教师教学研究活动的频率。如果教师经常参与这类研究活动，其教学态度和行为是端正的；如果教师经常不参加此类活动，那么其教学态度和行为存在问题。不参加教研活动就不能及时了解教学前沿的信息和本专业发展的最新动态，其教学内容和方法必然存在滞后性。二是双语教师参与教师教学研究活动的质量。如果教师能在这类教研活动中有突出的行为表现，如改善教学方法、提出专业方面的新见解等，其教研活动质量较高。如果没有丰富的教学实践作为基础，双语教师就不可能提出新见解。三是双语教师通过参与教师教学研究活动，发表了有关双语教学理论或教学实践改革方面的教学研究论文，或修订了有关的双语教学讲义或校本教材等。四是资深双语教师对青年双语教师的培养与帮带。这表现在带教的数量和质量两个方面，它表明一个双语教师对队伍建设的贡献。当然，这一指标也可以通过青年教师的舆论指向和口碑来评价一个双语教师在业内行为的影响力。

（二）双语教师教学绩效评价

双语教师教学绩效评价的根本依据就是双语教学目标，即前文所述的英语语言能力、专业知识能力、英语思维能力和跨文化沟通能力四项主要指标。当然，各项指标的实现程度有着不同的要求，这又取决于地区和高校性质的差异，以及不同评价主体对双语教学满足自身需求的价值判断尺度大小的不同，从而为双语绩效评价增加了难度。就评价中的现实问题而论，不同办学主体对双语教学目标的设置，以及教师根据学校的双语教学规划制定课程教学目标，这些目标的实现程度才是评价者衡量双语教学绩效的直接依据。

1. 双语教学目标的科学性

各专业课程双语教学目标是教师教学的出发点与归宿，是评价一个教师双语教学的基本标准。评价者首先要衡量目标的科学性，然后再评价目标的实现程度。如果双语教学目标是好高骛远、脱离实际的，那么评价也就丧失了其基本依据，或者说即使双语教学目标没有实现，也是无可厚非的，因为目标设置不切实际。因此，在开展评价之前，评价者必须获取各专业课程的双语教学规划和教学大纲，从课程目标设置出发，衡量这些目标与学生的知识水平和英语能力是否相符合。双语教学目标是否清晰，不能含混不清或者缺乏针对性，目标要体现出层次性和个性特征。双语教学目标是否能满足绝大多数学生的需求，防止目标过高学生根本无法企及，也要杜绝目标过低缺乏激励作用，换言之，一个科学的双语教学目标是师生通过努力能够实现的目标。

2. 双语教学目标实现程度

双语教学目标实现程度，既体现在各个教学环节之中，表现为一切教学手段和资源都紧紧围绕和服务于课程教学目标，又通过双语学生对专业知识、英语能力等目标达成程度来评价。首先要遵循形成性评价理念对双语教学过程进行考察。诸如，专业课程的双语教学内容深浅得当，符合学生基础和认知规律，双语教材信息量适度，并融入前沿新信息。教师能运用英语流利讲授，专业知识讲授系统正确，突出了教学重点和难点。从双语学生方面看，他们思维活跃，课堂互动良好，学生学得愉快并显现出较高的双语学习积极性。其次要评价双语教学目标的实现程度，可以从以下几个方面进行评价。

第一，英语语言目标的实现程度。双语教师使用标准流利的英语讲课，给学生以大量的英语语言输入，内化为学生英语运用能力的上升。语用学理论表明，语言教学不只是单纯增加语言知识，而是培养学生的语言运用能力，使他们能在具体的语境中恰当地表达，准确地理解语言的语用功能。① 例如，能够听出英语语言中讽刺意味和不友好语意。我国传统英语教学重视语法翻译法，培养出的学生语言知识扎实，缺乏语言运用能力和再生能力。从某种意义上讲，双语教学可以理解为交际语用教学法，以专业知识为载体构建一个英语语言运用环境，使学生实现了"教学用"相结合。事实上，双语教学整合了多种英语专业课程的培养功能。例如，英语系学生听力口语课程，而在双语教学中英语就是一种教学语言，学生时刻处于英语听力状态，并迫使他们使用英语口语表达专业内容；旨在提高英语系学生阅读理解能力的英语精读课程、泛读课程、文学欣赏课程，被双语教学中大量专业文献阅读所替代。如果双语教师引导得到，双语教学的英语语言目标必将达成。

第二，专业知识目标的实现程度。双语教师专业知识教学目标的实现程度，主要包括教师专业知识传授是否具有科学性和前瞻性，教学内容是否紧扣教学大纲，信息总量和信息重点是否把握得当。通过专业课程双语教学，专业内容的广度与深度是否受到损害，或者说双语学生的专业知识与专业技能目标是否已经达成。与那些没有参加双语教学的学生相比，双语学生在专业设计和专业工作能力方面是否存在欠缺。对理科双语教师来说，实现专业课程双语教学目标，还可以通过学生实验操作能力，以及研究专业问题的能力来观察；对文科双语教师而言，学生的专业阅读面和专业英文写作能力正是双语教学绩效的反映。

第三，学生品格培养与跨文化沟通能力的形成。教育不仅仅是培养人做事的能力，更重要的功能在于教会人懂得如何做人，培养学生正确的世界观、价值观和人生观，以及诚实善良、宽容大度、友善合作等多方面的为人之道，使他们成为品格高尚的人。这是进行跨文化沟通的前提和基础，因为西方文化非常重视人的品格。如果没有一个好的人品，也就丧失了交流的基础。特别是人文社会科学类的双语教学课程，更要注重对学生品格的培养。在保持我国优秀传统文化的基础上，教师要将西方文化中的合理内核传授给学生，从而实现文化的相互交融与互补。就这一点而论，没有

---

① 参见刘道影：《大学英语教学与双语教学的衔接研究》，《西北医学教育》2011年第6期。

参加双语教学的学生与双语学生存在较大差别，其文化视野是不同的。双语教师通过双语课程教学增强了学生的跨文化知识，培养了学生的跨文化交流技巧，其双语教学的文化目标就基本达成。

第三节 学生学习绩效评价

一、学分制与考试评价局限

目前，我国高校是以学分作为考核计量单位，以选课为中心，以平均学分积点作为衡量学生学业的指标，以取得最低总学分作为学生毕业和获得学位的主要标准。这种制度不完全适合双语教学特点，评价存在着一定的局限性。

首先，过分注重评价的知识性。我国高校双语教学考核仍采用闭卷考试的形式，内容更多侧重于学生对知识记忆的考核，局限于教材、课堂笔记、教师划定的范围和指定的教学内容，缺乏对学生创新能力和综合素质的评价，体现不出学分制下考核内容的丰富性。在学分制自由选课模式下，教学对象不仅社会背景、生活经验、价值观念和性格特征迥异，而且具有不同的知识结构、专业背景、思维方式和志趣爱好等，区分度与传统的学年制存在着较大的不同，因而对考核内容的科学性提出了更严格的标准。目前，这种差异性尚未受到应有的重视，考试和评价的内容被教材化、固定化，层次性和区分度明显不够，其科学性得不到有效保障。

其次，考试评价的方式单一化。闭卷考试、开卷考试和课程论文几乎成为教师和学生们最熟悉的考核方式。考试是评估、检查教师教学效果的重要手段，考试环节主要采取考查知识记忆的闭卷考试，采用一份试卷作为最终的考核结果往往不能客观、全面、准确地反映出学生的真实水平，而且命题、评分标准注重条条框框，不利于了学生创新思维的培养，因此具有一定的弊端。特别是部分高校强调所谓的考试规范化操作，要求教师出题必须要有一定数量的客观题，包括多项选择、单项选择、正误判断、名词解释、简答题等零碎的题目，用考中学生的方式考核大学生。教师还要编制所谓的标准答案，设置十分细化的评分点。如果教师没有严格按照这种要求制作试卷，试卷就会被学校退回。有些教师出题富有创新性，学校有关部门将其试卷退回，理由是试卷内容涉及别国敏感问题，可能会引起不必要的国际问题。这种考试形式已引起部分教师的反感，即使是平时很少上课的学生，通过考前死记硬背也能及格甚至考出理想的分数。开卷考试可以考查学生对知识的理解程度，并具有一定的灵活性，但主要围绕教师课堂讲授的内容，以知识的考查为重点。学分制下的课程都有其各自的特色和培养学生能力的侧重点，如果仅仅采用单一的考核方式测评学生的学习效果，那么测评的结果是片面的，不能全面客观地反映学生对知识掌握的程度。

再次，考核评定缺乏科学性。我国绝大多数高校双语教学评价是以终结性考核为主，成绩的评定往往是以期末一次性考试的成绩作为学生整个课程学习的成绩；当然，也有一定比例的平时成绩，主要是由教师主观评定，存在着随意性和缺乏依据等问题。客观而论，在一定程度上讲，考试成绩能够反映出教师的教学效果，但这种评价不完全符合双语教学的各项目标，即掌握专业知识、提高英语运用能力，以及增强跨文化沟通能力，等等。双语教学评价要求高校对学生进行全方位、动态的评价，诸如对双语学生在课程学习过程中的态度、方法、努力程度、课堂表现和学习结果的综合评定。与传统的母语教学语言不同，双语教学无论是在教学目标，还是在师资、教材、教学环境配备等方面都存在着较大的不同。如果高校采取和母语教学基本相同的评价方式，或者只是在母语教学评价方案的基础上进行简单的修改并不能增强这种评价的科学性和适用性。这必将造成双语教学评价在具体的应用中缺少可操作性，进而阻碍双语教学绩效评价的推进。[①]

第四，考核管理制度缺乏科学性。我国绝大多数高校教学和考评一体化，双语教学也不例外。参与双语教学的教师就是评价考核学生的主考官。

[①] 参见沈燕琼：《学分制条件下双语教学考核存在的问题及对策》，《教育探索》2010年第8期。

由于双语教师直接参与教学和考试的各个环节，教学组织的实施与考试组织的实施并未完全分开，从而使评价的结论缺乏可信度，出现了管理制度上的自相矛盾。一方面，学生不重视整个双语学习过程，对所学专业知识没能做到及时内化、扩张和运用，不利于学生创新能力的培养；另一方面，这种考试管理制度给教师与学生之间的合谋提供了较大的空间。因为教师完全掌握考试命题权，考虑到学生考试压力、就业竞争力和教师自己的脸面等原因，可能会给学生划定考试范围，有意降低考试的难度。我国高校出现了很多高分低能的学生恐怕就是这种考试评价管理制度不科学的产物。

二、学生学习绩效评价指标

（一）学生英语语言能力评价

长期以来，我国评价大学生英语能力的主要途径就是英语四、六级考试。这种初衷在于评价学生英语能力的考试却被赋予了过多的功利色彩，诸如学生学位证书的获取、推荐免试直升硕士研究生、就业竞争和职位晋升等各种事项，甚至也与高校教学评估和评奖等直接挂钩，使得英语能力的评价出发点并不十分纯粹。究其原因，我国目前英语能力评价指标和评价手段过于单一，各高校都将四、六级英语考试成绩作为衡量学生英语水平和大学英语教学绩效的主要评价标准。当然，英语四、六级考试绝对不是万能的，其固有的评价局限性在一定程度上弱化了对学生的实际语言综合运用能力的评价。随着全球化步伐的加快，英语语言教学的目的不仅是为了日常交际，而且要能运用英语进行专业工作。只有真正将学生从应试教育中解放出来，才能真正提高学生的综合运用英语的能力；只有真正地实现与专业教育相结合，才能真正地评价出学生的真实英语能力和水平，才能培养满足国家和社会需求的英语人才。[①] 双语教学正是出于这种目的，

---

① 参见刘国生：《推进双语教学提高大学英语教学质量》，《重庆理工大学学报》（社会科学）2010年第7期。

其评价指标应当与传统的英语评价不同。

第一,英语听力和口语表达能力。一般来说,如果两种语言同时使用,大部分学生必将会对其母语产生依赖。当母语与另一种教学语言混合使用时,学生自然而然地将大部分注意力放在母语上,而有可能忽视对英语媒介提供信息的关注。[①] 一种最好也是最常见的状态是,学生能使用英语捕捉专业信息,但可能先将这些信息在心中翻译成母语,再使用母语理解和内化这些信息。如果要表达与此有关的新信息,学生在心中再次将这些信息从母语翻译成英语。换言之,学生并不是使用英语进行思维。这正是学生英语听力和口语表达速度缓慢的真正原因所在,因为在心中进行语言演练或翻译、如此来回折腾了两遍自然就降低了听和说的速度,这也是英语教学和双语教学所面临的最大挑战。能否跨越这种障碍,关系到双语教学绩效的提升。

英语听力与理解能力是语言最重要的能力之一。双语学生要能听懂日常英语会话、广播、电视和一般性题材讲座。除此之外,还要能听懂本专业领域内的学术讲座,能使用专业英语与本专业的外国同行进行专业交流或开展工作合作。作为与听力相对应的语言能力就是口语表达能力。学生能够就日常话题和来自英语国家的人士进行交谈,能在交谈中使用基本的会话策略。双语学生还能够就所熟悉的话题发表简短的讲演,英语用词准确,发音标准,语调正确,使英语国家人士能听懂。双语学生还要能够使用准确的英语对来自英语国家的学生讲课,或进行有关专业研究进展的介绍。前文对语言目标提出高标准要要求,即双语学生基本能够达到同声传译的境界。当然,如果这种要求标准过高,那么基本的英语听力和口语表达能力是必须达到的目标,否则,双语教学的绩效就不能得以保证。

第二,英文阅读理解能力和书面表达能力。双语学生的英文阅读能力,就是要求学生能够完全通读外国的英文报纸,通过英文报纸的阅读了解国际重大事件,使英文真正成为一种生活中的语言;通过英文浏览各主要英

---

① Fillmore, L.W., *Language Learning through Bilingual Instruction*, University of California, Berkeley, 1980.

语国家的新闻网站和各专业领域的主要网站。除此之外，双语学生还要能通读工作、生活中常见的应用文体的英文材料，特别是在其专业领域或工作领域，要能娴熟地使用英文进行阅读。与书面阅读能力直接相关的另一种语言能力就是书面表达能力。英文书面表达能力主要涉及以下几个方面：一是双语学生能使用英文记录事情或工作日程，记录学术报告或工作报告的内容（关键要养成一种习惯，这又与英语听力密切相关），使用英文撰写书信、日记等日常文书；二是就某一题材的学术论文撰写精准的英文内容提要，或者就某一课题使用英文撰写简洁的研究报告；三是使用英文撰写完整的专业学生论文，提交国际性的学术会议或投向国际性的学生刊物，基本上达到公开发表的水平；四是中英文互译能力，[1]这种能力也是一种书面表达能力，要求双语学生能够准确翻译本专业的英文材料或英文网站的专业材料。

欧洲国家十分重视对双语教学学生外语能力的评价，这种外语测试一般由专业教师完成，根据不同教学目标、要求和对象，设计不同的评估方式，并使考试尽可能生活化和多元化。例如，荷兰中学毕业生要参加由国家考试局组织的全国统一考试。大约有三成的学生在12年级参加统一考试，这种学业成绩考试包括三门外语：英语、法语和德语。四成左右的学生在10年级时参加全国统一考试，考试包括英语水平测试、法语或德语的听力和口语测试。这些考试成绩占学生学科最后成绩的五成。这与欧洲框架是相吻合的，与课程也具有连贯性。[2]

（二）学生专业知识能力评价

一般来说，评价双语学生专业能力目标的实现程度，可以在双语教学结束之后将他们与非双语学生进行综合比较，如果双语学生的专业知识和专业能力明显低于非双语学生，那么双语教学的绩效是低下的或是无效的。如果双语学生的专业知识和专业能力和非双语学生基本相等，那么双语教学就具有明显的绩效，因为在专业知识和专业能力基本相等的情况之下，

---

[1] 参见霍颜艳：《大学生英语综合应用能力培养探讨》，《中国电力教育》2011年第34期。
[2] 参见宋梅砚：《论上海发展中的小学双语教学》，上海师范大学博士论文，2007年。

双语学生的英语能力肯定高于非双语学生。另一个评价角度就是,将双语学生参与双语教学前后的专业综合能力进行比较评价,如果学生的专业能力有所进步,表明双语教学时行之有效的。评价双语教学知识目标实现程度的方法主要有四:一是专业课程的统一考试。要求双语学生和非双语学生统一参加专业课程考试,从中可以看出哪一群体的专业成绩更好,或两个群体的成绩基本相同,从而对双语教学绩效作出基本的判断。这种专业学习结果评价考试可以统一使用母语进行,因为使用英语作为考试语言对非双语学生有失公平,从而降低考试结果的可比较性。二是进行专业设计评比。同一专业的学生在进行专业设计时,评价者主要考察双语学生的专业设计能力是否达到和非双语学生相同的水平,如果达到相同的水平,表明双语学生的专业学习效果并没有受到语言障碍的影响。双语学生可以使用英语进行专业设计,因为这种设计评价使用英语并不多,关键在于专业设计理念和视角。三是专业讲演评比。通过对本专业的认识和专业前沿动态或发展趋势的讲演,从中可以看出双语学生和非双语学生的专业视野、专业信息量等。如果双语学生在这些方面明显高于非双语学生,则表明双语教学是十分必要和富有绩效的,否则,教育主管部门就要及时进行调整,以确保专业知识目标的实现。另一方面,可以将英语学术讲座与双语授课相结合,要求学生到场并考核,旨在培养学生的学术能力,短期内可能看不到效果,如果学生能持之以恒,一旦未来选择继续深造,这些重要的素质就可能发挥作用。[①] 四是与国际同行进行专业交流与沟通的能力。实际上,这是专业知识目标与英语语言目标一体化的演练与测试。通常而论,双语学生这种能力肯定要高于非双语学生,非双语学生不一定输在专业知识上,但一定输在专业术语和英语语言能力上,这也正是开展双语教学的现实意义。

对于双语学生专业能力的评价,要根据各种不同的情况具体展开,不能整齐划一。其一,从不同地区的实际出发,制定出不同的评价指标。沿

[①] 参见庄建东、曾勇进、李思:《双语教学理论的探讨及其应用》,《心智与计算》2010年第1期。

海发达地区与中西部落后地区不能采取统一的评价标准，前者的评价指标应当多于或高于后者。因为两者双语教学的起点和资源条件不同，地区对人才的需求标准也不同。其二，从不同类别高校实际出发，实行不同的评价指标。主要原因是不同高校办学资源相差悬殊，学生生源条件和基础不同。同时，不同类别的高校的培养目标不同，根本没有必要也不可能使用统一评价标准予以衡量。其三，从不同专业的实际出发，采用不同的评价指标。因为文科专业和理科专业的性质不同，两者应当分别执行不同的评价指标。就理科专业内部而论，同样存在着较大的专业差异，那些基础理论研究专业和应用性较强的专业的评价指标也要有所区别。在这里，双语教学评价的基础理论研究，不可能提出一个普适性的评价指标，只能提出一些基本的评价指标和评价原则。各专业双语教学评价指标应当本专业的专家研讨制定。

美国对双语学生的专业能力评价可以提供一些借鉴。从评价内容上看，华盛顿州学生的州级考试，是以《基本学术要求》为标准由州级教育部门统一命题考核。命题的题型主要有多项选择、简要回答问题、反应能力、阅读短文和问题的解决与写作等，旨在评价学生的基本知识、技能和理解能力。在美国保留性双语教学模式中，不同年级的试卷，英语和第二语言所占的比例不同。低年级试卷的题目可能使用母语解释，而高年级的试卷则是全英语命题，只有在最后的写作题目中允许考生使用自己熟悉的语言答题。考试结果出来之后，主考部门会给那些没有通过考试的学生发放"进步指南"，并对其成绩进行客观地分析，明确他们未来努力的目标。从评价方式方法上看，美国双语学生每年都要参加州一级的统考，这种统考是一种总结性评价。双语学生通常还要接受教师、学校、社区各个阶段的评估测试。教师对学生成绩的评估一般采用形成性评价。学校、社区则根据教师对学生的评价成绩，综合性地给予学生全面的形成性评价。教师对双语学生成绩的评价大都围绕学生平时在课堂上的表现和课后的作业完成情况两个方面，形成性评价的特征十分明显。例如，学生在课堂上的表现主要包括在同学们面前表达自己的观点和小组讨论两个方面。前者主要是鼓励学生走上讲台，在公共场合发表讲话，较少评价学生语言表达与专业知识深度。后者主要是从学生在小组中的活跃程度、对他人观点的理解和接受他人观点的态度来评价。①

（三）学生跨文化交流能力评价

评价学生跨文化交流能力具有较大难度，主要评价内容应当包括对外国文化的熟悉和了解程度、对外国文化的基本态度与倾向，以及与外国同行交流与合作的技巧。因为在全球化时代，任何一个民族在保持本民族文化的同时，都要积极学习和了解异国文化，包容、欣赏和尊重异国文化，并具备与不同文化群体交流与合作的技能。这些可能就是学术界所说的跨文化意识，也正是高校双语教学需要培养的一种跨文化意识与能力。学生通过接受双语教学，逐渐实现了这种跨文化交流能力的发展目标。

跨文化意识和跨文化能力的培养与判断可以从以下几个主要方面考察。其一，通过英文书籍的阅读，基本了解异国文化的表面特征。特别是对文科双语学生来说，这种阅读是十分广泛的，涉及到文学和历史、政治体制与政治文明发展、经济体制与经济发展、社会生活习俗与礼仪、地理疆域与旅游名胜、特产与美食，等等。通过这种阅读，学生具有一种文化渊博的学识，这是对一个国家和一种文化最基本的了解。其二，由于各国文化的差异性，通过双语教学和英文书籍的阅读，学生要能看到异国文化与本国文化不同之处，行为举止符合异国文化的行为规范。例如，宋美龄是民国时期具有一定政治才能和外交能力的人物。她有一种个人习惯，就是使用拍手来呼唤身边的工作人员，并且不愿意改变这种行为方式。这种习惯在一次访美活动中表现出来，给罗斯福夫人留下不文明的印象。因为美国文化中通常不使用拍手来呼唤他人，这与逗乐宠物猫和狗没有多大区别，是对他人的不尊重。美国人更习惯于用按铃来呼唤他人。再如，在中国社会，长辈通常通过抚摸儿童头的方式表达对孩子的一种疼爱，并没有任何不善之意。但在泰国这种行为是不能被接受的，因为泰国文化认为头是一个人最为高贵的地方，是神圣不可侵犯的，因而抚摸儿童头是一种轻浮和不敬行为。诸如此类，不胜枚举。其三，有接受异国文化的基本态度

---

① 参见梁芸：《美国保留性双语教育研究》，广西师范大学硕士论文，2007年。

与倾向。学生通过广泛学习和理性分析后，初步达到对异国文化了解和在态度上乐于接受。特别是对那些长期生活在异国文化中的学生，学会从当地人的眼光看待事物，从感情上认同和欣赏异国文化。

各种文化之间的差异既是一种客观存在，更是一种共识。当两种不同文化彼此独立存在时，似乎难以感受到彼此之间的差异性和相关性，更感受不到这种文化上的不同会对彼此之间的沟通和交往产生何种程度的影响，无论这是一种正面或是负面的影响；而只有当两种文化相互交织与碰撞之时，文化上的这种差异才能更加清晰地凸现出来。文化的这种差异性不仅对中国人产生冲击，对其他不同文化背景的人来说同样如此。[①] 有鉴于此，学校要有正确的文化选择观，倡导形成一种互相尊重与宽容文化差异性的氛围。具有不同文化背景的师生群体中的差异也是跨文化教育的催化剂。当然，高校也不能因为文化的不同就认为所有的行为都是合理的，而不考虑人类价值中的共同因素。其次，要认识各种文化的长处与不足，取长补短。多元文化课程观提倡建立一个"文化共同领域"，互相对话，把个人对不同团体的偏见呈现出来，并通过学习社会文化的共同经验得到正视，促进社会正义发展。高校要学会在文化差异中寻找共同点，有不同文化互相学习、取长补短的意识，照顾学生群体的差异性和发展不同文化团体之间的协作关系，催生新的更富有时代性的高校文化。西方文化也有糟粕，或不适合我国国情，高校对此应有敏感性。中国文化的不足或不适应时代发展要求的内容，也应接受西方先进文化理念的改造。例如，我国传统的师道尊严观就应当被开放的、民主的师生关系观所取代。

与外国同行交流与合作的技巧，是评价双语教学对学生跨文化目标实现程度的重要指标之一。可以通过两个主要观察点予以判断：一是要看学生跨文化沟通能力。要实现不同文化群体人员之间的有效沟通，必须要懂得异族文化并尊重其文化习俗。这既表现在语言表达习惯的纯正与地道上，又体现在对他国社会风俗、禁忌的娴熟掌握上，绝对不是仅仅依靠彬彬有礼就可以成功实现沟通。接受过双语教学的学生应当在这方面显示出明显

---

① 参见徐宪光：《双语教学与双文化教育——高校外语教师应有的思考》，《上海第二工业大学学报》2006年第4期。

的沟通技巧与优势。例如，蒋介石是一位不擅长与外国政要接触与沟通的人，见到外国政要时，他显得十分拘谨和不自在，这在他的日记中曾有明确记载。二是要看学生是否能尽快地融入异质文化社区生活。这是更深层次的考察，是建立在前者的基础之上的。如果没有较强的跨文化沟通能力，是不可能融入异质文化社区的。这需要学生对异族的人情世故了如指掌，能制作和享用异族的餐饮。特别是在两种文化发生冲突之时，能寻求一个化解冲突与矛盾的平衡点，从而游刃有余地工作和生活在两种文化社区之中。

第七章 教学评价监控体系

　　前面章节采用了教学评价理论和方法，对我国双语教学评价主体、评价客体展开了较为系统的研究，旨在更好地开展双语教学评价，并提高双语教学的质量和有效性。然而，我国教学评价具有行政化特征，是一种自上而下的评价行为，无论是本科教学工作水平评价，还是本科专业评价都是如此。院系和师生根本没有评价主动权，这种情形造成了信息反馈得不到有关部门的重视和及时处理。目前，我国双语教学评价隶属于整个教学评价，个性特征得不到充分的体现和尊重，诸如缺乏明确的评价方案，甚至评价形式也是由双语教师全权负责确定。双语教学随意性较大，缺乏独立的教学监控体系，如专门的双语教学检查制度、听课制度、教学督导制度，而双语学生评教制度、信息员制度、教师互评制度、院系评价制度以及毕业生跟踪调查制度等，基本上是处于制度空缺或不健全状态。因此，建立健全双语教学监控体系，是关系到双语教学评价与质量保障的关键环节之一，是我国双语教学可持续发展的现实课题。

第一节 双语教学督导制度

一、教学督导制度与作用

（一）教学督导制度与督导机构

高校教学督导制度，是指对教师教学工作督导、对学生学习督导和对教学管理部门和管理人员的督导，旨在促进学生全面发展和培养学生创新能力，通过对上述三个主要方面的督导工作，使它们相互配合，相互促进，达到最佳教学效果。将这些因素列为高校教学督导内容，教学督导工作才是完整的，咨询建议才可能是全面的。健全教学督导制度有三层：一是基本制度，是用于规范教学督导工作的制度安排，如教学督导条例、督导人员培训和聘任制度、督导人员工作守则、督导档案管理条例等；二是工作制度，具体规定了教学督导人员的工作范围和任务，如考核程序、检查方法、信息反馈机制等；三是责任制度，明确各个主体的责任担当，如督导机构职责、人员职责、教学信息员职责与考核等。从教学督导工作的实践看，关键在于制定和完善科学合理的听课制度、评议制度、检查制度、调研制度、反馈制度等。

目前，我国各高校教学督导机构主要有教学督导委员会、教学工作督导团、教学督导评估中心、教学督导组等。高校教学督导机构的隶属关系有三种：一是教学督导组是在主管教学副校长领导下的独立部门，是与校学术委员会和教学委员会平行的咨询机构；二是督导组隶属于校内教学质量监控部门，与教务处平级；三是督导组由教务处下属的教学质量科协调处理日常工作。从全国范围看，双语教学督导机构基本上是隶属于学校总的教学督导机构，而单独设置专门的双语教学督导机构或成立双语教学督导组的高校或地方教育行政主管部门并不多，甚至在一些高校和地方根本就没有双语教学评价和督导行为。这就足以说明双语教学的评价和教学督导工作并未引起办学主体和政府教育部门的高度重视,其评价与监控体系不完备,其教学质量是令人堪忧的。事实上,双语教学有其自身的特殊性和规律性,与普通教学存在着较大的区别。一些教学督导人员既不懂得双语教学理论与教学方法,又没有基本的英语运用能力,根本无法胜任双语教学督导工作,于是他们直接将双语教学督导责任从其工作职责中剔除,使双语教学处于无监管状态。综上,高校和地方教育行政主管部门应当尽早设置专门的双语教学督导机构,聘请资深双语教师或英语教授共同担任督导人员,或者从双语教学研究机构聘请人员担任督导工作。特别是大学城园区的高校,可以几个高校联合成立双语教学督导组,从而解决人员短缺难题,并且还能发现各高校双语教学的成功经验,以供彼此交流与借鉴,进而提高双语教学督导的层次与针对性。

(二)教学督导制度的作用

高校教学督导制度的作用体现在以下几个方面:首先,监控指导教学,并促进教学质量的提高。教学督导以定期听课、检查实践教学和组织教学观摩的形式督导与评估教学,并及时总结、交流、推广教学经验,对确保教学质量起到了重要的作用。通过教学督导工作,将教师的教学效果、学生的学习质量和学校管理问题的信息真实地反映出来,不仅可以促进各种教学问题的及时解决,也可以使学校各部门之间、各工作环节之间、管理者与教职工之间、师生之间实现良好的沟通,理顺和协调教学中的各方面的关系,有利于促进教学工作的顺利开展。教学质量监控功能的内容是多方面的,例如听课制度,对教师在课堂上的教学态度、教学内容、教学方法、教学手段、课堂秩序等进行测评;例如实践教学环节,教学督导专家对实验、实习、毕业论文等实践教学环节中的教学准备、实际操作、能力培养等方面进行测评。这些都可有效、实时地监控学校的教学质量,提高教学和管理水平。[①]特别是对于双语教学而言,这种教学督导就显得更加必要。

---

① 参见苏振阳、何建省:《论教学督导制度在高校教学监控中的作用》,《教育与职业》2007年第36期。

因为双语教学在一些高校或地方尚属于新生事物，不像传统教学有几十年的教学经验。双语教学缺乏教学经验，更加需要指导和监控。

其次，为学校管理者的决策提供咨询。督导员深入教学第一线，对学生的学习和思想情况，教师的教学和指导学生的情况，以及有关规章制度的执行情况等十分清楚，并对这些材料进行整理、分析，向学校决策机构反馈，为学校进行教学及管理决策提供依据。他们还积极参与学校的各项管理事务，为学校制定方针政策提供咨询，从而使高校教学管理更加科学化。一些双语专业课程在开设之后，教师并不具备双语教学能力，其英语流利与标准程度远远不符合双语教学的要求。双语课堂的语言解释占据了过多的专业内容讲授时间，造成了专业课程课时紧缺，专业教学任务不能完成。教学督导对此提出合理化建议，要求学校对一些不符合要求的双语课程予以取缔，从而形成了有效的双语课程退出机制。如果没有教学督导人员的辛勤工作，学校主管领导可能难以及时发现这些问题并予以妥善解决。

再次，提高教师的道德水平和业务能力。教学督导人员在教学检查后，主动与任课教师进行交流，相互交换意见和看法，共同探讨教学改革，增强了教师的自身责任感，使他们能以提高学生全面素质和创新能力为目标，主动改进教学方法，使保证和提高教育质量成为其自觉行动。教学督导人员能及时推广先进教学经验，有利于提高教师的业务能力。而对于一些双语教师而言，这种教学经验就更加弥足珍贵。双语教学校际督导，能有效地将其他高校双语教学能手的成功做法引入我校，供双语教师分享。此外，同类专业的教材和教学参考资料也可以互相分享。不仅如此，高校双语教师在教学督导人员的引荐下，加强了学科之间的联系，可以共同攻关编撰更新的双语教学教材，这对教师业务能力的提升是大有裨益的。

第四，有利于加强学生管理工作。一方面，教学督导人员通过对教师的督导，使他们以渊博的知识，优良的教风来影响学生，促使学生养成良好的学习态度和学习习惯。另一方面，通过对学生学习的督导，帮助学生端正学习态度，改正不良的学习习惯。通过加强对学生的约束与督促，促进学生良好学风的形成，使学生管理更加规范有效。① 双语教学的组织形式有别于普通教学，通常采取小班化教学，学生进入和退出的频率相对较高，因为学生在选课是可能并不是以一个整班加入的方式进行的，而是零散选取双语课程，从而造成不同班级学生混合上课，甚至是不同专业学生合班上课。学生的管理工作需要教学督导人员加强指导与监控。

第五，促进本科教学工作水平评估。教学督导人员客观上促进了本科教学工作水平评估质量的提高。高校为了应对教育部的本科教学工作水平评估和地方教育部门的专业评估，需要开展经常性的校内评估与检查，高校教学督导工作必然与落实评估指标体系密切相关。教学督导人员将成为校内教学评估的主体，也将成为地方政府开展教学评估工作的人力资源支撑。教学督导人员必将推动本科教学工作水平评估的发展。② 需要注意的是，我国本科教学工作水平评估指标中只有双语教学课程开设的比例要求，没有具体的双语课程质量指标要求。换言之，只要高校开设双语教学课程，并且符合教育部的比例要求即可，至于双语教学质量如何，没有硬性规定。但是，在未来的专业评估中，不但会设置开设双语课程的比例标准，而且可能会有明确的质量指标。因此，尽早将双语教学纳入教学督导工作范围，将有益于未来的专业评估，是一种未雨绸缪行为。

第六，督导专家评教是对学生评教的矫正。督导专家对授课教师进行全方位的评教，主要考察教师的知识素养、教学能力以及责任心。评教指标包含教学准备、教学态度、教学方法与手段、课堂状况等，其中权重较大的指标主要包括教学态度、教学内容和教学方法与手段。督导专家评教能弥补在学生评教中出现的偏差，督导组评估也就成为教学评估的主要形式。特别是对双语教学而言，双语学生评价的主观性和情绪化因素不能排除，学生的评价能力同样是一个问题，如果学生自己听不懂双语课程就给予负面评价，这对双语教师来说有失公允。

---

① 参见吴靖、苏慧敏：《关注教学质量，建立科学的高校教学督导制度》，《广西师范学院学报》（哲学社会科学版）2007年专刊。

② 参见赵希文、孙颖、孟宪奎：《建立以人为本的教学督导制度》，《中国大学教学》2005年第6期。

二、教学督导制度的运行

从教学督导工作的内容看,它是以课堂教学督导为主,以学生督导为中心和归宿,以管理工作督导为基础和保障的三位一体制度。除此之外,教学督导还肩负着教学信息反馈、教学技能培训和教学研究等重任。教学督导制度的具体运行体现在以下几个方面。

第一,督导教学职能。课堂教学工作是教学督导的主要目标,重点是对教学计划进行评估、论证,在全面调研的基础上,及时向高校领导和教学决策部门提供信息和建议。与此同时,督导教学过程,重点是指导和帮助教师提高教学水平。教学督导要以课堂教学和教学实践为中心,对教学全过程的各个环节进行监督、指导、咨询和服务,对教师的教学理念、教学态度、教学内容、教学手段、教学方法、课堂秩序及师生关系等进行测评与指导。教学督导检查随意调调课和停课问题,稳定教学秩序。监督教师严格执行课堂教学各项规范要求,如课堂教学设计和组织是否科学合理,课堂讲授是否违反四项基本原则,并将结果及时反馈到教学管理部门和教师本人。

第二,督导学习职能。督导学习职能是对高校学生学习的全过程,包括自学、听课、复习、作业、考试、实验、实习、技能培养、课外活动,以及论文写作等进行多方位的检查和指导。一方面,通过加强与学生沟通,对学生学习的主动性、学习方法、学习效果、技能培训、职业能力和综合素质等方面进行检查和评估,并提出意见和建议。另一方面,指导学生学习,促进良好学风的形成,监督学生严格遵守课堂教学管理纪律,提高学生的出勤率,规范学生课堂学习行为,有效阻止学生在课堂上玩手机、说话等违反教学纪律的现象。有效调动学生学习的积极性,提高学生的综合素质,培养学生的自主创新能力,从而达到教学督导的最终目的。

第三,督导管理职能。督导管理职能是对高校的教学管理,包括教学管理队伍建设,教学工作管理,教学信息管理,学籍管理,成绩管理等进行监督、检查和指导。其主要内容是,检查和评估教学管理工作的质量,根据督教和督学的反馈意见,分析总结后向有关部门提出改进管理工作的建议和具体改革措施。督管要对教研室工作加强督导，教研室是教学工作的基层单位，是教学一线的组织者、实施者和管理者，在教学管理中起着重要的基础作用。教学督导应通过审查教研室学期工作计划，参加教研室活动，检查教研室活动，开设专题讲座等，对教研室活动的内容及其有效性提出具体意见和建议。[①]

第四，信息反馈职能。教学督导是一个信息反馈系统，具有信息搜集、处理和传递等功能。因此，各种督导活动要及时将动态信息和静态信息向教学决策部门反馈。诸如，通过督导机构及时将意见反馈给双语教师；或通过教研室的信息员，以定期或不定期问卷调查或座谈调查等方式反馈对教学的建议；或通过校友会、董事会和用人单位提供毕业生对专业设置的科学性、人才培养模式的可行性、知识结构的合理性等方面的反馈。

第五，教学培训职能。督导人员除了开展日常指导、个别指导之外，还要有针对性地组织督导对象进行教学技能培训。培训内容十分广泛，涉及到备课、组织教学、编制试卷、制作多媒体课件、进行实践性作业和考核评定等多个教学环节。教学督导专家开展各种专题讲座，既有理论深度，又有生动的案例，可使教师从理论上系统了解教学各环节的基本内容和要求。通过课后实践、考核等配套环节，可使青年教师初步掌握教学技能，加速青年教师的职业成长，缩短他们胜任教学工作的周期。

第六，教学研究职能。教学督导人员要加强对教学理论与实践深入研究。督导人员应在督导过程中开展教学管理制度、教学方法和教学内容等方面的研究，以便提出符合教学规律的建议，使咨询服务更加具有科学性和可行性。此外，教学督导人员还应对自身督导工作进行深入反思与研究，定期开展学习研讨活动，准确把握高教改革与发展动态，吸取督导领域最新研究成果与信息，并结合督导内容开展专题调研、撰写研究论文，进而使督导行为符合教学规律和专业建设要求。

从教学督导形式看，督导内容可采取课堂听课、教学检查、师生问卷和专项调研等形式；督导反馈信息可采取直接与间接、口头与书面、集中

---

① 参见周茂东：《健全高职院校教学督导制度的探讨》，《中国高教研究》2005年第6期。

与分散等形式，信息载体可采取文件、简报、快讯和内参等。特别是信息收集与反馈：一是建立学生信息员制度。在班级中设立学生信息员，并使学生信息员向督导部门反映教学信息制度化。二是开通督导电子信箱。在校园网醒目位置设置督导信箱，收集师生对教学的反映以及提出的建议。对师生反映的问题，经调查认定是真实的，应及时转给有关职能部门，并跟踪问题的解决落实。三是构建督导信息数据库管理系统。利用计算机数据处理的优势，对督导员的听课、评课以及检查过程中的各种数据进行统计分析，并写出可行性分析报告，供学校决策参考。四是建立督导信息反馈平台。要充分利用校园网、督导网站、督导新闻、教学例会和专题会议等平台，将教学督导员在教学一线掌握的信息和形成的统计分析报告，向全体师生和有关职能部门及时进行反馈，并对学校教育发展规划、学科建设、教学改革及教学管理提出建议。①

三、督导制度不足与完善

目前，我国高校教学督导制度存在着各种问题，主要表现在以下两个方面：第一，教学督导人员队伍结构不合理。具体表现为：一是督导人员数量明显不足，并且要在两个校区开展督导工作，人员就更加紧缺。二是年龄结构不合理，队伍严重老化。高校教学督导人员通常是本校退休教师，他们经验丰富，但人员年龄过大，精力不济。有些高校聘用一些在职的教授兼任教学督导员，由于这些人的教学科研任务重，无暇顾及教学督导事宜。三是知识结构不合理。高校教学督导人员有学术型和管理型，前者在履行督导职能中有局限性，后者缺乏督导能力。② 教学督导人员因专业限制，不可能对所评估的每门课都有研究，他们的知识更新也有难度。由于历史原因，我国年龄较大的教师一般来说都缺乏英语能力，这是我国双语教学和教学督导面临的严峻挑战。由于双语督导专家紧缺，一些高校选择

---

① 参见丰文秀：《科学构建高校教学督导制度浅议》，《中国高等教育》2007年第11期。
② 参见凌飞飞：《高校教学督导制度存在的问题与解决对策》，《湖北第二师范学院学报》2009年第11期。

放弃双语教学教学督导工作。

第二，教学督导制度建设不完善。教学督导制度是高校对教育教学质量的监督、检查、评估、咨询、指导等一系列制度的统称，健全科学的督导制度是有效开展教学督导工作的根本保证，然而高校教学督导工作自身制度建设滞后，表现为：一是国家教育主管部门尚未出台相关条例来规范高校教学督导工作的目的、性质、职责、组织形式、人员聘任等；二是部分高校尚未制定教学督导工作的基本制度，已制定的相关政策大都也不是以高校的名义颁发的，权威性不够高；三是大部分高校缺乏教学督导质量标准及院、系两级教学督导机制等相关配套制度；四是仍没有全国性的学术团体和学术刊物。高校教学督导工作自身制度建设不健全会降低和威胁教学督导工作的效率和质量。

由于上述原因，教学督导人员的聘用缺乏明确的聘任规范，通常采用校长聘任制、院系推荐制等方式，随意性较大，难以保证督导机制健康、有序运行，也难以保证督导人员的专业素质和工作水平。教学督导人员入职以后，没有培训制度保障，他们不能及时了解教学前沿动态。因为教学督导机构没有行政职能，教学督导人员是名誉职位，督导的约束力可想而知。[1] 现行制度存在的各种问题，再加上熟人情面，教学督导人员工作出现失误或不尽责任，通常不会受到追究。

要进一步完善我国高校教学督导工作制度，首先要加强教学督导队伍建设，提高双语教学督导能力。一方面，要优化教学督导队伍结构，采取管理领导与专家相结合、校内专家和校外专家相结合、教师和学生相结合的办法予以组建，同时建立教学督导队伍的管理制度，确立教学督导队伍的准入和退出机制；另一方面，提高人员素质和督导能力。督导员不仅要熟悉本专业的知识和技能，还应尽快了解并逐步掌握相近专业和更广博的专业基本知识，要求了解当今科技和高等教育发展的最新动态。更为重要的是，双语教学督导人员的能力既要符合上述基本要求，又要对英语能力

---

[1] 参见李卫华、刘雪春：《高校教学督导制度建设与导师制教学督导模式的构建》，《桂林航天工业高等专科学校学报》2012年第1期。

有更高的要求。教学督导人员既要精通某门专业，又要具备高超的英语运用能力。如果督导人员不懂英语，双语教学督导就会流于形式。再者，教学督导人员要善于换位思考。督导员要从教师的角度出发，理解他们渴望被社会肯定、被他人尊重，从而实现自我价值的积极性，把督导行为从以检查、监督为主转为鼓励和提倡为主。要怀着求学态度去发现好的教学典型和总结成功经验的愿望，了解教学工作中的好经验和好典型，听取师生对教学工作的意见。要摒弃监督的心态，以同行的身份出现，尊重教师，平等待人，共同切磋，使教师心悦诚服地接受意见。如果督导不注意说话方式，居高临下地对被评者进行严厉的指责与批评，往往会挫伤教师的自尊心，使他们丧失自信心、上进心，产生抵触情绪。

其次，巩固一些基本教学督导与质量监控制度。例如，教学督导委员会工作条例，课堂教学质量评价体系，院系教学工作评价体系，听课制度，院系两级督导制度等。其中，教学督导委员会工作条例，应当规定教学督导委员会的组织机构和运行模式，教学督导委员会成员的条件、产生与任免，教学督导委员会的职责和权利，教学督导委员会成员工作的原则和方法，教学督导委员会的工作制度，以及教学督导委员会待遇及奖惩事宜等。课堂教学质量评价体系，应当明确评价对象，评价标准，评价组织与实施，评价结果产生与处理事项等。这些制度的巩固将为有效的教学督导工作奠定良好的基础。①

第二节　双语学生评教制度

高校学生评教制度，是指让学生对每一位教师课堂教学的质量和效果进行综合评价，根据学校预制的要项及不同权重予以评分，再将教师所任教班级学生评分累计后平均，得出教师个人评教分数，并且按照分数高低

---

① 参见刘翰德：《建立科学的教学督导制度是提高高教质量的保障》，《黑龙江高教研究》2008年第12期。

依次排名，然后再以院系为单位排出名次。高校将学生的评教结果通过自控媒介进行传播，并将评教结果作为对教师评价及职业晋升的重要依据之一。因为学生是教学活动的直接对象，是学习的主体，他们的学习贯穿整个教学过程，对教学质量的评价最有发言权，通过教学评价激起学生的主体参与性，加强师生交流，让学生在课堂中体验学习的乐趣。学生人数众多，具有广泛性和公正性的特点，应当成为教师课堂教学质量的重要主体之一。

值得注意的是，我国高校普遍推行的学生评教制度，主要是针对非双语教学课程设置的评价指标，而目前尚未出现单独针对双语课程的评价指标，或者说绝大多数高校并没有将双语教学课程单列出来，制定出针对双语教学特点与规律的学生评价指标体系。这就必然会出现一个现实的难题，学生对双语教学的评价缺乏依据和科学性。这种状况反映了我国高校对双语教学的重视程度和管理能力都不能完全适应双语教学的快速发展，也使部分人士对双语教学的有效性产生了质疑，使之成为一种为世诟病的行为。笔者调查发现，即使有少数高校有双语教学评价指标，但这些指标也是不完善的，针对性不够强。因此，当务之急是完善双语教学的评教制度，并建立健全单独的双语教学评价标准，从而使学生双语评教有据可依。

一、学生评教制度的意义

无论是高校学生评教制度，还是双语教学学生评教制度在制度设计层面和实际应用层面都颇有创新性。其积极意义主要体现在以下四个方面。

（一）弘扬了民主管理的精神

究竟是民主管理和治校，还是集权管理治校？反映在教学管理层面，便是允许学生评教制度的存在，还是压制这种制度。学生评教制度设计的初衷，充分体现了"从群众中来，到群众中去"的民主管理精神。所谓"从群众中来"，就是指广泛地深入到学生之中，全面地了解学生，倾听学生对于课堂教学的意见和呼声，然后集中学生的意见和智慧。这些意见和智慧成为日常教学管理的重要依据和信息源泉，从而便于高校教学管理部门和教学管理者科学决策，增强管理的针对性和有效性。所谓"到群众中去"，就是指将集中收集到的学生的意见和智慧落实到教学管理的政策层面,转化为现实的教学管理制度,然后再到教师和学生中去解释并贯彻实施,真正造福于大多数学生,从而在日常教学管理中形成一种互动机制。

对于高校教学管理部门来讲,通过学生评教的运转,管理组织能充分发扬了民主治教的作风,有机会真正倾听学生对课堂教学的需求和呼声,有利于克服官僚作风,树立"以学生为本"的亲民形象,增强了学校在学生群体中的美誉度。对于学生来说,他们不再是被动的被管理者,而是作为管理主体参与到学校的日常教学管理之中,发挥了监督管理和献计献策的作用,同时他们也有机会行使其民主权力。特别是对于双语教师而言,传统的教学管理一元化评价体制宣告结束,因为这种评价制度不完全符合双语教学的特点。学生评教增强了教师的责任感和危机感。这是先进的管理理念,也是管理的精髓所在,是值得肯定和提倡的制度安排。

(二)体现了尊重学生的导向

长期以来,教师是教学活动主导者,教师中心主义和权威主义贯穿于教学过程。在这种教学理念指导下,高校教学是教师的用武之地。整个教学过程,包括教学计划的制定、教学内容的选择、教学活动的设计、课堂教学的组织、教学方法的采用以及教学效果的评定等,全部由教师说了算,教师的水平、能力和兴趣等往往成为影响教学质量的决定性因素。作为教学活动的参与者,学生在教学过程中只能根据教师的安排,服从教师的意志,对教学过程的运行不具有实质性的影响。这种制度设计对学生缺乏应有的尊重。高校学生评教制度使学生能根据其理性认知对教师教学进行基本判断,是建立在知识、情感、态度、价值观之上,根据教师教学对学生需求的满足程度而做出的判断,每个学生的判断都会因个体的不同需要及不同感受而不同,因此学生评教是激发主体参与的制度安排。由于学生相对成熟的理性评判能力和课堂教学的实际参与者身份,除了非理性因素的影响外,学生评教的结果是真实的,含有真理的成分。同时,也正是由于学生在智力、知识、判断力上的相对成熟性,决定了学生评教结果的真理性也是相对的。

作为学校民主管理精神的内涵,那就是对学生应有的尊重。学生评教制度的存在，是对学生的高度重视，因为制度设计将学生置于主体地位，主人翁意识得以激发，参与管理的积极性和欲望被有效地调动起来。这既有利于培养学生的参与意识，又表明高校教学管理部门对学生的尊重和重视，同时也是时代发展的必然要求。在计划经济体制下，政府成为教育投资的唯一主体，实际承担了全部的教育费用，基础教育和高等教育同样作为一种国民福利，让国民几乎免费享用。改革开放以来，特别是在市场经济体制下，教育投资主体多元化，教育成本的相当一部分由受教育者承担，学生实际上是付费购买教育资源。学生付费后，必然会考虑成本和收益问题，即购买了优质教育资源还是劣质教育资源。换言之，高校是否侵害了学生的正当权益，是否具有尊重学生的意识。在这里，教育质量不仅是一个经济问题，它将直接关系到学生的未来发展，是学生不能不关心的重大问题。通过评教制度，学生有能力和机会进行意见表达和维权，而学校赋予了他们维权的使命，体现了学校"以学生为本"和尊重学生的导向。

（三）体现了重视质量的意识

在传统的高校教学活动中，学生只能被动地参与教学过程，接受教师所传授的知识，对教师的教学以及学校的教学工作，学生没有发表意见的渠道。事实上，人们也不承认学生享有对教学发表意见的权利。学生评教制度的建立打破了传统的教学模式，使学生扮演了一种前所未有的角色，从而改变了传统教学模式中教师垄断的局面。这是高校教学现代化的产物，是人们认识到学生在高校教学中应当发挥新的作用的结果。从不享有对教学的发言权到建立常规的学生评教制度，在一定程度上反映了学生已经全程参与了高校教学过程，已经成为影响高校教学质量重要力量。

市场经济使各行各业的竞争程度加深，高校也不例外。在我国实现高等教育规模快速扩张的同时，高校能否把好质量之关，关系到学校的生命所在，也是民众倍加关注的问题。因此高校更要严把质量之关，表明出高度的社会责任感。为了实现这一目标，高校采取了各种各样的措施，加强教学质量控制，学生评教制度便是其中的一项重要措施。其宗旨在于有效提高办学质量，提升学校的整体声誉和竞争力。同时，这也反映了在市场经济体制下，高校强烈的责任意识和危机感。事实上，高校学生评教制度，对师生双方都是有力的制约，已经在很大程度上提高了课堂教学水平和教学质量，使多方主体受益。学生使用评教的手段直接维权，享受到更加优质的课堂教学。而在学生的严格监督下，教师不能有丝毫的懈怠和敷衍，必须认真备课和讲授。久而久之，他们的教学水平和质量稳步上升，也因此赢得了学生的称道。高校教学管理部门的日常教学管理工作也因此逐步走上规范化和制度化。学校因办学质量高而树立起良好的组织形象和品牌，有利于增强整个社会对高校的认同度。

（四）树立服务学生的办学宗旨

学生评教有助于高校调整办学导向，服务学生是高校长期以来一直提倡的办学理念，但在传统的高校教学中，并没有建立起和实践这一理念相关联的制度，从而导致了理念与实际脱节的现象。学生评教制度的建立，客观上为高校调整办学导向提供了条件，使学校实现服务学生的办学理念有了可能。在传统的高校教学中，人们在不了解学生意愿的情况下，计划和安排了大量的教学活动，并将之付诸实践。学生不论愿意与否，只能被动地接受教师和学校的安排。显然，这种办学不是以学生为导向的，也不能达到服务于学生整体和个体的教育教学目的。建立学生评教制度，既说明学校已经开始重视学生的相关权利及其在高校教学中应有的地位，同时也使学校拥有了了解学生意愿、倾听学生呼声和建议的合理渠道，使学校调整办学导向，强化服务学生的宗旨有了可能。

上述四点主要是从理论层面论述了高校学生评教制度的有利方面。从实践层面看，其实际运行效果较好，学生评教制度的监督功能是相当显著的。日常教学管理中暴露出的很多问题，都能够从学生评教中得以真实反映。诸如，在教学运行上，少数教师上课迟到、提前下课、课间不休息，随意调课或停课，请他人代替监考等；在教学内容上，少数教师授课时避重就轻，核心内容轻描淡写，背景知识滔滔不绝，甚至将课堂教学演变成为故事会，使学生当时听得轻松快乐，最终导致学生难以抓住重点和难点，听课的效果和满足程度低；在师生关系上，少数教师要么对学生过于放任自流，只授业不传道，要么对学生过度严厉，甚至挖苦、讽刺和报复学生；在课程成绩评定上，极少数教师考前存在泄漏题目现象，给予学生人情分数,等等。这些问题的存在,在不同程度上降低了办学质量,而高校教学管理部门囿于人力的短缺,难以及时全面地发现这些问题,而学生评教的监督作用正在于此。

有鉴于此,高校教学管理部门必须完善并严格执行这一制度。高校教师应当正确地对待学生评教,科学引导和热情地支持学生评教,以学生评教为契机,促进自身课堂教学水平的提高,激励自己更好地为学生服务。为师者更要虚怀若谷,不能因一己之私而轻言废评。

二、双语学生评教的指标

要有效实施双语学生评价制度,就必须有明确的评价指标。当然,这里主要阐述主要的双语教学评价指标,它们包括教学态度、教学目标、教学内容、教学方法、教学过程、效益指标等几个方面。

首先,学生对双语教师教学态度的评价。如前所述,双语学生要评价双语教师遵守教学纪律、双语讲授的认真程度、关注学生发展、开发双语课程、利用教学设备、指导双语学生、参与教研活动等诸多教师行为表现。通过这些观察点,可以对教师教学态度是否端正作出评价。如果双语教师在上述各个方面都有较好的表现,其教学态度是端正的。

其次,学生对双语教学目标的评价。学生可根据自身和其他同学的实际需要,观察双语教学目标设计是否具有适应性,根据自身和其他同学学习情况,观察是否真正地解决了英语学习的低效率问题,即语言知识、语言技能、外国文化和思维方式、情感态度、综合素质、学习策略都得到了提高。通过对学生专业知识学习的系统性和深度的调查,评价双语教学是否完成了专业教学的目标。通过了解学生对西方文化知识的认识程度,以及学生与国际友人交流的自然和融洽程度,评价双语教学跨文化目标的实现程度。

再次,学生对双语教学内容的评价。学生可以根据双语教学内容与自身的实际情况适切度进行评价,看教学内容是否满足自身和其他同学的学习需求,教师的专业知识结构和英语的驾驭能力能否胜任教学任务。教学内容能否体现双语教学的优越性,是否能体现双语教学一举多得的要求。

例如，双语教师的英语是否标准优美，专业教学的前沿性与前瞻性是否突出，学生是否能接触到最新的英文专业文献等。

第四，学生对双语教学方法的评价。教师是否采取不同于普通课程教学的教学方法，是否可以创造性地运用或创造出一些适于双语教学的技巧和策略；是否能调动学生的兴趣，积极主动地参与双语课堂活动；是否使用现代化的教学手段；是否能引导启发学生思维和探究专业前沿问题，教学富有启发性。

第五，学生对双语教学过程的评价。学生可以观察整个双语课堂教学结构设计是否接近或达到最优化，教学思路是否清晰，是否符合学生的认知过程，各个教学环节之间的衔接是否自然等方面进行评价。如果双语教师的教学设计不严密，课前备课不充分，学生可以通过课堂运行作出判断。双语教学的组织形式是十分重要的，学校是否采取小班化授课，学生很容易作出判断。在整个双语教学过程中，双语教师是否充分发挥其主导作用，如英语语言运用效果和专业知识讲授效果，两者最主要的方面是否能被学生接受并吸引学生，师生间是否能实现有效交流，教学过程是否体现了学生的主体性。

第六，学生对双语教学效益的评价。由于双语教学的一个重要目标是，解决我国学生英语学习效率低的问题，因此学生评价双语教学效益的主要观察点有三：一是通过对双语教师的调查，了解他们用于双语教学备课和查阅文献的时间和精力投入的多少，如果投入极大地超过了以前的专业课程教学投入，教师深感疲惫不堪，那么这种双语教学可能是低效益的，因为它损伤了教师的科研投入。二是通过对双语学生投入双语学习时间和精力的调查，了解学生在专业知识学习效果和英语学习效果两个主要方面的收获程度，再将这种学习效果与未开展双语教学前的专业学习效果进行对比，以及学生心理感受如快乐、压力等对比，从中看出双语教学的效益。如果学生投入过大，才能取得与以前同样的专业课程学习效果，双语教学的效益比较低下。三是通过学校开展双语教学前后的财力投入量对比，可以判断双语教学的效益。

三、学生评教制度的弊端

任何事物总是一分为二的，高校学生评教制度也不例外。它的消极影响应当引起教学管理部门的重视。其主要弊端表现在以下几个方面。

（一）学生评教的权威性公正性不强

客观而论，学生评教的权威性和公正性成为笔者经常思虑的问题。因为权威性和公正性是高校学生评教制度的生命，关系到制度的存续，容不得丝毫的马虎。事实上，高校低年级学生的知识存量和学术水平是极为有限的，加上他们不懂课堂教学艺术，对教师授课质量的评价缺乏权威性，甚至连公正性都谈不上（学术同行和教学专家的评教则能明显克服这一缺点）。特别是对双语教学的评价就更加困难，学生要具有英语听力和鉴赏能力，对双语教学的特殊性有所了解。在主体资格尚未完全具备的前提下，学生评教的盲目性和情绪化倾向是难以根本排除的，这又在相当大的程度上影响评教的结果。国际教育评价中心研究表明，学生在评价"自己的学习"、"教师的教学技能"等方面有较高的效度，在"教师的教学目标"、"课程内容的适合性和先进性"、"评分的宽严程度"等，表现出明显的能力不足。一方面，学生个人的个性特点、态度、价值取向以及外在因素的干扰等都会影响学生评教的结果。出于师生关系的原因或个人的好恶，部分学生给予教师高分或低分的评价，离真实的教学质量相距甚远。在此过程中，个别教师施加影响，左右学生评教，明目张胆地要求学生给自己打高分。另一方面，大量研究调查表明，部分学生对评教表现出明显的参与不足，对评教不积极、走过场、应付等现象在不同学校有不同程度的表现。学生参与不足，既有学生自身的原因，也有组织实施的原因。反思学生评教的实施过程，不难发现学生参与不足的深层原因，学生始终作为被动者做被动的事情，即填写制定好了的"教学效果评价表"或"教师评定方案"，忽视了有较充分解释的宣传工作，学生的内在热情难以被焕发出来。问题的关键在于学生没有将评教作为自身的内在需要，而是一种外在的要求或责任。因此学生的参与应该是一种积极主动的参与，参与程度愈高，评教的效果会愈好。学生当中存在盲目跟风甚至"串评"现象。有碍于同学情面，一个学生给予某位教师零分的评价，导致整个宿舍的学生都给了这位教师零分的评价，这是真实存在的发人深省的事例。这时，学生评教连起码的公正性都难以保障，更奢望确保其权威性。因此，评教的意义也会在一定程度上大打折扣。

（二）学生评教的科学性合理性不够

作为上一个问题的延伸，学生评教的科学性和合理性自然受到了多方质疑。因而学生评教只能作为教学质量控制的一种激励措施，而不能视为一种评价标准和评价尺度。如果高校教学管理部门将之作为评价教师的参考依据之一（也只能是参考依据），尚有科学性和合理性。但是，将评教结果视为评价教师（或主管领导）的重要依据与尺度，甚至演变成一种惩罚机制，成为部分教师的晋级和评优的障碍，其科学性和合理性是不够的。评教结果差，教师能否被剥夺晋级和评优的权利，也是一个值得商榷和谨慎对待的问题。如果教师因为评教结果差受到了惩罚，那就从根本上违背了评教制度的初衷和宗旨，不利于调动教师的积极性，对和谐校园建设和高校教学改革不利。特别是双语教学，其评价的类型与方法不同于普通课程教学，着重从形成性评价或过程评价出发，旨在激励与提升，而不是责罚。有些教师本身怀着畏难或应景情绪参与双语教学，如果因为一个并不一定科学的学生评价结果而接受不恰当的处罚，一些双语教师可能要选择退出双语教学。教师投入巨大精力，还要受到不公正对待，必将造成双语教学难以为继。从另一个角度讲，高校应当有一种"兼容并包"的大学精神，对那些教学能力弱，科研能力强的教师给予肯定和足够的空间。

值得注意的是，在各高校的学生评教制度中，运用问卷调查表或量表的形式是比较普遍的。在调查表或量表的设计中，很多高校从形式到内容都没有将学生放进去，没有从学生的角度来考虑。很多高校的调查表或量表往往从教学态度、教学内容、教学方法和教学效果等几个方面为学生设计评估内容，而这几个方面都是站在教师的立场提出来的，是以教师为本位的。不仅如此，在具体内容的选择上，更体现了以教师为本位的评估导向。这种评价量表明显不能用于双语教学评价，因为双语教学没有学生的参与和互动，双语教师很难将课程继续讲授完成。使用母语进行教学都需要学生积极参与，更何况双语教学。英语作为一种教学语言，如果学生听不懂或没有互动，教学就会无的放矢。

（三）学生评教使师生关系受到扭曲

高校学生评教制度对于师生关系的重要影响，置身其中的人都会有所体察。评教制度业已在某种程度上扭曲了健康的师生关系，使师生双方受损。极少数学生刻意与教师建立良好关系，其功利色彩颇为明显，一旦目的达到，就有意疏远教师。这对学生人格的健全极为不利，也背离了教育的宗旨。还有一部分学生的心态是，根本不必要太在意教师的感受，教师会对我们有所顾忌，不敢真抓严管，因为我们手中有张王牌，评教的时候教师便知道它的厉害。教师们的心路历程是，为师者当有海量，为师者当有涵养，要能眼中容得了沙子，必须要与学生建立良好的关系，否则评教会使你难堪。出于此种心理活动，很多教师对学生的种种违纪行为也不得不置若罔闻，听之任之。更有甚者，评教活动刺激了少部分师生之间的恶性互动。一方面，学生给教师评分较低，教师也给学生成绩压得很低作为回应；另一方面，极少数教师给予高分以讨好学生。师生双方各取所需，业已使学生评教制度变味。

亲其师，信其道。在双语教学过程中，这种师生关系对教学质量的影响更加重要。许多学生家长都希望学生与教师建立一种亲密友善的关系。学生评教对师生关系的这种削弱，在双语教学中负面作用十分明显。因为双语教学需要学生积极参与，而学生积极参与是建立在良好师生关系基础上的，要在学生对双语教师完全没有心理顾忌之时才能主动参与教学过程，配合教师完成双语教学目标。这种心理顾忌就是英语语言表达，学生要确信在表达不流畅时不会遭到教师的批评，也不会受到同学的嘲笑，才有勇气积极发言。如果没有学生主动配合，双语教学质量就会下降，而教学质量长期下降肯定要削弱师生关系。由此可见，双语教学的学生评教不能引入处罚机制，也不能公布学生的评教结果，只能将评教结果用于帮助发现双语教师教学不足。

（四）学生评教使高校学风有所下滑

上述情形日积月累，致使高校学风松懈和滑坡，这已成为近年来又一令人关注的问题。学风的滑坡必然会降低办学质量，进而影响用人单位对毕业生的评价和录用，影响学生的就业，从而动摇了高校生存和发展的基础。要从根本上扭转不良的学风，仅仅靠高校教学管理部门的努力是远远不够的，只有依靠全体任课教师的齐抓共管，只有解除学生对教师的制约心理和制约能力，树立教师的高度权威，才能有望重建良好的学风。高校教学管理部门同样需要正确地对待学生评教，将评教视为促进教学管理和提升教学质量的手段之一，而不是制约教师的工具。

第三节 双语教学信息员制度

目前，我国高校教学质量信息反馈，主要是依靠教学行政管理系统的自我反馈，没有专门的信息监测与反馈系统。而双语教学同样没有专业的双语教学管理机构，对双语教学信息的收集与反馈不能通过专门的双语教研室、双语课程教学组等机构有效完成。双语教学机构的不健全，双语教学质量反馈信息不全面，对双语教研室、双语课程教学组、双语学生以及用人单位的反馈意见收集的及时性和准确性都存在一定的问题。这正是高校双语教学质量控制中的薄弱环节。如果要消除高校双语教学信息反馈渠道不畅通，就必须建立新的信息反馈辅助系统，双语教学学生信息员制度就是一种选择。

一、信息员制度与作用

（一）学生教学信息员制度

20世纪90年代初，我国高校出现了学生教学信息员制度。它是指高校通过学生了解学校教学工作、学生学习条件和日常生活等方面的实际状况，旨在增强师生交流、提高教学质量和促进教学管理。实行这项制度是高校进行内部教学质量监控的手段之一，是学生参与高校管理的体现。因为信息员的信息渠道广、信息量大，能及时反馈教学和与教学有关的各方面信息，使各部门领导能准确掌握本部门的教学和管理状况。[①]实际上，学生信息员制度是高校教学管理的一种延伸手段。学生教学信息员要具备较高的政治素质、良好的思想和道德修养；学习目的明确，学习态度端正，成绩优秀，并具有参与教学管理的能力和积极性；有较好的组织管理能力和文字表达能力，有对学生反馈信息的再加工能力，并且在同学中有威望；有奉献精神和尽责的态度，能自愿放弃一些课余时间，从事相关教学信息的收集、整理与反馈工作。

双语教学学生信息员制度，是隶属于高校学生教学信息员制度的一种质量监控手段。目前，我国绝大多数高校尚未建立专门的双语教学学生信息员制度。有些高校只是将信息员队伍加以分割，明确部分学生信息员的职责是进行双语教学信息收集与反馈，这反映了高校在双语教学质量监控方面的疏漏。有些高校双语教学课程数量十分有限，可能没有单独设立双语信息员的必要性。双语学生信息员既要具有普通教学信息员的共性特征，又要具有自身的个性特征，那就是突出的英语语言运用能力和丰富的跨文化学识，对双语教学的基本知识有较多了解，具备收集与反馈双语教学基本信息的能力和信息分析能力，从而为教学管理部门提供管理服务。在双语学生信息员数量极为有限的情况下，可以聘请专业水平较高的学生和英语专业学生联合担当。

（二）教学信息员制度的作用

在我国高校规模不断扩张之下，实行这一制度有利于教学管理部门掌握课程教学动态、促进授课水平提高和稳定高校教学质量。[②]它对于教学

[①] 参见袁斓、张庆文、李勇、王明谊、韩以轩：《建立高校学生教学信息员制度的探讨》，《成都中医药大学学报》（教育科学版）2011年第1期。

[②] 参见王亚伟、石道金、王守信：《学生教学信息员制度的实践与探索》，《中国林业教育》2002年第3期。

管理发挥了积极的作用，主要体现在以下几个方面。

首先，信息员制度使教学质量监控主体更加多元化。如前所述，随着现代教学评价理论的发展，高校教学质量监控与评价主体逐步走向多元化，学生主体作用所有增强。但是，学生直接监控教学质量是教学监控与评价的新发展。学生监控教学质量符合其自身利益最大化要求，因为大学生面临着劳动力市场供过于求的激烈就业竞争压力，只有提高自身的核心竞争力，才能在劳动力市场谋求立足与发展，这种核心竞争力主要来自高校日常教学的培养与训练，因此高校的课程设置和教学质量就显得十分重要。高校组织和鼓励学生直接参与教学评价，能及时反映他们的学习感受与教学需求，从而使高校办学更加具有针对性和符合社会需求。

其次，信息员制度使教学管理更加科学化。学生参与教学管理和监督，能缓解管理部门的压力，延伸了管理部门的触觉。通过学生的信息反馈，高校不仅能掌握教学管理存在的问题，而且可以了解学生的愿望与要求，管理的针对性更强。此外，完全学分制、弹性学制等新的教学管理对学生的自主学习能力、自主选择能力、自我服务能力也都提出了新要求，急需提高学生的自我管理与服务能力。[1] 学生教学信息员制度开辟了一个直通渠道，因为它集中了学生的意见，教学决策部门能从中发现问题，并吸收学生的合理化建议，从而使决策更加科学化。执行部门可使正确的决策得到更好地贯彻实施，保障系统可使学校的资源得到更加合理的配置和利用，从而使得学校作为一个整体，其教学工作的运行能处于更先进的管理平台上。

再次，信息员制度使师生更加重视教学工作。信息员将课堂教学的不足和改进意见反馈给教师，必将对教师带来压力与激励。教师会反思教学工作的失误，认真思考如何改进教学内容和教学方法，这必将有利于教学质量的提升。[2] 特别是一些双语教师对自己双语讲课学生的适应性可能缺

---

[1] 参见周长青、王汉忠、刘秀华、汪晓彤：《实施学生教学信息员制度是提高教学质量的有效途径》，《中国农业教育》2006年第3期。

[2] 参见郑捷琴：《高校学生教学信息员制度的实践与探索》，《集美大学学报》2009年第3期。

乏了解，双语信息员从学生的角度反馈教学实际，更加具有针对性，节省了双语教师的调研时间。在师生关系十分融洽的情况下，信息员甚至能提供具体学生对双语教学的意见，便于教师结合学生个性特征调整辅导计划。信息员还能督促双语教师改善网上课堂教学和课后辅导，专业英文参考书籍开列等课外教学行为。信息员对学生上课纪律、自主学习、课外实践等了解全面。他们对逃课率较高的班级与课程进行多方面调查，从而有利于管理部门把握学生学习动态，及时发现不良学风行为，采取有效措施，促进优良学风的形成。

第四，信息员制度锻炼了学生实际工作能力。学生教学信息制度对学生参与教学管理的合理性、工作范围、权利、义务等进行了规范，满足了他们参与教学与管理的愿望，也从制度上保障了他们的参与权，并提供了难得的锻炼机会。信息员通过参与收集、处理、反馈教学信息，撰写、编审稿件，组织调查、访问以及各种相关的公关活动，其调查问题、分析研究问题、文字写作、人际交往等方面的能力得到了训练，综合素质得以加强，发挥了教学活动的主体作用，整体的自我管理、自我服务能力得以提高。而双语教学信息员通过查阅大量的英文资料，撰写一些英文信息反馈报告，提升了英文运用能力。

二、信息员制度的运行

高校学生教学信息员制度组织严密。教务处设立学生教学信息中心，由副处长兼任学生教学信息中心主任。校学生会学习部部长兼任学生教学信息中心副主任。各院系设立一个学生教学信息站，由院系学生会学习部部长任站长。学生教学信息员以班级为单位，通过填报《教学信息反馈表》上报教学信息，协助教务处和各学院进行教学质量评价。各学院教学信息分站将信息上报教务处，教务处和信息中心采用计算机来对采集的信息进行筛选、统计和分析，学生教学信息员制度运行机制中的各参与方通过信息平台进行数据的传输。教务处将信息反馈至各学院，对学生反映较突出的问题进行集中反馈和处理，并通过校院两级教学督导听课、评课等行为直接渗入教学环节。教务处将处理信息反馈给各学院的信息员，了解学生对问题解决的满意度。①

学生教学信息员制度主要包括定期例会制度、日常教学信息反馈制度、学生座谈制度和管理考核制度。定期例会制度，是一种纪律约束和工作责任制度，要求信息员恪守职责并出席高校召开的例会，明确自己的工作任务和责任。日常教学信息反馈制度，旨在建立一种灵敏的教学信息反馈机制，增加信息数量、信息质量与流通速度。学生座谈制度实际上是一种信息采集机制，旨在解决信息源问题。管理考核制度，旨在对教学信息员工作进行规范化管理和有效考核，形成动态管理机制。各部负责人及各信息分部部长定期组织召开本部门工作例会，讨论工作进展及相关事宜。信息员负责收集本班同学的意见和建议，整理上报至信息中心，整理后及时反馈至教务处。中心定期开展学生座谈会，听取部分学生代表的意见和建议。中心对不称职的信息员提出批评与劝诫，直至解除职务。②

信息员主要反映学生对学校在教书育人、教学质量、教学水平、教学改革、教学管理、学术气氛、教学条件方面的意见和建议；反映学生对任课教师教学态度、教学水平的意见和建议，以及对教学过程各环节（备课、课堂教学、实验教学、作业批改、课外辅导、实践环节、课程设计、考试等）的意见和建议；反映学生对教学管理部门、教学管理制度的制定与实施、教学活动的组织、教学质量管理等的意见和建议；反映学生在到课、听课、作业、实习、实践、考试等教学活动中的情况与问题；带领与帮助同学学习、理解有关学习方面的管理制度与规定，特别是要较好地理解与把握学分制方面的规定，向所在班级的同学作必要的宣讲。发挥学生参与教学管理和自我管理、自我教育的主体作用；参与有关学生利益方面制度的制定与修改。参加教务处组织的相关会议及活动。③

在学期的不同阶段，信息员反映的问题不同。在学期初期，教学信息

---

① 参见黄茹、孙亚星：《基于教学质量监控视角的学生教学信息员制度探索》，《文教资料》2011年第6期。

② 参见季婧：《高校学生教学信息员制度的实践与思考》，《现代企业教育》2012年第2期。

③ 参见乔玉香、张光亚、张崇根：《地方高校学生教学信息员制度的实践及优化策略探讨》，《高教论坛》2011年第4期。

员主要反映一些教材、选课和教学秩序运行等方面的问题；在学期中期，他们反映教师的教学质量、教室的教学条件、后勤保障和学生出勤率等问题；在学期临近结束之时，他们反映的问题主要涉及到教学管理、考试安排、学风考风、评卷公平、学生评教等问题。信息员还对教学信息反馈表进行及时更新，提高教学信息反馈的针对性。针对不同阶段存在的问题，教学信息反馈表能及时准确显示出来，从而使教学管理者能把握教学问题的要害，会同相关部门协同解决。信息员的工作贯穿于整个教学的全过程，体现了高校教学形成性评价的理念。

三、制度弊端及其完善

学生教学信息员制度当然不是一种至善至美的制度。由于信息员素质等原因的制约，信息员上报信息不一定真实全面。有些信息员缺乏深入调查，主观性太强，导致信息失真；少数信息员以个人情绪反馈信息，使信息丧失公正；有些信息员避重就轻，不敢如实汇报教学信息，因为他们担心部分教师不能正确对待他们提出的评价意见，使他们最终的学习成绩受影响。[1]再者，信息反馈渠道不通畅。信息员及时反馈信息，但教学主管部门缺乏快速解决问题的措施，挫伤了学生对信息反馈的热情。教学工作涉及众多管理部门，有些信息员提出的问题超出了院系和教务处等教学管理部门解决问题能力范围，一些非教学管理部门对学生反映的问题不重视，职能部门之间协调不充分。[2]

要完善学生教学信息员制度，高校应力求做到：其一，加强信息员管理。一方面，要建立激励与约束机制。建立有效的激励机制，明确信息员的工作职责，使他们对工作有清晰的认识，增强其责任感和使命感。同时，要设立评选奖项，充分调动信息员参与教学管理的积极性。高校要对教学信息员实行岗位聘任制，并提供培训机会，以增强其参政议政能力。高校

---

[1] 参见许松萍：《如何充分发挥学生教学信息员制度的作用》，《南京工业职业技术学院学报》2007年第1期。

[2] 参见李瑛：《高校学生教学信息员制度建设的思考》，《教与教学研究》2010年第2期。

要加强对信息员的沟通能力、组织能力、协调能力、应变能力、政策水平等多方面能力与素质的培养。① 另一方面，要加强宣传教育，使信息员放下心理包袱；使教师认识到信息员是组织获取信息员的渠道，不是窃取教师和管理者的秘密，更不是学生发泄对教师和管理者不满手段。其二，加强高校各职能部门工作的协调一致，从而形成合力，为教学工作服务。教学工作是高校最重要的工作，是高校的生命线和核心竞争力所在，一切职能部门的工作都是围绕教学工作而展开的。在加强协调性方面，学校有关分管校长之间的工作协调是基本前提，如果离开了这一前提，职能部门的协调就是空话。在所有的职能部门中，教务处是主管教学工作的部门，应当积极主动地与其他职能部门开展协调工作，特别是与后勤保障部门的合作，及时排除教学保障方面的问题。教务处应当及时向相关院系传达学生意见，并督促这些院系要及时进行处理，能及时解决的要及时签署解决意见，再将处理结果告知信息员；暂时难以解决学生提出的教学问题，必须要解释清楚，以缓和学生的不满情绪。其三，加强院系教学信息员特别是双语教学信息员的信息反馈力度。事实上，教学监控与信息反馈的重点在各个院系，而不是在教务处或高校教学督导组。如果各个院系的质量监控与信息反馈工作到位，教务处的管理压力自然就得以减缓。有些高校正在推进二级管理体制，事权中心逐渐下移，各院系的责任就更加沉重。在院系的诸多管理责任之中，教学管理责任恐怕成为重中之重，因为高校肩负着教学科研重任。目前，我国高校没有专门的双语教学质量评价与监控机构，双语教学信息员人数相对较少，其信息反馈力度不够，可以先在学院层面建立健全这一监控体系。因为在没有统一制度的前提下，个体可以先行尝试。各学院对双语教学监控的需求也不同，有些学院如国际法学院、国际金融法律学院等，双语专业课程数量较多，没有质量监控手段，没有双语学生信息员辅助，恐怕难以更加有效地监管双语教学质量。

---

① 参见王海涛、江洪军：《高校学生教学信息员制度建设浅析》，《辽宁教育行政学院学报》2009年第3期。

主要参考文献

一、著作类

1. 陈玉琨等著:《教育评价学》,人民教育出版社1999年版。
2. 钟启泉:《学科教学论基础》,华东师范大学出版社2002年版。
3. 施良方:《课程理论》,教育科学出版社2002年版。
4. 李耀新:《课堂教学的组织与管理》,暨南大学出版社2005年版。
5. 罗少茜:《英语课堂教学形成性评价研究》,外语教学与研究出版社2003年版。
6. 马振铎:《加拿大教育研究》,陕西师范大学出版社1994年版。
7. 王斌华编著:《双语教育与双语教学》,上海教育出版社2003年版。
8. 王斌华主编:《双语教学的回眸与前瞻——国际视野 本土实验》,上海教育出版社2008年版。
9. 王莉颖:《双语教育理论与实践——中外双语教育比较研究》,上海教育出版社2008年版。
10. 董霄云:《文化视野下的双语教育——实践、争鸣与探索》,上海教育出版社2008年版。
11. 赵慧:《双语教学纵横谈》,天津教育出版社2006年版。
12. 黄崇岭:《双语教学的理论与实践》,上海译文出版社2009年版。
13. 黄安余:《双语教学理论与实践研究》,上海人民出版社2011年版。

14. 王本华主编:《双语教育论丛》,人民教育出版社 2003 年版。

15. 苑金茹主编:《双语教学策略》,广西教育出版社 2006 年版。

16. 盛德仁主编:《双语教学模式探究》,外语教学与研究出版社 2003 年版。

17. 姜宏德:《双语教育新论》,新华出版社 2006 年版。

18. [英]科林·贝克:《双语与双语教育概论》,翁燕珩等译,中央民族大学出版社 2008 年版。

19. 欧卫红等著:《双语教学论》,北京大学出版社 2009 年版。

20. 俞理明、韩建侠等著:《双语教育论——加拿大浸入式教育对我国高校双语教育的启示》,外语教学与研究出版社 2009 年版。

21. 张治、熊建辉:《双语教育研究与实践》,上海社会科学院出版社 2005 年版。

22. 何兴:《双语教学课程设计与模式全书》,中国教育出版社 2006 年版。

23. 王建刚:《实践教学双语教学研究与探索》,海南出版社 2007 年版。

24. 沈玉林、吴安安、褚朝禹:《双语教育的理论与实践》,华夏出版社 2005 年版。

25. 卢丹怀:《香港双语现象探索》,香港三联书店 2005 年版。

26. 吴平、王树根:《高等学校双语教学的现状研究和实践探索》,高等教育出版社 2010 年版。

二、论文类

1. 魏琴:《当前我国高校双语教学政策的发展初探》,《教育文化论坛》2011 年第 3 期。

2. 安砚贞、易露霞:《全球化视野下的双语教学政策选择》,《价值工程》2011 年第 5 期。

3. 张玉鹏:《双语教学课程建设研究》,《时代教育》2010 年第 11 期。

4. 李枚珍:《30 年来中国少数民族双语教育研究发展与现状》,《贵州民族学院学报》(哲学社会科学版) 2011 年第 1 期。

5. 李明:《浅析新疆双语教师问题》,《语文学刊》2011 年第 2 期。

6. 郭燕花:《双语教学模式研究综述》,《当代教育与文化》2011 年第 5 期。

7. 苗东霞:《双语教师的新型角色》,《民族教育研究》2011 年第 6 期。

8. 辛宏伟：《近二十年来中国少数民族双语教育问题研究的元分析》，《新疆师范大学学报》（哲学社会科学版）2011年第1期。

9. 李儒忠：《论双语教育的模式》，《新疆教育学院学报》2011年第1期。

10. 孟国碧：《经济全球化背景下我国高校双语教学目标探析》，《教育与教学研究》2011年第5期。

11. 王秦辉：《香港中文大学双语教学对内地高校的启示》，《现代教育科学》2010年第2期。

12. 黄艳春：《简论双语教学及其分级》，《湖南师范大学教育科学学报》2011年第2期。

13. 徐盛林：《双语教学的考试模式改革初试》，《人力资源管理》2010年第5期。

14. 韩春杰：《影响双语教学质量的各种问题的研究》，《科技信息》2010年第7期。

15. 姚中青：《高校双语教学评价体系的建构探索》，《高等教育研究》2011年第3期。

16. 邓春梅：《高职双语教学课程评价改革探索》，《重庆广播电视大学学报》2011年第3期。

17. 谭飞燕：《构建独立学院双语课程评价体系研究》，《经济研究导刊》2011年第16期。

18. 唐泳、段洪：《基于和谐师生关系的双语教学课堂教学评价》，《云南财经大学学报》2011年第3期。

19. 赵小晶、章丽萍：《普通高校双语教学质量保障体系探讨》，《吉林省教育学院学报》2011年第5期。

20. 朱江淼、江捷：《双语教学课程的考核方式初探》，《中北大学学报》（社会科学版）2011年第2期。

21. 王保宇：《双语教学质量保障体系的构建》，《黑龙江高教研究》2011年第8期。

22. 赵胜国：《体育教育专业双语教学形成性评价研究》，《科技信息》2011年第9期。

23. 张小玲：《构建高职双语教学评价体系的研究》，《科教文汇》2011年第 4 期。

24. 陈跃华：《基于 ESA 模式的高职双语教学评价体系研究》，《湖北经济学院学报》（人文社会科学版）2012 年第 3 期。

25. 马会梅、丁凤琴：《教师教学评价行为的内涵分析》，《黑龙江高教研究》2012 年第 1 期。

26. 刘红：《大学英语双向教学评价体系的构建》，《武汉工程大学学报》2010 年第 8 期。

27. 余春瑛：《对教学评价的文化哲学思考》，《教育探索》2011 年第 3 期。

28. 白菲、谭豫之：《高校本科课堂教学质量评价现状分析》，《中国农业教育》2012 年第 1 期。

29. 杨甜：《发展性学校评价理论对我国本科教学评估的启示》，《黑龙江教育》2010 年第 3 期。

30. 钱伟、薛二勇：《高校教学质量管理：问题与对策》，《教育发展研究》2012 年第 9 期。

31. 许华琼、胡中锋：《后现代主义知识教学观及其对课堂教学评价的启示》，《当代教育科学》2011 年第 1 期。

32. 龙其林：《比较文学课程的双语教学》，《宜宾学院学报》2012 年第 2 期。

33. 宁晓洁、原一川：《高校双语教学课程体系构建探索》，《曲靖师范学院学报》2011 年第 5 期。

34. 周亚同、王宝珠、王睿、石军：《模式识别双语教学平台建设刍论》，《中国电力教育》2012 年第 2 期。

35. 王红强：《基于社会需求的"三段式"大学英语教学改革构想》，《中共郑州市委党校学报》2012 年第 1 期。

36. 刘春明、程耀忠：《论柯林·贝克双语教育模式对双语师资培养中英语教学与学习的启示》，《教育与职业》2012 年第 6 期。

37. 吕青：《新疆双语教师培训的跨越式发展》，《北京教育学院学报》2012 年第 1 期。

38. 丁鹭鹭：《中学双语师资培养模式及其途径研究》，《职业时空》2010 年第 4 期。

39. 周小玲：《中外合作办学模式下双语教师自主发展探索》，《淮海工学院学报》（社会科学版）2011年第2期。

40. 张云琦：《地方高校双语教学的困境和对策》，《当代教育理论与实践》2011年第4期。

41. 吕丰华：《双语教学中的学生自我效能感问题研究》，《教育探索》2012年第3期。

42. 刘道影：《大学英语教学与双语教学的衔接研究》，《西北医学教育》2011年第6期。

43. 魏琴：《高校双语教学管理中学生的性质与类型》，《贵州民族学院学报》（哲学社会科学版）2011年第3期。

44. 赵小晶、章丽萍：《普通高校双语教学质量保障体系探讨》，《吉林省教育学院学报》2011年第5期。

45. 郑红：《论高等学校双语教学的课堂参与环节》，《华章》2012年第4期。

46. 陈玲敏：《高职院校双语教学的目标定位及教学模式探析》，《黑龙江教育学院学报》2012年第3期。

47. 朱江淼、江捷：《双语教学课程的考核方式初探》，《中北大学学报》（社会科学版）2011年第2期。

48. 张云琦：《地方高校双语教学的困境和对策》，《当代教育理论与实践》2011年第4期。

49. 王肖虹：《大班制下的双语教学模式》，《计算机教育》2012年第3期。

50. 胡慧玲：《基于双语教学手段的英语附带习得的实践策略研究》，《学位与研究生教育》2011年第7期。

51. 喻小继、王芳：《浅谈双语在课堂教学中的应用》，《中国劳动关系学院学报》2011年第1期。

52. 郑大湖：《大学双语教学需求分析的模块构建》，《外国语文》2011年第1期。

53. 郭震：《高校本科双语教学改革探析》，《人才资源开发》2011年第3期。

54. 毕政：《注意理论对双语教学的启示》，《常州工学院学报》（社科版）2012年第1期。

55. 陈敏：《应用型本科院校国贸专业双语教学困境及对策》，《职教研究》2011年第2期。

56. 李宁:《使用原版教材进行双语教学的词汇量研究》,《陇东学院学报》2011年第2期。

57. 张志颖、李忠、余丹:《高校双语教学的问题与对策》,《黑龙江教育》2012年第3期。

58. 郭爽:《浅析在双语教学中信息化手段的运用》,《信息通信》2012年第1期。

59. 张晓红:《比较文学双语教学模式的导向和探索》,《理论观察》2012年第1期。

60. 沈莉:《高校管理学课程双语教学模式研究——以上海理工大学双语教学为例》,《教育学术月刊》2011年第11期。

61. 张怀印:《"知识产权国际保护"双语教学初探》,《高教研究》2011年第2期。

62. 苑延华、姚君:《关于高等院校双语教学模式的创新》,《中国电力教育》2011年第10期。

63. 吴祥佑:《基于SEM模型的保险双语教学满意度测评》,《金融教育研究》2012年第2期。

64. 王红强:《基于社会需求的"三段式"大学英语教学改革构想》,《中共郑州市委党校学报》2012年第1期。

65. 马惜平、高玉峰:《高校双语教学探析》,《科技信息》2012年第1期。

66. 杨凌云:《构建双语教学育人模式的研究与实践》,《软件导刊》2012年第4期。

67. 孙玲:《教学评价背后的价值冲突及反思》,《教育理论与实践》2011年第11期。

68. 郑大湖、戴炜华:《我国高校双语教学研究十年:回顾与展望》,《外语界》2013年第1期。

69. 李厚纲:《地方高校双语教学面临的困境及出路》,《教育与职业》2011年第23期。

70. 蔡明德、马赫等:《开放式互动性教学质量评价机制的创新实践——以语码转换式双语教学为例》,《西南民族大学学报》(人文社会科学版)2010年第3期。

71. 韦美璇：《双语视角下的大学英语教学目标和语言环境构建》，《肇庆学院学报》2011年第6期。

72. 张雨：《地方本科院校双语教学建设刍议》，《语文学刊》2012年第1期。

73. 李卫华、刘雪春：《高校教学督导制度建设与导师制教学督导模式的构建》，《桂林航天工业高等专科学校学报》2012年第1期。

74. 袁澜、张庆文、李勇、王明谊、韩以轩：《建立高校学生教学信息员制度的探讨》，《成都中医药大学学报》（教育科学版）2011年第1期。

75. 黄茹、孙亚星：《基于教学质量监控视角的学生教学信息员制度探索》，《文教资料》2011年第6期。

76. 季婧：《高校学生教学信息员制度的实践与思考》，《现代企业教育》2012年第2期。

77. 乔玉香、张光亚、张崇根：《地方高校学生教学信息员制度的实践及优化策略探讨》，《高教论坛》2011年第4期。

78. 朱德全：《基于行为的问题诊断式教学设计的表征》，《教育研究》2011年第2期。

79. 马天瑜：《高校教师课堂教学绩效评价与指标建构》，《河北师范大学学报》（教育科学版）2012年第5期。

三、学位论文类

1. 黄崇岭：《双语教学理论与中国双语教学研究》，上海外国语大学博士论文，2006年。

2. 于美娜：《从教学双方英语能力角度探讨高效双语教学》，辽宁师范大学硕士论文，2009年。

3. 郑凌之：《双语教学在初中科学学科教学中的实践研究》，华东师范大学硕士论文，2009年。

4. 张守美：《双语活动课的实践与研究》，上海师范大学硕士论文，2009年。

5. 彭凌：《中国某高校双语教学现状及有效性研究》，国防科学技术大学硕士论文，2009年。

6. 林方榕：《新加坡双语教育发展历史研究与启示》，福建师范大学硕士论文，2008年。

7. 束利:《高校双语教学中外籍教师教学有效性个案研究》,四川师范大学硕士论文,2009年。

8. 孙树敏:《非语言专业研究生双语教学研究》,上海外国语大学硕士论文,2009年。

9. 林远辉:《双语教师文化素养研究》,华东师范大学硕士论文,2009年。

10. 赵国燕:《语言经济视角中的中国高校双语教学》,中国海洋大学硕士论文,2009年。

11. 白贝迩:《美国双语教育政策研究及启示》,青海师范大学硕士论文,2009年。

12. 王旭红:《我国高校双语教学现状及开发策略研究》,湖南师范大学硕士论文,2009年。

13. 李玲:《美国中小学双语教师培训研究》,西南大学硕士论文,2009年。

14. 高丽平:《大学双语教育研究:问题及策略》,辽宁师范大学硕士论文,2008年。

15. 周建:《双语教学对大学生英语水平和学科知识的影响研究》,湖南大学硕士论文,2008年。

16. 万爱莲:《大学生对全英语教学的适应性研究》,华中科技大学硕士论文,2007年。

17. 何浏:《地方性大学英汉双语教学的现状及前景研究》,广西大学硕士论文,2008年。

18. 王芳:《高校双语教学师资现状调查研究》,曲阜师范大学硕士论文,2008年。

19. 任福祥:《高校双语教学质量评估指标构建研究》,南昌大学硕士论文,2007年。

20. 郑红苹:《双语教学及其评价》,西南大学硕士论文,2007年。

21. 陈晓辉:《大学专业课程双语教学现状与对策研究》,重庆大学硕士论文,2007年。

22. 陈俊同:《中美双语教师职前培养模式研究》,东北师范大学硕士论文,2007年。

23. 梁芸:《美国保留性双语教育研究》,广西师范大学硕士论文,2007年。

24. 黄虹：《经济学视域中的中国双语教学》，东南大学硕士论文，2006年。

25. 程勤风：《高校双语教学及其质量保障体系构建研究》，江西师范大学硕士论文，2006年。

26. 李璇：《双语教育的模式对比研究》，东南大学硕士论文，2006年。

27. 林若铭：《多元文化视野下美国双语教育探析》，东北师范大学硕士论文，2006年。

28. 聂昕：《双语教育政策的执行与困境》，中央民族大学硕士论文，2011年。

29. 李华玉：《高校双语教学管理模式之研究》，华南理工大学硕士论文，2010年。

四、英文文献类

1. Baker, C., *Key Issues in Bilingualism &Bilingual Education*, Cambridge: Cambridge University Press, 1988.

2. Colin Baker & Sylv Ia Prys Jones, *Encyclopedia of Bilingualism and Bilingual Education*, Frankfurt Lodge: Multilingual Matters Ltd, 2006.

3. Siguan M. & Mackey W.F., *Education and Bilingualism*, Paris, in association with UNESCO, 1987.

4. Krashen,S., *Second Language Acquisition and Second Language Learning*, Oxford: Pergam, 1981.

5. Krashen, S., *The Input Hypothesis and Implication*, London: Longman, 1985.

6. Cummins, J., *Bilingualism and Special Education: Issues in Assessment and Pedagogy*, San Diego, CA: College-Hill, 1984.

7. Cummins, J. & M. Swain, *Bilingualism in Education: Aspects of Theory, Research and Practice*, London and New York: Longman Group Limited, 1985.

8. Peal, E. & Lambert. W. E., *Relation of Bilingualism to Intelligence*, Psychological Monographs, 1962, 76, pp.1-23.

9. Lambert, M., "A Canadian Experiment in the Development of Bilingual Competence", *Canadian Modern Language Review*, 1974.

10. Lambert, W.E., *Language, Psychology and Culture*, Stanford, California:

Stanford University Press, 1992.

11.Genesee, F., *Learning through Two Languages: Studies of Immersion and Bilingual Education*, Cambridge, MA: Newbury house, Basil Blackwell Ltd, 1987.

12.Buggs, J.A., *A Better Chance to Learn: Bilingual Education*, New York: Clearinghouse Publication, 1975.

13.Swain, M. & Lapkin S., *Evaluation Bilingual Education: A Canadian Case Study*, Philadephia: Multilingual Matters Ltd., 1985.

14.Long, M., *Second Language Needs Analysis*, Cambridge: CUP, 2005.

15.Tsushima, W.T. & Hogan, T. P., *Verbal Ability and School Achievement of Bilingual and Monolingual Children of Different Ages*, Journal of Educational Research, 1975, 68. pp. 349-353.

16.Nunan, D., *The Learner-centered Curriculum, A Study in Second Language Teaching*, Cambridge University Press, 1988.

17.Gardner, R.C., *Social Psychology and Second Language Learning: the role of attitude and motivation,* London: Edward Arnold, 1985.

18.Fillmore, L.M., *Language Learning through Bilingual Instruction*, Berkeley: University of California, 1980.

19.Marsh, H.W. , K.T. Hau & C. K. Kong, "Late immersion and language of instruction in Hong Kong high school: Achievement growth in language and non-language subjects", *Harvard Educational Review*, 2000.

20.Jordan, R.R., *English for Academic Purposes*, Cambridge University Press, 1998.

21.Harmer, J., *The Practice of English Language Teaching*, London: Longman, 1993.

22.Wong Fillmore, L., "When does teacher talk work as input", In S. Gass & C. Madden (eds), *Input in second language acquisition*, Rowley: Newbury House Publisher, Inc, 1985.

23.Richards, J. & T. Rodgers, *Approaches and Methods in Language Teaching*, Cambridge University Press, 2001.

24.Nunan, D., *Second Language Teaching and Learning*, Beijing: Foreign

Language Teaching and Research Press, 2001.

25.Stryker, S.B. & B.M. Leaver, "Content - based Instruction: Some Lessons and Implications", In Stryker, S.B. & B.M. Leaver (ed.), *Content -based Instruction in Foreign Language Education: Models and Methods*, Washington, D.C.: Georgetown University Press, 1997.

26.Long, M.H., *Pacific Perspectives on Language Learning and Teaching*, Washington D.C., TESOL, 1983.

27.Swain, M., "The output hypothesis: Theory and research", In E. Hinkel (ed.), *Handbook of research in second language teaching and learning*, Mahwah, NJ: Erlbaum, 1985.

28.Klapper, J., *Foreign-Language Learning through Immersion Germany's Bilingual-Wing Schools*, Lampeter: the Edwen Mellen press,1996.

后　记

　　岁月如梭，笔者细细回忆自己的双语教学实践与理论研究，历经艰辛，转瞬已达十五年之久。在此期间，曾有如坐针毡、不堪重负的苦涩；渐渐入门，方能应付得释然；日积月累，小有斩获的宽慰。2007年，笔者承担了上海市教育委员会科研创新项目一般项目，其最终研究成果是《双语教学理论与实践研究》（上海人民出版社2011年版）。从整体上评价，该书对有些双语教学问题展开了深入研究，并提出了一些原创性见解，但课题选题涉及面显得宽泛些许。近三年以来，笔者对双语教学的理论研究一直未曾中断。随着双语教学理论研究的逐步加深，我发现国内学术界对双语教学评价研究明显滞后，既没有一部学术专著，又缺少足够有分量的学术论文。双语教学评价是双语教学的关键问题之一，直接关系到双语教学的有效性，其可操作性和应用前景是不言而喻的。有鉴于此，2012年，我决定以"双语教学评价研究"为题，投标上海市教育委员会科研创新项目重点项目，并再次幸运地中标，这促使我加深对双语教学的理论研究。

　　《双语教学评价研究》即将问世，我的内心有了一分喜悦、三分忧思！喜悦的是，我兑现了承诺，不负上海市教育委员会的托付，重点项目可以结项，研究成果得以付梓，多年付出终有成果；忧的是，书中恐有不妥之处，还恳请各位专家和读者不吝赐教。事物总是处于变化之中，社会进步、教育发展、双语教学变革、学术研究推陈出新，这就要求变革中的学人，其研究能力和认知高度不断得到提升。这个提升过程是一个批判自我、扬弃自我、发展与完善自我的过程，需要十分勤勉与百分坚持。

没有他人的帮助，你将一事无成。饮水思源，我当衷心地感谢上海市教育委员会、华东政法大学政治学与公共管理学院、中央编译出版社！特别要感谢我的爱人吴本慧女士！

黄安余

2014年3月于上海松江大学城

图书在版编目(CIP)数据

双语教学评价研究 / 黄安余著. —北京：中央编译出版社，2014.8
ISBN 978-7-5117-2269-0

Ⅰ.①双… Ⅱ.①黄… Ⅲ.①英语－双语教学－教学评估 Ⅳ.① H319.3

中国版本图书馆 CIP 数据核字 (2014) 第 183638 号

双语教学评价研究

出 版 人：	刘明清
责任编辑：	盛菊艳
责任印制：	尹 珺
出版发行：	中央编译出版社
地 址：	北京西城区车公庄大街乙 5 号鸿儒大厦 B 座 (100044)
电 话：	(010) 52612345（总编室） (010) 52612335（编辑室）
	(010) 52612316（发行部） (010) 52612317（网络销售）
	(010) 52612346（馆配部） (010) 66509618（读者服务部）
传 真：	(010) 66515838
经 销：	全国新华书店
印 刷：	北京中兴印刷有限公司
开 本：	787 毫米 ×1092 毫米 1/16
字 数：	260 千字
印 张：	16.75
版 次：	2014 年 8 月第 1 版第 1 次印刷
定 价：	55.00 元

网 址：	www.cctphome.com 邮 箱： cctp@cctphome.com
新浪微博：@ 中央编译出版社	微 信：中央编译出版社（ID：cctphome）
淘宝店铺：中央编译出版社直销店（http://shop108367160.taobao.com）	

本社常年法律顾问：北京市吴栾赵阎律师事务所律师 闫军 梁勤
凡有印装质量问题，本社负责调换。电话：010-66509618